Aprilis xxx · d			KL Maius xxxi · d ·				KL Junius xxx · d ·			
g	Theodore virginis	i		b	Philippi et iacobi	m		e	Pamphili	p
A	Marie egyptiace	k	xvi	c	Sigismundi regis	n	v	f	Marcellini et petri	q
b	Agapis et chyonie	l	v	d	Inventio crucis	o	xiii	g	Erasmi epi	r
c	Ambrosii epi	m	xiii	e	Corone dni	p	ii	A	Quirini epi	s
d	Vincentii conf	n	ii	f	Eutimii dyaconi	q		b	Bonifacii epi	s
e	Timothei	o		g	Johis an por. la.	r	x	c	Philippi dyaconi	t
f	Egesippi	p	x	A	Translacio petri mr	s	xviii	d	Pauli epi et mr	v
g	Perpetui epi	q		b	Apparitio michael	s		e	Medardi epi	u
A	Prochori	r	xviii	c	Hermetis	t	vii	f	Primi et feliciani	x
b	Ezechiel	s	vii	d	Gorgonii	v		g	Onoffrii heremite	y
c	Leonis pp 	s		e	Mamerti 	u	xv	A	Barnabe apli	z
d	Iulii pp	t	xv	f	Nerei a	y	iii	b	Basilidis 	z
e	Hermingildi reg	v		g	Servacii	y		c	Anthonii	z
f	Tyburcii et vale.	u	iiii	A	Bonifacii mr	z	xii	d	Basilii	a
g	Maronis	x	xii	b	Ysidori mr	z		e	Viti modesti m	b
A	Crutbam	y		c	Marine virg	a	i	f	Marcial epi	c
b	Helie pbri	z	i	d	Brandani conf	a	ix	g	Vohmani conf	d
c	Appollonii senatoris	z	ix	e	Dyoscori	b	xvii	A	Marci marcel	e
d	Dulassii et karissi	z	xvii	f	Potenciane vg	c		b	Gervasii et ptha	f
e	Victoris pape	a		g	Bernhardini	d	vi	c	Jouati	g
f	Symeonis epi	b	vi	A	Secundini	e	xiiii	d	Albani mr	h
g	Gaii pape	c		b	Helene virg	f		e	Decem milium mrm	i
A	Georgii mris	d	xiiii	c	Desiderii epi	g	iii	f	Regine virg	k
b	Adalberti epi	e	iii	d	Translacio dnici	h	xi	g	Johannis bapte	l
c	Marci ewange	f		e	Vrbani pape	i		A	Eligii	m
d	Cleti pape	g	xi	f	Augustini epi	k	xix	b	Johannis et pauli	n
e	Anastasii pape	h		g	Bede pbri	k		c	Septem dormientium	o
f	Vitalis mr	i	xix	A	Wilhelmi mo	l	viii	d	Leonis pape virg	p
g	Petri mr	k	viii	b	Maximi epi	m		e	Petri et pauli apl	q
A	Eutropii mr	l		c	Felicis pape	n	xvi	f	Pauli co	r
			xvi	d	Petronelle vir	o				

Jörg Rüpke

Zeit und Fest

Jörg Rüpke

Zeit und Fest

Eine Kulturgeschichte des Kalenders

C. H. Beck

Mit 19 Abbildungen im Text

Vor- und Nachsatz: «Der Jahreskalender des Wiener Astronomen und Mathematikers Johannes von Gmunden (etwa 1380–1442) wurde in der zweiten Hälfte des 15. Jahrhunderts aus einem Holzschnitt in zwei Blättern gedruckt. Seine Gestalt zeigt die «longue durée», die Zählebigkeit des Kalenders. Ein Römer hätte ihn ohne weiteres verstehen können, auch wenn vor die Spalte mit den Buchstaben der siebentägigen Woche noch eine Spalte gedruckt ist, die es erlaubt, den Lauf des Mondes über eine mehrjährige Gebrauchszeit hinweg zu verfolgen und davon abhängig nach dem Computus das Osterdatum und weitere damit koordinierte Festdaten zu berechnen. Die Stelle der Tempelstiftungstage vertreten die Heiligen. Die Tierkreiszeichen sind entsprechend der Überlänge des Julianischen Jahres gegen den Monatsanfang hin gerückt. Die Bildfelder mit den Darstellungen jahreszeitlicher Aktivitäten informieren auch über die durchschnittliche Länge des Lichttages und der Nacht; sie setzen gleichlange Stunden bereits voraus (späterer Nachdruck, Braunschweig, Herzog Anton Ulrich-Museum, Inv.-Nr. Anon. Einblattdrucke (Schr. 1903)).»

Für Christoph

Satz: Fotosatz Otto Gutfreund GmbH, Darmstadt
Druck: Druckerei C. H. Beck, Nördlingen
Bindung: Sigloch, Blaufelden
Gedruckt auf säurefreiem, alterungsbeständigem Papier
(hergestellt aus chlorfrei gebleichtem Zellstoff)
Printed in Germany
ISBN 10: 3 406 54218 2
ISBN 13: 978 3 406 54218 3

www.beck.de

Inhalt

1 Kalender, Kalender, Kalender

Läßt der Kalender Zeit, ein Buch über den Kalender zu lesen? «Kalender» klingt schon fast drohend: Termine, *deadlines*, knappe Zeit, verplante Freizeit, Hetze. Der Kalender als Ordner der Zeit? Lachhaft! Zeit ist doch die Abwesenheit von Kalendern. Kulturelle Errungenschaft? Zynismus! Das strapazierte Büchlein ist der Sklaventreiber seiner Besitzerin, seines Besitzers, nur noch drohender, wenn er nicht an seinem Ort ist. Herrscher und Beherrschter: Gnadenlos färben wir die Kalenderspalten ein, «nehmen» wir uns Zeit, machen die Nacht zum Tag und den Werktag blau. Unerschüttert regiert der Kalender, schließt Bürogebäude, verstopft Autobahnen, zwingt uns Pausen auf, ob wir wollen oder nicht. Gegen die Wiederkehr von Neujahr und Weihnachten, Herbst und eigenem Geburtstag ist kein Kraut gewachsen. Zuverlässig läßt der 21. Dezember die Tage wieder länger werden, lädt der 1. Mai – nicht alle – zum Ausschlafen ein.

Aber selbstverständlich ist das nicht. Oder noch nicht lange. Oder vielleicht nicht mehr lange. Die Diskussionen über Ladenöffnungszeiten haben nicht nur den Donnerstagabend, sondern auch den Samstagnachmittag verändert, es gilt Feiertage gegen Beitragspunkte in der Sozialversicherung aufzurechnen. Ist der Kalender einerseits ein Instrument, das die natürlichen Rhythmen des Sonnenumlaufes und der Rotation des Planeten Erde abbildet, uns vorgegebene Zeit «mißt», so ist er andererseits ein kulturelles Produkt, ein «Konstrukt» der Gesellschaft, an dem jeder einzelne mitgestaltet. Das Selbstverständliche kann mit dem Überschreiten von Landes- oder Bundesgrenzen, ja schon mit dem Blick über die Grenzen der eigenen Institution oder Religion in Frage gestellt sein. «Kulturgeschichte» ist genau deshalb als Titel dieses Buches gewählt: Es ist der Versuch, «unseren», den in Europa dominanten Kalender, den sogenannten «Gregorianischen Kalender», zu verstehen. Aber nicht als ein technisches Wunderwerk, das einer Auffrischung in Astronomie und Schulmathematik zum Verständnis bedarf. Es geht vielmehr um das, was der Kalender mit uns und was wir mit ihm machen: um die Zeitrhythmen, die unser Alltagsleben prägen, um die Daten, Gedenktage und Feste, die Sediment und Symbol unserer kollektiven oder individuellen Geschichte sind, um die graphischen Formen und verlegerischen Variationen, in denen «Kalender» für unsere Wände und Kleidertaschen konkret wird.[1]

Keine Geschichte

Vor und nach dem Jahr 2000 – auch das wird uns beschäftigen – sind zu viele Geschichten und Kulturgeschichten des Kalenders wie der Kalender geschrieben worden, als daß es sinnlos wäre zu sagen, was dieses Buch *nicht* will. Und weil auch dabei etwas zu lernen ist – mehr über unseren Umgang mit dem Kalender als über den Kalender –, soll es in aller Ausführlichkeit geschehen.

Dieses Buch ist keine «Geschichte». Werfen Sie einen Blick auf die Darstellung des Kalenders auf der übernächsten Seite. Dieser Kalender, die *Fasti Antiates maiores*, ist über zweitausend Jahre alt. Es handelt sich um einen etwa zweieinhalb Meter breiten und deutlich über einen Meter hohen Teil eines Wandgemäldes eines unbekannten, möglicherweise privaten Gebäudes aus Antium, einem Städtchen in Latium, südlich von Rom. Was heute im Palazzo Massimo des Museo Nazionale in Rom in mühevoller Rekonstruktion der Putzteilchen hängt, sind die Überreste der ältesten, alle Tage eines Jahres einschließenden Kalenderdarstellung der mediterran-europäischen Antike. Die Graphik kann nur auf den ersten Blick verwirrend wirken: Die Monatsspalten sind klar zu erkennen, näheres Hinsehen erschließt selbst ohne Lateinkenntnisse die Abkürzungen der Monatsnamen in der ersten Zeile: *K(alendae) Ian(uariae)*, die Kalenden, der Monatserste des Januar. Ihm folgen Februar, März (*Martius*, der Monat des Gottes Mars), April, Mai und Juni. Juli und August fehlen, die Monate heißen in diesem Kalender noch *Quintilis* und *Sextilis* und eröffnen damit die Reihe der auch uns geläufigen Monate mit lateinischen Zahlennamen vom September bis Dezember. Löst man die Namen auf, benennen sie den «siebten» (*septem*) bis «zehnten» (*decem*) Monat, und eben den «Fünften» und «Sechsten» vorweg. Mag uns auch diese Zählweise für den neunten (September) bis zwölften Monat (Dezember) merkwürdig vorkommen: Sie mußte und hat die alten Römer in gleicher Weise irritiert.

Das Gleichmaß der Irritation gilt nicht für die dreizehnte Monatsspalte. Der Zwölfzahl sind nur wir uns sicher. Was hier dargestellt ist, beschreibt den Schaltmonat des alten römischen Kalenders: Zählt man die Tagessummen in der untersten Zeile der Graphik zusammen, ergeben sich 355 Tage statt der gebotenen 365 des Sonnenjahres. Wollte man die kalendarischen Daten im Lauf der Jahreszeiten stabil halten, war das Hinzufügen von zwanzig bis dreißig Tagen – die Tagessumme weist siebenundzwanzig aus – alle zwei oder drei Jahre notwendig. Die Details werden später zu behandeln sein.

Doch alles, was diesen Kalender fremdartig erscheinen läßt, war nicht von langer Dauer. Das Gemälde dürfte in den sechziger Jahren des ersten Jahrhunderts v. Chr. angefertigt worden sein, kaum mehr als zwei Jahrzehnte vor der Julianischen Kalenderreform, der Reform durch den Diktator Gaius Julius Cäsar im Jahr 46 v. Chr. Er ersetzte den Schaltmonat durch den uns geläufigen Schalttag und stellte die Monatslängen auf die uns vertrauten Werte um: Nicht mehr nur der März, Juli, Mai und Oktober (daher die Eselsbrücke «MIlMO»), sondern auch der Januar, August und Dezember enthielten einunddreißig Tage – die achtundzwanzig Tage des Februar teilen wir weiter mit dem Kalender aus Antium. Und wenig später wurde der Quintilis Cäsar zu Ehren in *Iulius*, im Jahr 8 v. Chr. der Sextilis dem Caesar/Kaiser Augustus zu Ehren in *Augustus* umbenannt.

Kaum ein anderes Produkt der Antike, so könnte man diese Beobachtungen zusammenfassen, ist in der Gegenwart in so wenig veränderter Gestalt nicht nur präsent, sondern sogar alltagsbestimmend. Was gerne in der Aneinanderreihung von Reformen und Revolutionen daherkommt, ist eigentlich eher Langeweile denn Geschichte: die Geschichte der Trägheit des Kalenders, seiner Gleichförmigkeit, der gescheiterten Reformen. *Keine* Geschichte also, aber gerade diese Nicht-Geschichte macht es spannend: Wieso bleibt der Kalender von den bäuerlichen Gesellschaften des antiken Mittelitaliens bis in die globalisierte spät- oder nachindustrielle Weltgesellschaft gleich, wenn sich selbst die Form der Knöpfe und Unterhosen – um beliebte Themen anderer Kulturgeschichten zu nennen – ändert?

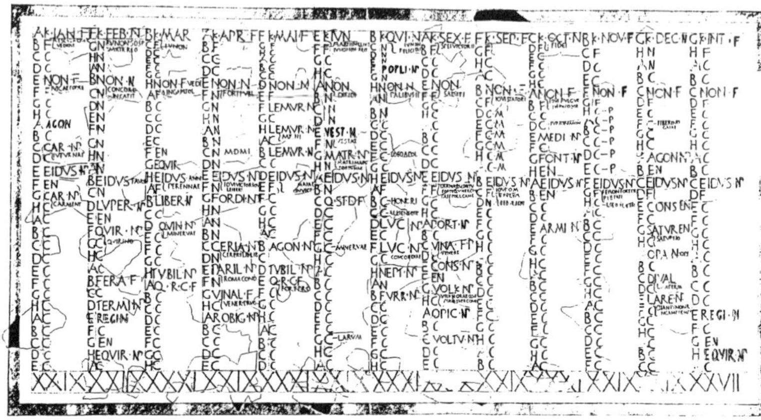

1 Die fragmentarischen *Fasti Antiates maiores* aus dem latinischen Antium zeigen den ältesten erhaltenen römischen Kalender. Der Wandkalender, der von Listen hoher römischer Magistrate wohl beidseitig flankiert war, stellt noch den vorjulianischen römischen Kalender dar: Rechts neben den zwölf Monaten von Januar bis Dezember steht als dreizehnter Monat der Schaltmonat (mensis Interkalaris), der in Schaltjahren das Ende des Februar ersetzte. Das zweifarbige Wandgemälde dürfte auf ein stadtrömisches Vorbild um 170 v. Chr. zurückgehen; nach den letzten erhaltenen Konsuljahren dürfte der antiatische Kalender selbst aus den siebziger oder sechziger Jahren des ersten Jahrhunderts v. Chr. stammen (Abbildung aus Rüpke 1995).

Keine Geschichte der kleinen Unterschiede

Natürlich gibt es Änderungen, wenn man genau hinschaut. Man kann eine Geschichte des Kalenders schreiben als Geschichte des Versuchs, das Verhältnis der Periodizitäten von Erdrotation (Lichttag), Mondumlauf (Lunation, synodischer Monat) und Sonnenjahr (tropisches Jahr, als Zeit zwischen den Wendepunkten des Sonnenstandes, den *tropoi*) präzise und handhabbar zu bestimmen. Nimmt man die Tageslänge als Maßeinheit, ergeben sich für den Beginn des Jahres 2000 die Werte 29,5305888531 d sowie 365,2421896698 d.[2]

Zwölf Lunationen ergeben auf dieser Basis eine Länge von 354,36705 Tagen, die Differenz zum Sonnenjahr beträgt dann 10,87513 Tage. Da es sich aus Gründen der Praktikabilität verbietet, ein neues Jahr erst am 1. Januar um 5 Uhr 48:753024 beginnen zu lassen (sprich:

die Uhren dann auf 0 Uhr zurückzustellen und am 2. Januar den Wekker auf etwa 0.15 Uhr zu stellen, um zum Sonnenaufgang in Schule, Büro, Labor oder sonstigem Arbeitsplatz zu erscheinen), stellt sich die Geschichte der Menschheit als Bemühen um die Kombination ganzzahliger Vielfacher von Monaten und Jahren dar, die auf volle Tage auf- oder abgerundet worden sind. Die Entdeckung der Jahreslänge von 365 Tagen gehört dann den frühen Hochkulturen an, nicht nur im Mittelmeerraum. Das Wandern der Daten durch das Naturjahr war innerhalb eines Menschenlebens kaum spürbar; verschriftlicht konnte das kulturelle Gedächtnis eine Wiederkehr der alten Relationen nach 1461 Jahren feststellen. Ägyptische Fachleute halfen Julius Cäsar den Julianischen Kalender mit faktisch 365,25 Tagen – ein Schalttag alle vier Jahre – einzurichten, eine Näherung, die erst im Laufe von Jahrhunderten spürbare Abweichungen erbrachte. Diese zu beseitigen blieb Aufgabe der Gregorianischen Kalenderreform von 1582: Der Überschuß von etwa acht Tausendstel Tagen im Julianischen Jahr wird durch Auslassung der Schaltung in den Jahrhundertjahren (1700, 1800, mit Ausnahme der durch vier teilbaren Jahrhundertziffern 1600, 2000) abgebaut: Der Jahresdurchschnitt beträgt so nur noch 365,242125 Tage. Die verbleibende Diskrepanz wurde durch die griechisch-orthodoxe Kalenderreform des Jahres 1923 weiter verringert: Die Schaltung in den Jahrhundertjahren wird nur dann vollzogen, wenn bei der Teilung der Jahrhundertziffern durch neun der Rest zwei oder sechs beträgt: Das trifft auf 2000 und 2400 zu, nicht aber auf 2800: Diese Schaltung wird erst 2900 nachgeholt.[3]

Aber damit ist nicht nur die Schwelle spannender Unterhaltung und öffentlicher Wahrnehmung unterschritten. Die Natur selbst spielt dem Menschen einen Streich. Die Konstanten sind nicht unveränderlich. Die Erdrotation selbst, die Rotation eines abgeplatteten Balls unregelmäßiger Oberfläche, der unter der dünnen Kontinentalkruste aus glühendheißer Flüssigkeit besteht, ist unregelmäßig, Resultante verschiedener Faktoren. In historischer Zeit wird sie langsamer, wenn auch der Zeitpunkt, in dem sie in einem ganzzahligen Verhältnis zum Sonnenjahr steht, nicht abzusehen ist – vom *happy end* der Geschichte des Kalenders sind wir weit entfernt, aber die Länge der eben genannten Sothis-Periode stimmt heute schon nicht mehr.[4]

Keine Kultur-Geschichte

So spannend Astronomiegeschichte auch sein mag, sie erklärt kaum, warum in der Geschichte der Kalenderverbesserung der französische Revolutionskalender zur ägyptischen Lösung der 360 plus fünf Tage zurückkehrte und diese nur durch eine unbestimmte «gelegentliche» Schaltung ergänzte. Längst ist die Suche nach noch perfekteren Schaltregeln durch das gelegentliche Einfügen oder Auslassen von «Schaltsekunden» ersetzt worden: genau jenes «Durchwurschteln» also, das jahrtausendelang die Zielscheibe ästhetisch anspruchsvoller Mathematik und Astronomie bildete.

Das führt zu meinem letzten «Keine». Gelegentlich bezeichnet «Kulturgeschichte» das, was ein Buch mit «Bekanntes und Unbekanntes aus der Kalendergeschichte» untertitelte.[5] Das sind Schaltsekunden und Details der Osterberechnung, Epakten und Goldene Zahl oder Eselsbrücken, die die Bestimmung von Wochentagen vergangener Jahrhunderte aus dem Kopf erlauben.[6] Hinzu treten exotische Kalender, Eingeborene, die den Lauf des Jahres an Blütenständen bemessen oder Jahreszeiten nach auftauchenden Fischschwärmen bestimmen. «Kultur» wird hier als das Überflüssige bestimmt, was sich im *Handbuch des nutzlosen Wissens* dokumentieren läßt. In diesem Sinne möchte ich keine Kulturgeschichte bieten, auch wenn das Glossar am Ende des Buches zumindest die «exotischen» Begriffe noch einmal zusammenstellt.

Kalenderkultur und Kulturkalender

Was ist der Kalender überhaupt, von dem ununterbrochen die Rede ist? Bemerkenswert ist schon die Wort- und Begriffsgeschichte. Der römische Kalender, wie gezeigt das unmittelbare Vorbild aller weiteren europäischen Kalender, wurde als *fasti* angesprochen, ursprünglich als «Liste der Gerichtstage» also. Das lateinische Wort *calendarium* bezeichnete demgegenüber «das Schuldbuch»; es führt selbst auf die *kalendae/calendae* zurück, den Monatsersten, an dem Darlehen ausgezahlt wurden und Zinszahlungen fällig waren. Schon im Frühmittelalter, bei Isidor von Sevilla, findet sich das Wort dann aber in der heutigen Bedeutung von «Kalender». In beiden Fällen geht es demnach nicht um abstrakte Zeitrechnung. «Kalender» ist ein Dokument, eine Graphik, ein Schriftstück bestimmten Aussehens und Funktion. Kalendarische Zeitrechnung ist vor allem in solchen Kalendern präsent – oder bedarf der unmittelbaren mündlichen oder massenmedialen Mitteilung, punktuell, auf ein Ereignis bezogen. Mitteilung wie Graphik sind ortsbezogen, sind situationsbezogen, haben Gültigkeit für eine bestimmte Gruppe, die die Gesamtheit der Bevölkerung eines Ortes ausmachen kann, aber nicht ausmachen muß. Kalender sind so hochspezifisch, vielfach individuell: Die meisten Kalenderexemplare, die wir aus der Vergangenheit besitzen, haben Ergänzungen, Nachträge, Streichungen: Auch heute sind die allermeisten Kalender Schreibkalender, die zur Veränderung, zur Individualisierung auffordern.

Dennoch, die wenigsten Kalender sind gänzlich inhaltsleer. In der auf die römische Antike zurückführenden europäischen Tradition dominiert der Fest- und Gedenkkalender. Dabei tritt der Kalender in ein merkwürdiges Dreieck ein. Der Kalender weist auf Ereignisse, auf Feste, Rituale hin, fordert geradezu zur Teilnahme auf, spart dafür Zeitraum aus. Zugleich schafft er diesen Ereignissen, diesen Ritualen eine «mediale Präsenz», eine Gegenwart in textlicher Gestalt, die die unmittelbare Teilnahme ersetzen, ja, unter Umständen das Ritual selbst überflüssig machen kann. Das im Radio verlesene «Kalenderblatt» ruft vergangene Ereignisse ins Gedächtnis, in die individuelle wie gesellschaftliche Erinnerung, die keiner Kranzniederlegung mehr bedarf.

Die Zusammenstellung solcher Daten ist nicht auf den Kalender angewiesen. Sind Kalender, ist die Zeitordnung anderweitig greifbar, reichen bloße Datumslisten aus: zwölf Tage vor Ort stattfindender Messeveranstaltungen; eine Liste mit siebzehn Geburtsdaten von Freunden und Familienmitgliedern. Die Römer nannten dergleichen (jedenfalls in der Spätantike) *feriale*, Feiertagsliste, wie eine Inschrift zeigt, die zu Ehren des Jahrestages der Thronbesteigung Kaiser Valentinians II. am 22. November 387 n. Chr. aufgestellt wurde:

Unter der Leitung des Priesters Romanus dem Jüngeren stellt sich der Festkalender der Herren (Kaiser) so dar:

3. Januar:	*Gelübde*
11. Februar:	*Fest des Genius*
1. Mai:	*Musterungsritual am Fluß in Casilinum*

13. Mai: Rosenfest im Amphitheater
25. Juli: Musterung am Fluß zur Diana-Prozession
27. Juli: Aufbruch zur Averner-Prozession
15. Oktober: Weinlesefest in Acerusa
Auf Befehl der Herren hat Felix das Gelübde am 22. November unter den Konsuln Valentinianus (zum drittenmal) und Eutropius eifrig eingelöst.[7]

Das Beispiel zeigt, daß Ferialia Arbeitsinstrumente sind, wie sie auch an ägyptischen Tempelwänden zu finden sind.[8] Sie unterliegen Veränderungen, die nur ausnahmsweise zu aufwendiger Gestaltung führen – in diesem Fall als Fest- und Loyalitätsgabe. Sie können auch die Form amtlicher Bekanntmachungen oder Verordnungen annehmen, wie die für die Weltkirche verbindliche (wenn auch regionalen Veränderungen grundsätzlich zugängliche) Festliste im Gesetzbuch der Katholischen Kirche, dem *Corpus Iuris Canonici*, im Kanon 1246 zeigt:

Ebenso [wie der Sonntag] müssen gehalten werden die Tage der Geburt unseres Herrn Jesus Christus, der Erscheinung des Herrn, der Himmelfahrt und des heiligsten Leibes und Blutes Christi, der heiligen Gottesmutter Maria, ihrer Unbefleckten Empfängnis und ihrer Aufnahme in den Himmel, des heiligen Joseph, der heiligen Apostel Petrus und Paulus und schließlich Allerheiligen.[*]

Solche Listen verweisen auf einen akzeptierten Rahmenkalender, mit dem dann – in freier Kombination – Daten, die einzelne Orte oder Gruppen betreffen, verknüpft werden. Kalendermacher verdienen ihr Geld gerade damit, daß sie den Nutzern die Mühe, solche Daten in ihr persönliches Kalenderexemplar zu übertragen, abnehmen: Auf einen Ort, eine Berufs- oder Interessengruppe, als Schüler- oder Lehrerkalender, als Frauen- oder Männerkalender tragen sie möglicherweise relevante Daten schon in den Kalender selbst ein, in der Regel in einem Übermaß, das weit über den «Bedarf» hinausgeht, aber gerade dadurch den Benutzerinnen und Benutzern eine kalendarisch vertiefte Identität gibt. Die Kalenderblätter eines Abreißkalenders sind gerade dadurch bestimmt, für jeden Tag Einschlägiges oder Unterhaltsames, Tageslosungen oder historische Rückblicke zu geben. Doch findet sich derartiges auch schon in Listenform und schon früh: Am Ende der Antike verfaßte der in Gallien schreibende Gelehrte Polemius Silvius einen

[*] Alle nicht namentlich gekennzeichneten Übersetzungen stammen vom Verfasser.

Kalender, in den nicht nur die verschiedensten chronographischen und geographischen Listen eingeschoben waren. Vielmehr enthielt der Kalender selbst an zweihundert Tagen Einträge, die sich längst vergangenen stadtrömischen Festen ebenso widmeten wie christlichen Feiertagen und die Wetterprognosen neben historischen Reminiszenzen und kalendarischen Kuriositäten boten. Allein Astronomisches blieb ausgespart: Polemius war entschiedener Gegner der Astrologie.[9]

Eine vergleichbare Nutzung der Gattung «Kalender» läßt sich auch in der frühen Karolingerzeit in einer Kölner Handschrift aus dem Jahr 805 finden. Auch dieser Text bot nicht nur einen aktuellen Kalender und Angaben zur Osterfestberechnung, den sogenannten Computus – in christlichen Kalenderhandschriften ein Muß. Auf- und Untergangsdaten von Sternen werden genannt, Angaben über die Jahrespunkte oder über den Jahresbeginn bei den Makedoniern oder den Herbstbeginn bei den Griechen. Das starke Interesse am Verhältnis von Sonnenjahr und Mondjahr mag man noch den komputistischen Interessen zurechnen. Das weitere läßt sich damit nicht erklären. Einzelne Datierungen wie die Auswahl der Informationen machen es zweifelsfrei, daß der Verfasser auf antike Gelehrsamkeit zurückgriff, insbesondere das achtzehnte Buch der *Naturgeschichte* des älteren Plinius. Aber nicht der bloße Wissenstransport war beabsichtigt. In einer Zeit, die durch Kanonisierungen geprägt war, dokumentiert der Text die Komplexität der kalendarischen Probleme und die große Spannbreite kultureller Lösungen.[10]

Ein Blick zurück über die Alpen unterstreicht die Anregung kalendarischer Gattungen auch unter christlichem Vorzeichen. Im neunten Jahrhundert boten zwei prächtige Marmortafeln von insgesamt fünfeinhalb Meter Breite den Neapolitanern für (fast) jeden Tag des Jahres den Namen wenigstens eines Heiligen: Auch hier ist Belehrung beabsichtigt, im besonderen der Nachweis der hohen Zahl solcher kirchlicher Helden.[11] Kalender dienen zu weit mehr als pragmatischer Orientierung in der Zeit.

Kalender und Gesellschaft

Daß Kalender aber auch, und vielleicht sogar vorrangig, pragmatischen Zwecken dienen, soll nicht bestritten werden. Der Bedarf für die Koordination in Gruppen und Organisationen kann dabei ganz unterschiedlich sein. Die katholische Liste, die auf die Feiertagseinhaltung aller Kirchenmitglieder zielt, ist knapp. Natürlich treten die Sonntage hinzu, aber dieses Schema hat man im Kopf, allein dafür benötigte man keinen Kalender. Knapp ist auch die Feiertagsliste eines Landgutes aus der Nähe des oberitalischen Brixen, die in der römischen Kaiserzeit in Benutzung war: Neben einem festtagsfreien Kalender, an dem man den Jahresverlauf mit Hilfe von Stecklöchern und einem Stift verfolgen konnte, wies sie eine Festliste auf, die für die zweite Jahreshälfte nur sieben Daten nennt – der vorangehende Teil fehlt leider.[12] Für eine komplexere Organisation wie das römische Heer weist das aus dem Anfang des dritten nachchristlichen Jahrhunderts stammende *Feriale Duranum*, ein Papyrusfund aus der mesopotamischen Grenzregion des römischen Reiches, aus Dura Europos am Euphrat, schon in den erhaltenen Teilen ein Vielfaches dieser Zahl auf. Der aus liturgischen Büchern zu rekonstruierende Festkalender des Lateran, der eigentlichen Bischofskirche Roms, wies am Ende des zwölften Jahrhunderts einhundertsechsundsiebzig Heiligengedenktage und Kirchweihfeste auf.[13] Hier koordiniert der Kalender nicht mehr das gelegentliche Zusammentreffen religiöser Freizeitaktivitäten, sondern das organisierte Handeln eines ausgebauten Apparates an religiösen Spezialisten. Ohne einen Blick auf die Handelnden bleibt die Rede vom «Kirchenjahr» leer.[14]

Als Text verweist der Kalender wie auch das Kirchenjahr auf eine rituelle und gesellschaftliche Realität: das Fest, eine aufwendige und umfangreiche Folge von Riten, die ein Publikum verlangen und zugleich für dieses Publikum die Alltagsroutinen für einen beträchtlichen Zeitraum unterbrechen. Das Fest ist auf Präsenz, auf die Anwesenheit von Mitgliedern, auf die Anwesenheit einer Einwohnerschaft oder wenigstens beliebiger vieler angelegt. Am Ort der Feier bedarf es keines Kalenders. Aber dem Fest geht eine Mobilisierungsphase voran, in der für periodisch wiederkehrende Feste Kalender eine wichtige Rolle spielen können: Sie kündigen das Fest lange vor jeder Pressenotiz und jedem Ausrufer an, sie sorgen dafür, daß beim Eintreffen einer persönlicheren Einladung der Termin schon freigehalten ist. Doch auch für die Nichtanwesenden besitzt die Darstellung des Festes im Kalender eine Bedeutung – sie ruft Versäumtes in Erinnerung, hält Unmögliches als Norm präsent, annonciert verpaßte Festfreuden. Aber nicht alle.

Nicht jedes Fest ist im Kalender präsent. In meinem eigenen Taschenkalender finde ich weder meinen Geburtstag in gedruckter Form noch den islamischen «Opfertag». Selbst in einer pluralen Welt mit Tausenden von Kalenderanbietern demonstriert «der» Kalender noch Macht. Legitim und illegitim Herrschende füllen Kalender mit ihren Daten, ob durch Erlaß oder Bundestagsbeschluß, spielt nur eine untergeordnete Rolle. «Bundesrecht bricht Landesrecht», das wird gerade im Kalender deutlich. Wie Diktatoren mit ihren Statuen und Porträts den Raum beherrschen, so auch die Zeit – in der Form des Kalenders. Das ist nicht so billig, wie es scheint: Erst das reale Fest hinter dem Kalenderdatum sichert das Überleben des Druckeintrages, unverbindliche Gedenktage lassen sich schon in der nächsten Auflage – und Neujahr kommt bestimmt – ersetzen. Aber der Eintrag sichert die Wirkung des realen Festes weit über die Teilnehmer hinaus. Zugleich erreicht der Kalender, das gedruckte oder geschriebene Medium, eine Ebene, die dem wiederkehrenden Ereignis fehlt: Das Nebeneinander, die Häufung und Kombination der Daten erschließt eine Vogelperspektive, die Raum und Geschichte in einer eigenartigen Weise zugänglich macht.

Kulturgeschichte des Kalenders

Wie «Bank» und «Tor» ist «Kalender» ein «Teekesselchen», ein Wort mit verschiedenen Bedeutungen, die in dem gleichnamigen Spiel darzustellen und zu erraten sind. Vom Spiel trennt dieses Buch das Fehlen der Absicht zu verrätseln. Aber wie beim Spiel wird es vieler Anläufe bedürfen, ein Bild von der Rolle, den Potentialen, den Funktionen und Mißverständnissen von Kalendern in der europäischen Geschichte zu entwerfen. Recht und Religion, Geschichte und Politik sind die Perspektiven, unter denen der Versuch unternommen werden soll. In ihrer Gesamtheit können sie nicht die, aber doch eine Kulturgeschichte entwerfen. Gemeinsam ist den Perspektiven, daß sie nach Praktiken fragen, nach dem Umgang mit Zeitrechnung, nach der Orientierung für individuelles und gesellschaftliches Handeln, die Kalendersysteme bieten, nach den Konflikten, die der Zwang, sich festzulegen, auslöst, nach den Machtstrukturen, die hinter Festen und Kalenderentscheidungen stehen. Der Kalender ist nichts Abstraktes, nichts allein Wissenschaftliches: Er ist konkret in Graphiken, Texten, auf Inschriften oder in Büchern, in langlebigen und kurzlebigen Exemplaren, ist konkret im Nebeneinander konkurrierender Kalender. Er ist ein Medium, ein Führer zu öffentlichen Ereignissen wie Lesestoff im stillen Kämmerlein, steuert Bewegungen von Menschenmassen und Bilder im Kopf. Eine Kulturgeschichte des Kalenders ist damit auch eine Medien-, eine Literaturgeschichte.

Jede Geschichte hat Grenzen, Grenzen im Raum und in der Zeit. Die zeitlichen Grenzen sind leicht zu beschreiben. Insofern der Gregorianische Kalender in den meisten Details ein antiker, und zwar römisch-antiker Kalender ist, kommt dem Blick auf die «Ursprungskultur» dieses Kalenders besondere Bedeutung und breiter Raum zu. Gerade im Blick auf die zeitlich entfernte, zumeist nichtchristliche und technisch vormoderne Kultur des antiken Roms lassen sich Dimensionen des Kalenders aufzeigen, die die Forschungen zu mittelalterlichen und neuzeitlichen europäischen Kalendern zum Teil nur ansatzweise oder gar nicht berührt haben. Das hilft, Entdeckungen an unserem eigenen Kalender zu machen, für die uns als eifrige Benutzer sonst die notwendige Distanz fehlen würde. Die räumlichen Grenzen sind schwerer zu beschreiben. Römisches Kalenderwissen wurde aus dem Vorderen Orient und Griechenland importiert, der Julianische und Gregorianische Kalender bis an die Grenzen der bewohnten Welt in wissenschaftlichem Universalismus und europäisch-nordamerikanischem Kolonialismus exportiert. Jeder Kalender tritt, da er die universalen astronomischen und historischen Rahmenbedingungen menschlichen Lebens abbilden will, in eine Globalisierungsgeschichte ein. Aber zugleich eignet sich gerade dieses universalistische Instrument besonders gut dazu, regionale, lokale und Gruppenidentitäten abzubilden. Anders als eine Technikgeschichte wird diese Kulturgeschichte diesen lokalen Widerstreit im Blick behalten. Und sie wird das vor allem im Blick auf europäische Regionen tun.

2 Sonne oder Mond: Der römische Kalender

Scheine, guter Mond, scheine

Die Nachrichten römischer Altertumsforscher vom zweiten Jahrhundert v. Chr. bis zum fünften Jahrhundert n. Chr. erlauben, ein detailliertes Bild vom ältesten römischen Kalender zu entwerfen. An einem Tag um das Erscheinen des Neumondes herum beobachtete ein «Schreiber» den Mond, ein Gehilfe einer Gruppe römischer Patrizier, die als Pontifices bezeichnet wurden und mit allerlei innenpolitischen, vor allem rechtlichen und sakralen Aufgaben auf Lebenszeit betraut waren. Ziel dieser Beobachtung war es abzuschätzen, wieviel Tage noch bis zum ersten Viertel (oder einer vergleichbar bestimmten Größe) verblieben. Gemeinsam mit einem hohen Priester, dem *rex sacrorum*, dem «Opferkönig», begab er sich auf dem Kapitol in ein kleines Heiligtum, das als Curia Calabra bezeichnet wurde und nahe der Hütte des Stadtgründers Romulus, einem Angelpunkt des geschichtlichen Gedächtnisses, lag. Beide verrichteten dort ein Opfer. Anschließend rief der Schreiber (später als «kleiner Pontifex» bezeichnet) die Göttin an: «Ich rufe Dich, Juno Covella! Ich rufe Dich, Juno Covella! Ich rufe Dich, Juno Covella! Ich rufe Dich, Juno Covella! Ich rufe Dich, Juno Covella!» Fünffaches Rufen signalisierte den Teilnehmern, daß der durch das «erste Viertel» bestimmte öffentliche Versammlungstag am fünften Tag, den Tag des Ausrufens mitgerechnet, stattfinden werde.[1] Je nach Mondstand konnte dieser Abstand durch vier- oder sechs-, ja siebenmaliges Ausrufen verändert und entsprechend angekündigt werden. Die Gattin des *rex sacrorum*, die Opferkönigin (*regina sacrorum*), opferte am selben Tag in der Regia, einem Kultgebäude am Eingang des Forums, der Göttin Juno ein weibliches Schwein oder Schaf. Aber es war der Ruf – lateinisch *kalo* – der dem Tag den Namen gab: *kalendae*.

Am angekündigten Tag kam die Bevölkerung erneut zusammen – schon in der allenfalls wenige zehntausend Personen umfassenden

Großstadt Rom dürften das nur Bruchteile der Einwohnerschaft gewesen sein. An diesem Tage waren die Ankündigungen substantieller. Der Opferkönig gab die Lage aller Feiertage des Monats bekannt, vermutlich die Daten selbst ebenso wie gegebenenfalls den Ort zentraler Rituale und Festschmuck oder Festgaben der Teilnehmer.[2] Eine solche Ankündigung war auch noch in den mittelalterlichen Kirchen am Jahresbeginn das wichtigste kalendarische Kommunikationsgeschehen. Wir wissen nichts über irgendwelche Rituale, dürfen aber davon ausgehen, daß diese Zusammenkunft ebenso der Abhaltung von Märkten wie Rechtsgeschäften und vielleicht auch politischen Versammlungen diente. Der Name des Tages leitete sich von seinem Abstand zu den Vollmondstagen ab, die mit einem Wort etruskischer Herkunft als «Iden» *(idus)* bezeichnet wurden: Die «Nonen» waren der «neunte Tag vor den Iden», in römischer Inklusivrechnung umfaßte diese Neun ebenso die Iden wie die Nonen.

Die Iden waren Höhepunkt des Monats. Der ganze Tag war *feriatus*, ein Feiertag mit Unterbrechung mancher Arbeiten. Regelmäßig opferte der Priester des herausragenden Gottes Juppiter, der Flamen Dialis, seinem Gott im Beisein weiterer religiöser Spezialisten einen weißen Widder. Die Farbe des Tieres nimmt auf den Gott, der als Urheber des lichten Himmels gesehen wurde, Bezug.[3] Die festliche Gestaltung ging aber über diese Routinerituale hinaus. Die ältesten Spiele, Wagenrennen, Zweikämpfe, die Iuppiter oder Mars galten, fanden an den Iden statt: Die *ludi Romani* im September, die *ludi Capitolini* und das «Oktoberpferd» (ein Rennen mit Zweigespannen und Opfer für Mars) im Oktober, später die *ludi plebeii*, die «plebejischen Spiele» im November. Neujahrsrituale an den Iden des März, das Opfer für die namengebende Göttin Maia im Mai: Die religiöse Gestaltung der Iden war aufwendig und dicht.

Acht, nach römischer Rechnung neun Tage nach den Iden wiederholte sich dieses Muster. Die späteren Kalender weisen für diesen Tag wichtige und populäre Feste wahrscheinlich hohen Alters aus: Das Totenfest der Feralia im Februar, der Stadtgeburtstag der Parilia im April, das Laubhüttenfest der Neptunalia im Juli, das alte Rennen der Consualia im Tal des Circus maximus im August, schließlich die Divalia, ein Fest mit Bezug zur Sonnenwende im Dezember, das der Göttin Diva Angerona galt.

Wenigstens für zwei Monate haben diese Feste Nachrichten über entweder ursprünglich monatliche und dann entfallende oder aber weiterhin mitlaufende Rituale nicht verdrängen können. Im März wie Mai findet sich in römischen Kalendern die Notierung eines *Tubilustrium*, ein Ritualkomplex, der vielfache Parallelen zu den anderen Strukturtagen des Monats aufwies. Wie an den Kalenden wurde ein Lamm geopfert, am selben Tag oder aber am Folgetag wurde eine Versammlung abgehalten, die zwar in späterer Zeit vom Pontifex maximus, dem Vorsteher der Pontifices, geleitet wurde, aber in irgendeiner Weise auch den Rex sacrorum beteiligte: Was genau der Kalendereintrag *Quando Rex Comitiavit Fas*, «sobald der Rex sacrorum das Comitium betritt/eine Versammlung abhält, ist der Tag für Rechtsverkehr offen», bedeutete, entzieht sich unserer Kenntnis.

Aber nicht nur die *comitia calata* geheißenen Versammlungen bringen die «Trompetenreinigungen» in die Nähe der anderen Kalenderriten. Das Blasen der Trompeten selbst in der Phase des abnehmenden Mondes läßt an das Ritual zur Stärkung des Mondes denken, das immer wieder während Mondfinsternissen zur Anwendung kam.[4] Ausführende sind eine Gruppe stadtrömischer religiöser Spezialisten, die an der Schwelle zu jenen Zirkeln standen, denen die Römer mit dem Begriff *sacerdotia*, «Priestertümer», eine besondere Würde verliehen. Es handelte sich um die Tubicines, die für die öffentlichen Opfer bestallten Trompetenbläser (Festus 482,27–29 Lindsay).

Der bislang beschriebene Kalender besaß noch eine weitere Achttagesperiode. Von den «Tubilustrien» bis zu den nächsten Kalenden war es wiederum ein *nundinum*, eine Neuntageseinheit in römischer Zählung. Damit erschließt sich die monatliche Gestalt dieses empirischen, auf Beobachtung abstellenden Mondkalenders. Haupttag war der Vollmondstag, die Juppiter gehörenden Iden. Acht Tage zuvor gab es eine Volksversammlung, die unter anderem der Ankündigung der Festfolge diente. Auf diese Versammlung folgten drei achttägige Perioden, die mit den Iden, den Festen und Versammlungen des Tubilustriums und mit der Versammlung an den Kalenden endeten. Variabel war allein die Zeit zwischen Kalenden und Nonen. Mit dem Ziel, die Iden wiederum mit dem nächsten Vollmond zusammenfallen zu lassen, wurde diese Zwischenzeit empirisch bestimmt und verkündet. Diesem Zwecke diente auch die Terminierung der Kalenden: Da die Monatshälfte nach den Iden mit sechzehn Tagen deutlich länger war als die vorangehende, war an den Kalenden die Mondsichel nach ein, zwei oder gar drei Tagen «Schwarzlicht» bereits so weit wieder sichtbar, daß ein verläßliches Urteil über den Abstand bis zum nächsten Vollmond möglich war.

Das System wies den Iden eine stärkere Stellung in der Grenzziehung zu als den Kalenden: Während die Tage zuvor als Tage «vor den Iden» gezählt wurden, scheinen sich Spuren einer alten Zählung «nach den Iden» gehalten zu haben.[5] Im klassischen römischen Kalender wurde der Tag nach den Iden – etwa des Januar – als «siebzehnter Tag vor den februarischen Kalenden» bezeichnet. Mitten im Januar wechselte also der im Datum sichtbare beziehungsweise hörbare Monatsname.

Vom Mond- zum Sonnenkalender

Der bisher beschriebene Kalender war ein empirischer, durch Beobachtung gesteuerter Mondkalender. Das entsprach der Praxis, die überall in Italien und im Mittelmeerraum anzutreffen war. Besonders wichtig ist hier das Feriale, das als *Tabula Capuana* bezeichnet wird, ein Ritualkalender aus der Zeit um 470 v. Chr. Dieser Text regelte den Kult am Heiligtum Haema, das nahe Capua lag und ein regionales Kultzentrum gewesen sein muß.[6] Im Unterschied zu dem viel späteren etruskischen Kultkalender in Form eines auf Leinen geschriebenen Textes, der als «Agramer Mumienbinden» wieder ans Licht kam, wurden auf dem Ziegel aus Capua, der heute in Berlin aufbewahrt wird, die Monatstage nicht durchgezählt. Es wurden für jeden Monat nur wenige, sich wiederholende Tage mit Eigennamen angegeben. An erster Stelle stehen dabei zumeist die nach römischer Überzeugung ursprünglich etruskischen Iden,[7] die hier als *iśveita* bezeichnet werden. Wenn man dem spätantiken Gewährsmann Macrobius und seinen spätrepublikanischen Quellen Glauben schenken darf, besaßen die Etrusker ein Wochensystem, das «Nonen» in achttägigem Abstand wiederholte. Dann dürften sie ebenso wie der beschriebene römische Kalender «Wochen» in einer monatlich je neu beginnenden Reihe von vier strukturierenden Tagen (Nonen–Idus–«Tubilustrium»–Kalenden) besessen haben. Genau auf diese Struktur passen die Datumsangaben des Capuanischen Ziegels: Auf die Iden, die jeweils den Monatsanfang markieren, folgten wohl im Wochenabstand der Tag *celuta* (abnehmender Mond, römisch «Tubilustrium»), dann der mit der Himmelsgottheit Tinia zusammenhängende *tiniana* (die römischen Kalenden, die in Rom der Göttin Juno gewidmet waren) und schließlich der Tag *aperta* bei zunehmendem Mond, die römischen Nonen. Der einzige vergleichbar mit einer Zahl gebildete Tagesname in diesem etruskischen Text, *macvitule*, enthält die Fünf, fiele also (römische Inklusivrechnung vorausgesetzt) in die Mitte einer derart gebildeten «Woche». Wer hier welchen Kalender übernommen hat, läßt sich angesichts der wenigen Zeugnisse dieser Zeit nicht klären. Es genügt festzustellen, daß sich die Stadt Rom mit ihrem Kalender als Variante mittelitalischer Kalenderpraxis verstehen läßt.

Wie die übrigen mit Mond-Monaten arbeitenden Kalender im Mittelmeerraum bemühte sich auch der römische Kalender um eine stabile Beziehung zum Sonnenjahr, das den Lauf des Naturjahres, Landwirtschaft wie Seefahrt, letztlich auch die Möglichkeiten zur Kriegführung, bestimmte. Ermöglicht wurde diese Übereinstimmung in den uns bekannten Kalendern durch die gelegentliche Einschaltung eines dreizehnten Monats, mag dieser einen eigenen Namen gehabt haben oder nur aus der Verdoppelung eines der zwölf normalen Monate gewonnen worden sein. Schaltete man alle zwei bis drei Jahre einen solchen Monat ein, blieb das Verhältnis von Mondkalender und Sonnenjahr langfristig gleich: Statt als Lunarkalender müssen solche Zeitrechnungssysteme als Lunisolarkalender angesprochen werden. Es gelingt ihnen, beides, die Periodizität des um die Erde kreisenden Trabanten wie den Umlauf der Erde um das Zentralgestirn, einigermaßen gut abzubilden.

Rechnerisch lassen sich für die Schaltung problemlos einzusetzende Formeln finden. Schon die Griechen des sechsten Jahrhunderts v. Chr. wußten, daß dreimaliges Schalten in acht Jahren – die sogenannte Oktaëteris – ein sehr präzises Ergebnis erbrachte. Die verbleibende Differenz von etwa eineinhalb Tagen Überschuß dieses Zyklus motivierte Meton und seinen Schüler Euktemon wohl im Jahr 432 einen noch präziseren Schaltzyklus vorzustellen. In einem neunzehnjährigen Zyklus sollten insgesamt 235 Mondmonate, 125 von ihnen aus dreißig, 110 aus neunundzwanzig Tagen bestehend, untergebracht werden.[8] Offensichtlich rechnet dieser «Metonische Zyklus» mit einem bereits konventionellen Mondmonat: Die Beobachtung des Mondes wird durch den planmäßigen Wechsel von Monaten mit dreißig und neun-

2 Der 1900 in einem Schiffswrack vor der Insel Antikythera gefundene «Antikythera-Mechanismus» synchronisiert mit Hilfe eines Differentialgetriebes und mehr als dreißig Zahnrädern das mit griechischen Monatsnamen bezeichnete Mondjahr (äußerer Ring) mit dem Sonnenjahr. Er erlaubt so, den Stand der Sonne im Tierkreis (innere Scheibe) zu verfolgen und zugleich in «bürgerliche» Daten zu übertragen. Der Mechanismus setzt den Metonischen Zyklus voraus (Nachbildung in den Staatlichen Museen Kassel, Inv. Nr. MAT 1981-10 nach dem Original im Nationalmuseum Athen).

undzwanzig Tagen ersetzt, um so der Lunationsdauer von durchschnittlich 29,54 Tagen zu entsprechen.

Alle konkreten historischen Daten, die wir kennen, sprechen dagegen, daß diese Zyklen in den wichtigen griechischen Städten zur regelmäßigen Anwendung kamen: Der Verführung, durch Eingriffe in die «Schaltautomatik» die eigene Amtszeit oder Pachtperiode zu verlängern beziehungsweise Verfügungsgewalt zu steigern, erlagen die Verantwortlichen häufig – für Rom lassen sich die fatalen Konsequenzen besonders gut beobachten.[9]

Auch in Rom wurde geschaltet, auch der römische Kalender wollte ein Lunisolarkalender sein. Nachrichten über Versuche, die Interkalation gesetzlich zu regeln, liegen bereits für das fünfte Jahrhundert vor.[10] Das zeigt nur, wie sehr umstritten dieser Punkt war. Auch die erste römische Kalenderrevolution – anders kann man sie kaum nennen – sollte hierin keine Änderung bringen, ja durfte vermutlich nicht einmal den Versuch dazu unternehmen, sollte sie erfolgreich sein. Es sollte nicht von ungefähr erst der Diktator Cäsar sein, der hier einen Schlußstrich zog.

Noch einmal, für das fünfte Jahrhundert kann man den römischen Kalender als voll in die regionale und überregionale Kalenderlandschaft integriert betrachten: Die Mondphasen waren überall dieselben, wie die Monate im einzelnen hießen, wann und wie geschaltet wurde, dürfte von Ort zu Ort verschieden gewesen sein. Alle fünfzehn Kilometer ein neuer Monatsname war in den kleinräumigen politischen Einheiten Italiens oder Griechenlands eher die Regel als die Ausnahme. Für Rom sollte sich das alles ändern.

Im Laufe des vierten Jahrhunderts war Rom von einer ursprünglich etruskisch dominierten Stadt zur Vormacht Mittelitaliens geworden. Militärisch wurde diese Entwicklung durch den Sieg in den Latinerkriegen unterstrichen, die 340 bis 338 v. Chr. zu ihrem Abschluß

ΧΟΙΑΚ
ΜΕΧΙΡ
ΜΕΣΟΡΙ
ΠΑΥΝΙ

kamen. Rom begann, Kolonien anzulegen und seine Vorherrschaft auch territorial abzusichern: Von nun an sollte Mobilität zu einem Charakteristikum römischer Bürger werden. Voraussetzung für den militärischen Erfolg war ein innenpolitischer Prozeß, der als die Entstehung der römischen Nobilität angesprochen wird. Die erbitterten Rivalitäten alter Adelsfamilien, der Patrizier, sowohl untereinander wie mit den führenden Vertretern der Plebejer, die sich nach und nach mehr Rechte und Positionen erkämpft hatten, wurden in einem «historischen Kompromiß» neu kanalisiert. Das Kräftemessen wurde in Aktivitäten gelenkt, die allen zugute kamen, militärische Erfolge zumal. Nicht die eigene Beute zählte, sondern der Sieg als gewählter Oberbeamter (Konsul, Prätor) und Feldherr. Nur solche Positionen berechtigten, «internationale» Konflikte vom Zaun zu brechen, aber solchen Beamten stand dann auch nicht nur die Truppe eigener Sklaven, Klienten und Familienmitglieder zur Verfügung, sondern das römische Heer, um Bündnistruppen immer mehr vergrößert. Die «gemeinsame Sache», die *res publica*, wurde gleichsam in neue Formen gegossen, in neuen Institutionen organisiert. Zugleich wurde der Ehrenkodex auf diese Institutionen und politischen Verfahren ausgerichtet, «Ehre», «Tapferkeit», «Eintracht» wurden Maximen, die Egoismen und Rivalitäten auf gesellschaftlichen Nutzen ausrichteten und die als Gottheiten in neu (aus Kriegsbeute!) errichteten Tempeln verehrt wurden.[11]

Dramatisierung ist immer gefährlich. Roms Aufstieg vom Bauerndorf zur Weltmacht dauerte mehr als ein halbes Jahrtausend und vollzog sich begleitet von vielen Rückschlägen. Roms Überlegenheit offenbart sich daher leichter aus der Rückschau. Die Siege des dritten und teilweise noch des zweiten Jahrhunderts waren Siege der Latiner und Italiker. Noch im späten zweiten Jahrhundert v. Chr. wollten Städte wie Praeneste in monumentalen Prachtbauten Rom den Rang ablaufen; daß Rom den Krieg gegen die eigenen Bundesgenossen in den Jahren 91 bis 89 v. Chr. für sich entscheiden konnte, war nicht vorauszusehen. Rom war eine Vormacht, aber unter Konkurrenten, von denen einzelne nur wenig schwächer waren.

Diese inneren wie äußeren Umstände muß man sich vor Augen halten, will man den römischen Schritt vom Mond- zum Sonnenkalender angemessen würdigen. Was war geschehen?

Wie fast immer in der Alten Geschichte kennen wir die Details nicht. Sicher ist nicht einmal das Datum. Es liegt näher, die Reform des Kalenders mit den sicheren Nachrichten über die Publikation des Kalenders am Ende des vierten Jahrhunderts zu verbinden als mit verstreuten und unklaren, möglicherweise nur erfundenen Angaben über kalenderbezogene Aktivitäten des zweiten römischen Zehnmännerkollegiums, einer Art Notstandsregierung in der Mitte des fünften Jahrhunderts.[12] Die Inhalte der Reform erschließen sich so aus der Gestalt des vorjulianischen Kalenders, wie wir sie vor allem aus den *Fasti Antiates maiores* kennen.

Auf den ersten Blick scheint dieser Kalender dem römischen Mondkalender zu entsprechen: Kalenden, Nonen, Iden, Tubilustrium, all diese Tage finden sich darin wieder, desgleichen ein dreizehnter, ein *Interkalaris*, «Dazwischengerufener», geheißener Schaltmonat. Der revolutionäre Charakter des Eingriffs erschließt sich erst auf den zweiten Blick, findet sich in der letzten Zeile des Kalenders.

Die Reform betraf die Länge der Monate. Sie wurden fixiert. Der Januar hatte 29 Tage, der Februar 28, der März 31, der April 29, der Mai 31 und so weiter. In der Summe ergeben sich 355 Tage, ein Tag mehr als das durchschnittliche Mondjahr. Das sieht zunächst nur nach dem Ersatz empirischer durch konventionelle, festgelegte Mondmonate aus. Der resultierende Fehler, ein allmähliches Zurückbleiben hinter den Mondphasen scheint ja durch den etwas kürzeren, nur siebenundzwanzig Tage umfassenden Schaltmonat ausgeglichen worden zu sein. Soweit wäre alles noch im Rahmen der üblichen lokalen Variationen. Aber der Blick auf den Schaltmonat offenbart Erstaunliches: Seine letzten fünf Tage sind mit dem Februar identisch. Das wird durch antike Textquellen bestätigt: Faktisch addiert der Schaltmonat nicht 27, sondern nur 22 (gelegentlich 23) Tage, indem er die letzten fünf Tage des Februar einfach ersetzt. Statt am Fest des *Regifugium*, der «Königsflucht» – kaiserzeitliche Autoren deuteten das als Erinnerung an die Vertreibung der letzten römischen Könige am Ende des sechsten Jahrhunderts –, zu fliehen, ruft der Rex sacrorum am 24. Februar einfach die Kalenden des Schaltmonats aus.[13] Das aber hat bei fixierten Monatslängen eine fatale Konsequenz: Das Folgejahr verfehlt den Vollmondstag (wie alle anderen Mondphasen) um fünf bis sechs Tage, ohne daran etwas ändern zu können. Trotz Beibehaltung der gesamten Terminologie und wohl auch des rituellen Apparats verabschiedete sich der Kalender völlig von den Lunationen. Aus dem Lunisolarkalender war ein reines Sonnenjahr geworden.

Zeitzeichen und Zeitmacher

Der Mond ist eine demokratische Uhr. Jeder kann ohne großen Aufwand seine Phasen beobachten. Verabredungen sind nicht sehr genau – man kann immer um ein oder gar zwei Tage danebenliegen –, aber man ist vorbereitet. Monatliche Festversammlungen zum Vollmond benötigen keine Zeitung; sie waren im eisenzeitlichen Italien ebenso verbreitet wie im Vorderen Orient. Die Sonne ist anspruchsvoller. Die Beobachtung des Sonnenlaufes wie der Auf- und Untergänge von Sternen in der Morgen- oder Abenddämmerung erfordert erheblich größeren Beobachtungsaufwand, erfordert ein institutionalisiertes Gedächtnis und Spezialisten. Entsprechend wenig offensichtlich sind die Ergebnisse dieser Beobachtungen: Die Behauptung, die Tage würden wieder länger, läßt sich ohne Uhr erst nach Wochen glaubhaft machen. Entsprechende kalendarische Entscheidungen bedürfen also der Macht zur Durchsetzung. Dann aber ist es gerade der «Trick» der Zeitmacher, sich als bloße Übersetzer darzustellen: Der Verweis auf die astronomischen Zeitzeichen legitimiert die gesellschaftlichen Zeitvorgaben. Wir reden von ‹Zeitmessung›, nicht Zeitsetzung oder Konstruktion.

Für die Veränderungen im römischen Kalender hat das eine überraschende Einsicht zur Folge. Das Hauptmotiv in der Reform ist die Verkürzung der Schaltperiode gewesen. Die alte rituelle Praxis hatte darin bestanden, am sechsten Tag vor den Kalenden des März die Schaltung anzukündigen, indem dieser Tag zum sechsten Tag vor den Kalenden des Schaltmonats umdefiniert wurde und die Königsflucht entfiel. Statt dessen nun einfach die Kalenden des Schaltmonats selbst zu begehen, war eine vergleichsweise einfache Lösung. Rechnerisch bot dieses Verfahren noch einen weiteren Vorteil: Die Verkürzung des Schaltmonats legte eine Schaltung in jedem zweiten Jahr nahe. Die Fixierung der Monatslängen war dann erst der letzte Teil dieser Paketlösung. Auch hier wurde Entscheidungsbedarf und Kommunikationsbedarf zurückgenommen, wurden Folgen kalendarischer Entscheidungen minimiert. Ob der Abstand der Nonen von den Kalenden fünf oder sieben Tage (in römischer Rechnung) betrug, konnte man von nun an wissen, man mußte es nicht monatlich neu zu erfahren suchen.

Die «Befriedung» des Kalenders fügt sich in das Bild des «historischen Kompromisses» ein. Interne Konfliktherde wurden eingedämmt. Traditionelle, gruppenbezogene Privilegien wurden verkleinert oder abgeschafft. Die Möglichkeiten der zeitlichen Gestaltung des Kalenders durch allein von Patriziern zu besetzende Priesterpositionen wie den Rex sacrorum und die Pontifices wurden verringert. Aber die Reform hatte auch eine außenpolitische Komponente. Der römische Solarkalender wurde unübersetzbar, er war inkompatibel mit den Mondkalendern der Völker ringsum. Hier gewinnt die Reform ihre revolutionäre Note. Sie signalisiert die Konzentration auf die kompakte, städtische *res publica*. Nicht mehr die außerrömischen Kontakte adliger Familien, sondern die innere Zusammengehörigkeit, die Kohärenz der Nobilität sollten entscheidend sein. Der neue Kalender erschwerte Kontakte nach außen. Zugleich schuf er ein spürbares Unterscheidungsmerkmal: Die latinischen Bundesgenossen mußten nach einer neuen Pfeife tanzen, militärische Operationen waren nur noch nach dem römischen Kalender zu koordinieren. Hier wird eine Gefühlslage, eine Mentalität greifbar, die in vielen Institutionen und politischen Entscheidungen der mittleren und späten Republik ihren Ausdruck finden wird – die Unfähigkeit oder besser: Unwilligkeit, der faktischen Bildung großer Herrschaftsräume das Bild des in sich selbst ruhenden Stadtstaates zu opfern. Es war nicht das letzte Mal in der Geschichte des Kalenders, daß das Zeitrechnungssystem der Bildung einer eigenen Sonderidentität untergeordnet wurde. Die Besonderheiten des jüdischen und islamischen Kalenders beruhen, wie wir sehen werden, auf ähnlichen Entscheidungen.

Kalender und Schriftlichkeit

Der Kalender, so ist sich die römische Überlieferung einig, wurde erstmals durch Gnaeus Flavius publiziert.[14] Von ihm wissen wir wenig. Er war ein Schreiber des Appius Claudius Caecus, eines der bedeutendsten Politiker um die Wende vom vierten zum dritten Jahrhundert. Da Appius Pontifex war, dürfte die Schreiberstellung die eines *scriba pontificius* gewesen sein, das heißt, Gnaeus bekleidete genau diejenige Position, mit der die Mondbeobachtung an den Kalenden verbunden war. Im Jahr 304 wurde er gegen heftige Konkurrenz zum kurulischen Ädilen gewählt, erklomm also eine bedeutende Stufe in der römischen Ämterlaufbahn. Diese Überlieferung verbindet sich insbesondere mit einem Element des Kalenders, das im nächsten Kapitel zu behandeln

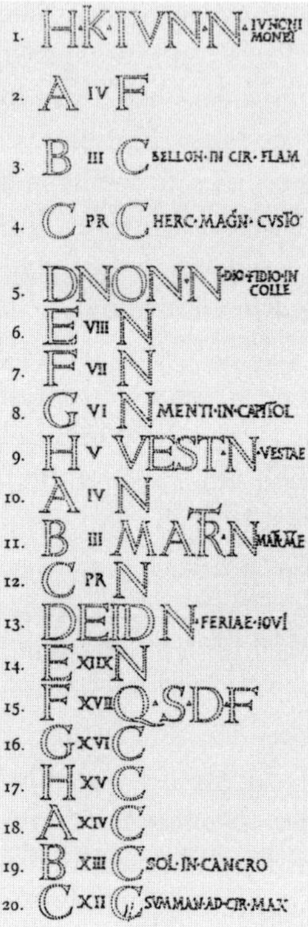

1.	*H*	*k(alendae)*	*Iun(iae), n(efastus). Iunoni Monet(ae)*
2.	*A*	*IV*	*f(astus)*
3.	*B*	*III*	*c(omitialis). Bellon(ae) in cir(co) Flam(inio)*
4.	*C*	*pr(idie)*	*c(omitialis). Herc(uli) Magn(o) Custo(di)*
5.	*D*	*non(ae)*	*n(efastus). Dio Fidio in Colle*
6.	*E*	*VIII*	*n(efastus)*
7.	*F*	*VII*	*n(efastus)*
8.	*G*	*VI*	*n(efastus). Menti in Capitol(io)*
9.	*H*	*V*	*Vest(alia), n(efastus). Vestae*
10.	*A*	*IV*	*n(efastus)*
11.	*B*	*III*	*Matr(alia), n(efastus). Matr(i) Matutae*
12.	*C*	*pr(idie)*	*n(efastus)*
13.	*D*	*eid(us)*	*n(efastus). Feriae Iovi*
14.	*E*	*XIIX*	*n(efastus)*
15.	*F*	*XVII*	*q(uando) s(tercus) d(elatum), f(as)*
16.	*G*	*XVI*	*c(omitialis)*
17.	*H*	*XV*	*c(omitialis)*
18.	*A*	*XIV*	*c(omitialis)*
19.	*B*	*XIII*	*c(omitialis). Sol in Cancro*
20.	*C*	*XII*	*c(omitialis). Summan(o) ad Cir(cum) Max(imum)*

3 Die nur in Abschriften aus dem späten fünfzehnten Jahrhundert erhaltenen Fasti Venusini könnten noch dem ausgehenden ersten Jahrhundert v. Chr. angehört haben. Graphisch sorgfältig gestaltet, wies diese Steininschrift verschiedene inhaltliche Fehler auf. Da sie mit einer chronikartigen Liste von Magistraten verbunden waren, dürften sie im Auftrag der ganzen römischen Bürgerkolonie Venusia in Apulien errichtet worden sein. Der Ausschnitt des Monats Juli zeigt die Eintragung der Tageszählung zwischen die Nundinalletter und den Tagescharakter. Am 19. Juni wird der Eintritt der Sonne in ein neues Tierkreiszeichen (Krebs) vermerkt und dafür auf die Angabe des Stiftungstages des Minervatempels verzichtet. Hier werden im Detail einer stabilen graphischen Form Akzente gesetzt (*Inscriptiones Italiae 13,2,1*, Roma 1963, 58; rechts die moderne Auflösung der Abkürzungen).

sein wird. Für den Moment muß die Aufmerksamkeit einem grundlegenderen Punkt gelten. Der Kalender wurde verschriftet. Das war neu, neu nicht nur für Rom, sondern für die gesamte mediterrane Antike. Es gab in Ägypten Literatur, die für jeden Tag des Jahres erläuterte, ob er gut oder schlecht, für bestimmte Aktivitäten zu verwenden oder zu vermeiden sei.[15] Das waren Nachschlagewerke für Spezialisten. Es gab in Griechenland öffentlich einsehbare, inschriftliche «Opferkalender», die dokumentierten, welche Gruppen für die Finanzierung der jeweiligen Kulte aufzukommen hatten.[16] Das waren Festlisten, die eine Reihe von Verpflichtungen und Leistungen dokumentierten, Kalender waren das nicht. Demgegenüber war es in Rom ein regelrechter Kalendertext, der publiziert wurde, eine Übersicht über alle Tage des Jahres, die jene Form besessen haben dürfte, die für den spätrepublikanischen Wandkalender aus Antium (S. 10) gesichert ist.

Daß die Monatslängen festgelegt und das Schaltverfahren verändert worden war, verlangte noch keinen schriftlichen Kalender. Alle anderen Nutzer konventioneller Mondmonate im Mittelmeerraum kamen ohne dieses Hilfsmittel aus. Die römische Reform ging aber in einem Punkt über das Übliche hinaus. Es wurden fortlaufende Wochen eingeführt, ein ununterbrochener Achttagerhythmus, der einfach über die Monatsgrenze hinweglief. Wo zuvor dieser Rhythmus jeweils an den Kalenden neu justiert wurde und nur für die Zeit von den Nonen bis zu den nächsten Kalenden durchlief, wurde nun ein System geschaffen, das unserem heutigen Umgang mit Wochen entspricht, genauer: das wir in Form der um einen Tag verkürzten astrologischen und jüdisch-christlichen Woche von Rom geerbt haben. So selbstverständlich das heute erscheinen mag, so revolutionär muß es im Rom des ausgehenden vierten Jahrhunderts gewesen sein. Auch in den uns bekannten griechischen Kalendern wurde zwar mit «Wochen», in diesem Fall: Dekaden, zur Rhythmisierung gesellschaftlicher, politischer wie religiöser Aktivitäten gearbeitet (auch wenn vieles allein in der ersten Dekade vollzogen wurde). Aber durchlaufend waren diese nicht. Gegebenenfalls mit der Verkürzung der letzten Dekade um einen Tag in den Monaten mit neunundzwanzig Tagen starteten sie an jedem Monatsersten wieder neu.

In diesem Punkt schuf Rom eine bemerkenswerte Parallele zum jüdischen Sabbat. Auch dieser dürfte ursprünglich ein Festtag gewesen sein, der an Mondphasen gebunden war, vermutlich an den Vollmond und den Neumond. Entsprechend lagen jeweils durchschnittlich vierzehn oder fünfzehn Tage zwischen solchen Feiern. Erst in der Situation des babylonischen Exils, im sechsten und fünften Jahrhundert v. Chr., wurde aus diesen beiden Sabbaten im Monat eine durchlaufende Siebentagewoche. In der Situation des Exils in Mesopotamien, in der Situation einer Minderheit, könnte diese Regelung vor allem den Zweck verfolgt haben, eine eigene Identität als kultische Sondergruppe zu konstruieren. Viel stärker als die Teilnahme an einzelnen Festen muß die neuartige Rhythmisierung des Alltagslebens unterscheidend, verfremdend gewirkt haben.[17]

«Minderheit» charakterisiert die römische Situation gerade nicht. Der neuentstandene Nundinalrhythmus (*nundinum*, «ein Zeitraum von neun Tagen») war gerade kein religiöser Rhythmus, die *nundinae* am Ende dieser Perioden waren in erster Linie Markttage, ließen aber auch die Regelung juristischer Angelegenheiten zu. Wenn wir also nach einem Motiv für die neuen Regelungen suchen, muß es in den Regelungen für die öffentliche Nutzung der Tage zu suchen sein, deren Details Gegenstand des folgenden Kapitels sein werden. Wesentlich für die römische Umstellung war in jedem Fall, daß der neue Rhythmus den alten nicht ablöste, sondern ergänzte. Die alte Struktur der monatlichen Orientierungstage blieb erhalten. Nach dieser Struktur richtete sich der Festkalender, diese Struktur bestimmte die Lage von Feiern und Ritualen. Darin lag gerade der Unterschied zur jüdischen Reform. Das neue System wurde nur geringfügig religiös akzentuiert: Ähnlich wie in den Routineritualen der monatlichen Strukturtage wurde von der Flaminica Dialis, der Frau des Juppiterpriesters, in der Regia dem Juppiter ein Widder geopfert.[18]

Offensichtliches Ziel der Reform war demnach die Trennung der gesellschaftlichen Funktionen von Daten. Zwar dürfen wir mit den römischen Antiquaren, Historikern und Volkskundlern wie Licinianus Gracchanus, Varro und Verrius Flaccus davon ausgehen, daß die monatlichen Strukturtage als Markttage allerhand vereinten. Aber schon für den frührepublikanischen Kalender dürfen wir von der Trennung mancher Funktionen ausgehen. An den Nonen dominierte die Versammlung, Kult fehlte. Die Iden wurden vom Kult beherrscht, wir erfahren nichts von politischen Versammlungen. Das Tubilustrium weist eine zweitägige Struktur auf: Kult am ersten Tag, dem «neunten» Tag nach den Iden, die Versammlung wird mit den ominösen Buchstaben *QRCF* erst für den Folgetag nahegelegt. Ähnliches gilt für die Kalenden. Genaugenommen bildeten sie mit ihrer Versammlung nicht den «neunten» Tag nach den Tubilustrien, sondern den zehnten. Wir wissen nicht, welche Kultakte sich mit dem Vortag, dem «neunten» Tag, verbanden. Wohl aber sehen wir in dem reich kommentierten Kalender der *Fasti Praenestini*, daß Cäsar bei der Verlängerung der Monate auf die heute geläufigen Werte die zusätzlichen Tage nicht zwischen jenen «neunten» Tag und die Kalenden einschob, das hieße am Monatsende, sondern unmittelbar vor jenem letzten Tag des Monats. Die kultische Verbindung von Monatsende («neuntem Tag») und Kalenden blieb unangetastet.

Die Reform entfernte die wirtschaftliche Funktion, die die Markttage besaßen, gänzlich aus diesem Zusammenhang. Markttag war Markttag, alle acht Tage, egal was kommen sollte. Damit verloren die Strukturtage und ihre Rituale sicher einen Teil ihrer Attraktivität, konnten nur noch mit je unterschiedlichen Festen werben. Soziologen würden das als Prozeß der «Ausdifferenzierung» beschreiben: Unterschiedliche gesellschaftliche Bereiche werden eigenen Institutionen zugewiesen. Der Bürgermeister ist nicht zugleich Friedensrichter und Sheriff. Das Rom des ausgehenden vierten Jahrhunderts war zu einer Großstadt geworden. Der entscheidende Impuls aber dürfte ein politischer gewesen sein und gehört in den Zusammenhang der Ausbildung der Nobilität. Der öffentliche Raum, die öffentlichen Institutionen wurden neu vermessen, Spielregeln wurden auf- oder klargestellt. Dazu gehört insbesondere der Versuch, Politik und Religion von Wirtschaftlichem und voneinander deutlicher zu trennen. Eine «Säkularisierung» war das nicht: Die in ihren Umrissen und ihrem Bezug auf die Götter deutlicher bestimmte Religion bot ganz andere Möglichkeiten, politische Institutionen nun von außen zu legitimieren.[19]

Im Blick auf die jüdischen Entwicklungen stellt sich eine neue Vergleichsebene ein. Im Zweistromland wie in Rom ist ein Verbot, eine radikale Trennung in der gesellschaftlichen Nutzung der Zeit das gemeinsame Motiv zu der (aus zeitgenössischer Perspektive) revolutionären Einführung durchlaufender Wochen. Im einen Fall gewannen unter dem Vorzeichen der Religion priesterliche Gruppen trotz des Verlustes ihrer Basis im Jerusalemer Tempel eine entscheidende Position. Auch im anderen Falle wurde die Position von Priestern neu bestimmt, aber unter anderem Vorzeichen. Die sich aus den Patriziern rekrutierenden religiösen Spezialisten wurden in ihren Sonderrechten eingeschränkt, die Positionen selbst wurden in die neue Nobilität integriert. Das Jahr 300 v. Chr. sah die Verabschiedung eines «Ogulnischen Gesetzes», das die Priesterschaften auch den Plebejern öffnete.

Das Nebeneinander der beiden kalendarischen Systeme erzwang eine schriftliche Darstellung. Das neue Nundinalsystem mußte in der alten Struktur abgelesen werden können. So bilden entsprechend wiederkehrende Symbole das Gerüst der ganzen Kalenderdarstellung, wie sie der noch vorjulianische (der Kalenderreform Cäsars vorausgehende) Kalender aus dem latinischen Antium auf Seite 10 (und auch der spätmittelalterliche Kalender im Innenumschlag) veranschaulicht: Am Anfang jeder Tageszeile findet sich ein Buchstabe, der in einer stets wiederholten Folge A, B, C, D, E, F, G und H lautet. Mit diesen Nundinalbuchstaben wird die achttägige römische Woche gekennzeichnet, eine über Monats- und Jahresgrenzen durchlaufende Woche. Ihre Wochentage tragen keine Namen; diese Woche ist allein durch die sich alle acht (in römischer Weise, unter Einschluß von Anfangs- und Enddatum gerechnet: neun) Tage wiederholenden *nundinae*, die Markttage, definiert. Diesen *nundinae* entspricht für die langjährige Nutzung solcher Kalender ein jährlich wechselnder Buchstabe, der ihre Position – wie ein grau unterlegter Sonntag in heutigen Kalendern – im ganzen Jahr erkennen läßt. Handelte es sich beispielsweise um ein Jahr, in dem die *nundinae* mit dem Buchstaben C gekennzeichnet waren, also der letzte Tag des Jahres ein Markttag war, hätte der sie bezeichnende Buchstabe mit dem neuen Jahresanfang auf das H gewechselt. Wie weit verbreitet solche Kalenderdarstellungen waren, wissen wir nicht. Für die über zweihundertfünfzigjährige Geschichte des neuen Kalenders bis zur Julianischen Kalenderreform wissen wir – nach dem auf einer geweißten Holztafel publizierten Kalender des Fulvius, von der der augusteische Geschichtsschreiber Livius berichtet (9,46,5) – sicher nur von zwei weiteren Wandkalendern und einem, nämlich Ciceros, Taschenkalender. Auch wenn solche lückenhafte Kenntnisse typisch für die republikanische Geschichte Roms sind: Kalender waren kaum ein Alltagsgegenstand. Die mündliche Ankündigung dürfte die verbreitetste Informationsquelle gewesen sein. Aber prinzipiell konnte der Kalender eingesehen werden. Er war kodifiziert.

3 Spezialisten der Zeit: Bauern, Seefahrer und Mönche

Der Kalender der Natur

Ein schriftlicher Kalender, wie er in den letzten vorchristlichen Jahrhunderten in Rom zur Selbstverständlichkeit wurde, bildet für uns als Besitzer von Wandkalendern und Taschenkalendern eine vertraute Vorstellung. Trotz mancher ernstzunehmenden Zweifel an der Authentizität erscheint daher auch eine kalendarische Funktion der bronzezeitlichen «Himmelsscheibe von Nebra» (um 1600 v. Chr.) vielen plausibel: Dargestellt seien die Horizontbögen der Sonnenaufgänge und Sonnenuntergänge im Laufe eines Jahres.[1] Immerhin muß man dabei unterstellen, daß die Winkel dieser in der Landschaft zu beobachtenden Bögen auf einer ansonsten mit sehr schematischen Darstellungen arbeitenden Scheibe mit einer Genauigkeit beziehungsweise einer Fehlertoleranz von kaum mehr als einem Grad übertragen wurden.

Unterteilungen des Bogens fehlen auf der Himmelsscheibe. Das minimale Vorrücken des Aufgangspunktes der Sonne als Datierungshilfe zu benutzen, erforderte nicht nur einen fixierten Beobachtungspunkt, sondern auch hohe Präzision in der Dokumentation. Erst große Steinkreise erlaubten auch geringe Winkeldifferenzen mit groben Materialien zu markieren. «Einfacher» läßt sich der Jahresfortschritt an den Aufgängen und Untergängen von Sternen, insbesondere markanten Sternen in Sternbildern verfolgen. Je nach geographischer Breite kommt es zu einer fortlaufenden Veränderung des nächtlichen Himmels. Neue Sternbilder steigen auf und verschwinden wieder. Täglich erscheinen sie drei Minuten und sechsundfünzig Sekunden früher am Nachthimmel. Ständig sichtbar bleiben, auf der geographischen Höhe von Mitteleuropa, allein die Zirkumpolarsterne, der große und kleine Wagen und das «Himmels-W» der Cassiopeia etwa. Am Nordpol dreht sich der Sternenhimmel nur, verändert sich aber nicht, am Äquator dagegen gibt es keine ganzjährigen Sternbilder mehr.

Die Sichtbarkeit der Sternbilder ist durch den Sonnenstand bestimmt. Erst wenn die Sonne einige Grad unter den Horizont gesunken ist, können sich die lichtschwachen Objekte, die selbst die hellsten Sterne darstellen, gegen das Dämmerungslicht durchsetzen, wenn sie selbst wenigstens rund fünf Grad über dem Horizont stehen. Daraus ergeben sich die – im Jahreslauf – erstmalige (Aufgang) oder letztmalige (Untergang) Sichtbarkeit eines Sternbildes in der Morgendämmerung (heliakischer oder Frühaufgang oder -untergang) oder Abenddämmerung (Spätaufgang oder -untergang) als zeitliche Marken. Unabhängig von allen Mondphasen und «bürgerlichen Kalendern» ergibt sich hier ein merkfähiges und differenziertes System, das Sonnenjahr zu gliedern. Der Bezug auf diese zeitlichen Marken prägt eines der frühesten Werke europäischer Literatur, die «Werke und Tage» des Hesiod, die den menschlichen Tätigkeiten im agrarischen Jahr gewidmet sind.

Vertrautheit mit der Natur und sorgfältige Beobachtung erlaubt den Zugriff auf diesen Kalender ohne Schriftzeichen oder Herolde. Von Hesiod, dem griechischen Schriftsteller des ausgehenden achten Jahrhunderts v. Chr., über den Dichter Arat bis in neuzeitliche Abenteuerromane und ihre fern von jeder Zivilisation auf einsamen Inseln gestrandeten Protagonisten wird das Bild eines bäuerlichen Kalenders gezeichnet, den «Vertrautheit mit der Natur» zum Funktionieren bringt. Die Schwierigkeiten werden dabei leicht unterschätzt. Listen mit Sternen, die im Abstand von etwa zehn Tagen aufgingen («Dekane»), gab es schon im ausgehenden dritten Jahrtausend in Ägypten. Um 1000 v. Chr. bot das mesopotamische Listenwerk *Pflugstern* (*MUL.APIN*) heliakische Aufgänge von fünfunddreißig Sternbildern, die auch als Anhaltspunkte zur Schaltung dienen konnten.[2] Von einer merkfähigen und hinreichend dichten Himmelsbeschreibung in Form von Sternbildern des «Tierkreises» wissen wir aber erst aus der ersten Hälfte des ersten Jahrtausends. Immerhin liegt gerade der Zodiakos, der den scheinbaren Lauf der Sonne vor dem Fixsternhimmel markiert, in der interessanten Zone der aufsteigenden und absteigenden Sterne. Erst im Zusammenhang dieser Systematisierungsleistungen wird eine Präzision erreicht, die zur Vorausberechnung von Perioden dienen kann und eine kalendarisch präzise Verortung der Himmelserscheinungen im Kalender erlaubte, deren Listen dann als «Parapegmata» im Mittelmeerraum tradiert wurden.

Nicht anders als für die Mondbeobachtung dürfen auch in diesem Zusammenhang die Schwierigkeiten der tatsächlichen Beobachtung nicht übersehen werden. Das Horizontrelief in bergigen oder gar gebirgigen Gegenden, Unterschiede in den Beobachtungsbedingungen durch das Wetter, Wolkenbildung etwa, Frühnebel, und schließlich der Zwang zur langfristigen systematischen Beobachtung in den Tagesrandzeiten stellen das Bild des Bauern, der im ersten Morgengrauen nur vor die Tür tritt, um das Datum zu bestimmen, schnell in Frage. Die Sammlungen von Daten, die die antiken Texte liefern, weisen die oft ferne Herkunft – etwa aus dem ägyptischen Alexandria – der Datierungen von Sternaufgängen oder -untergängen aus; Kombinationen von Quellen mit Verwechslungen und Doppelungen sind geläufig. Vor Ort gesammeltes und innerfamiliär oder dörflich tradiertes empirisches Wissen läßt sich hieran nicht ablesen. Die sogenannten «Bauernkalender» – der Name wurde nicht zufällig von Altertumswissenschaftlern am Ende des neunzehnten Jahrhunderts erfunden –, Zusammenstellungen von Festen, landwirtschaftlichen Aktivitäten und Tierkreiszeichen, entpuppen sich schnell als Derivate einer bereits schriftlichen Kalendertradition.

Der weite Abstand von systematischer Beobachtung – «Astronomie» – sowie Alltagspräsenz und Anwendung läßt sich schon für vorgeschichtliche Perioden beobachten. Das gilt nicht nur für die «Himmelsscheibe», für die – Authentizität vorausgesetzt – eine Nutzungsdauer von einhundert bis höchstens vierhundert Jahren bis zum Vergraben angenommen wird.[3] Auch für die großen Kreisgrabenanlagen mit Ausrichtung auf die Jahrespunkte sind, wie etwa in der Kultur des «Südostbayerischen Mittelneolithikums», erstaunlich kurze Nutzungsdauern von nur wenigen Jahrzehnten anzunehmen.[4]

Neuzeitliche mitteleuropäische Bauernschaften, durch gedruckte Kalender jahrhundertelang nicht nur der Informationsvermittlung, sondern auch der Belehrungswut städtischer Eliten ausgesetzt, bieten kein gutes Untersuchungsfeld für bäuerliches Zeitverständnis. Um so deutlicher sind ethnographische Befunde. In den noch in der ersten Hälfte des zwanzigsten Jahrhunderts untersuchten oralen Gesellschaften Afrikas, Asiens oder Ozeaniens erfolgt die kalendarische Orientierung an Folgen von Phänomenen aus den Bereichen des Wetters und der Wachstumsphasen von Pflanzen, vor allem Kulturpflanzen. Der Bezug auf die eigene Lebensgrundlage und landwirtschaftliche Produktion ist überall deutlich zu erkennen, im Fall von Fischergesellschaften kann sich die Jahresgliederung auch an der jährlichen Wanderung und

4 Die Kreisgrabenanlage von Künzing-Unternberg im bayerischen Landkreis Deggendorf besaß einen Umfang von etwa 110 Meter; die Gräben waren mehrere Meter tief. Das Ausmaß der Anlage legt die Vermutung nahe, daß sie nicht nur von den Bewohnern der nahe liegenden Siedlung errichtet worden sein kann (Modell im Museum Quintana, Künzing). Das spricht gegen eine aus der Notwendigkeit des Ackerbaus entstandene pragmatische Nutzung solcher Anlagen. Eher bezeugt es die kulturelle, architektonische und politische Organisationsfähigkeit temporärer politischer Verbünde. Wichtiger als die Messung, die zeitliche Bestimmung der Jahrespunkte dürfte daher die rituelle Inszenierung des Sonnenstandes an solchen Tagen gewesen sein. Die harmonische Verbindung der Architektur mit dem Naturphänomen könnte etwa der Überhöhung oder Naturalisierung von Herrschaft im Rahmen aufwendiger Rituale gedient haben.[5] Ähnliches gilt für die Anlage in Goseck.

Ankunft bestimmter Fische orientieren. Solche Kalendersysteme zeugen nicht von dem Willen, präzise Kalender zu entwickeln, sondern von dem Versuch, Sequenzen von wichtigen wirtschaftlichen Aktivitäten zu benennen und mit dem Sonnenjahr zu synchronisieren. Dabei ist es viel wichtiger, die richtige Wetterperiode als das richtige abstrakte Datum zu treffen. Der Dauerkonflikt zwischen landwirtschaftlicher Effizienz (und Überleben!) und dem Sonntag, der in einem späteren Kapitel in den Blick genommen werden soll, hat genau hier seinen Ort.

Die modernen Bauernkalender zeigen noch ein weiteres. Interviews unter benachbarten Stämmen der Rifkabylen in Nordafrika führten zu unterschiedlichen Kalendern. Selbst dort, wo die angegebene Reihenfolge von Tätigkeiten oder Fruchtperioden gleich war, wichen Einschätzungen der Länge stark voneinander ab.[6] Von Ort zu Ort, ja Person zu Person konnten unterschiedliche Bewertungen vorgenommen werden. Das Ziel, einen Kalender des 365-Tage-Jahres zu erstellen, der dieses vollständig durch eine Periodenbildung erschöpft, die an die Stelle gleichmäßiger Monate treten, teilten der Fragende und die von ihm Befragten nicht.

Der Vorrang der praktischen Orientierung und der immer wieder neu zu treffenden Entscheidung über den Beginn bestimmter bäuerlicher Tätigkeiten demonstriert ein Beispiel, das der britische Ethnologe Evans-Pritchard noch vor dem Zweiten Weltkrieg beschrieb.[7] Die afrikanischen Nuer rechneten in ihrer oralen, ganz auf mündliche Kommunikation abgestellten Kultur mit einem lunisolaren Kalender, der zwölf mit Namen versehene Monate aufwies. In manchen Regionen war man sich der Notwendigkeit, einen dreizehnten gelegentlich einzuschalten, gar nicht bewußt. Dennoch wurde auch hier geschaltet. Wie geschah das? Die einzelnen Monate wurden mit bestimmten jahreszeitlichen Erscheinungen assoziiert. Das Vorrücken des Mondjahres gegenüber dem Sonnenjahr führt zwangsläufig zu immer größeren Diskrepanzen solcher Vorstellungen gegenüber den tatsächlich zu beobachtenden Phänomenen. Da der Kalender nicht schriftlich zu verfolgen war, lösten solche Diskrepanzen zunehmend Diskussionen über den richtigen Namen des gegenwärtigen Monats aus. An unseren Monatsnamen illustriert: Wenn der April der schneereichste Monat wird, fragt man sich, ob nicht eigentlich erst März sei. Wenn sich diese Ansicht durchsetzt, hat man die Schaltung vollzogen: durch faktische Verdoppelung des «März» geheißenen Mondmonats. Ein solcher Mechanismus, der den Kalender sozusagen basisdemokratisch regelt, ist ständig umstritten, weist lokale Variationen (unterschiedliche Mehrheitsverhältnisse!) und insgesamt keine hohe Präzision auf, kann aber langfristig funktionieren, ohne astronomisches Wissen erzeugen zu müssen.

5 Das von Ibrahim al Sahli 1086 in Valencia hergestellte arabische Astrolabium besteht aus Bronze und Messing; der Durchmesser beträgt 16,3 Zentimeter. In die Vorderseite können sechs verschiedene Scheiben, die für unterschiedliche Breitengrade passende Himmelsdarstellungen bieten, eingelegt werden. Die Rückseite bietet eine Visiereinrichtung und trägt die Inschrift des Herstellers samt Datum (Kassel, Staatliche Musen, Inv Nr. MAT A 38).
6 Astronom mit Astrolab: Die Miniatur des Pergaments Ms. Arseal 1186, dem Psalter König Ludwigs IX., des Heiligen, fol. 1 verso, aus Paris zeigt nicht nur die Himmelsbeobachtung, sondern auch die Dokumentation der Befunde durch Kleriker zum Zweck der Kalendererstellung.
7 Der Mainzer Himmelsglobus stellt das älteste erhaltene Exemplar dieses Typs dar. Er stammt aus dem späten zweiten Jahrhundert n. Chr., wurde aus etwa einem Millimeter starkem Messingblech gefertigt und stellt insgesamt 48 Sternbilder, darunter die Zeichen des eigens markierten Tierkreises dar (Umzeichnung nach dem Mainzer Exemplar, Inv. O.41339).

Kulturmittler

Astronomische Kenntnisse werden auch bei einer weiteren Berufsgruppe in hohem Maße vermutet – den Seefahrern. Ohne mich auf eine Geschichte der Navigation einzulassen, wage ich festzustellen, daß der Normalfall der Seefahrt die Küstenschiffahrt gewesen ist. Selbst nach der enormen Ausweitung der Überseeschiffahrt in der europäischen Neuzeit, im Zeitalter des Kolonialismus und schließlich im Zeitalter globaler Arbeitsteilung, die Rohteile und Fertigprodukte über Zehntausende von Seemeilen um die Welt schickt, sind die meisten Schiffe im küstennahen Einsatz. Auch das verlangt Navigation, aber die Hilfsmittel, die Orientierungspunkte und das notwendige Wissen liegen nicht in den Sternen. Bei Nacht bleibt man lieber vor Anker, um in etwaige Hindernisse nicht blind hineinzusegeln.

Vor diesem Hintergrund läßt sich die großräumige Schiffahrt als Extremfall betrachten, eine Aktivität, die in politischem Auftrag oder unter hohem wirtschaftlichen Interesse erfolgt und entsprechende Wissensressourcen verfügbar machen kann. Zu diesen Wissensvorräten und Techniken gehört ebenso die Astronomie wie die Kartographie. Es waren die Phönizier, die in der Antike für eine Navigation nach den Sternen berühmt waren, die ihnen als erste die nächtliche Fahrt erlaubte (Plinius, *Naturgeschichte* 7,209). Als Orientierungspunkt diente dafür der etwa die Nordrichtung weisende «phönizische Stern» im

Kleinen Wagen (*beta* Urso minor – aufgrund der Präzession, der Verschiebung des Frühlingspunktes um dreihundertsechzig Grad in 26 000 Jahren, steht heute der Stern *alpha*, Polaris genannt, desselben Sternbildes dem Himmelsnordpol am nächsten). Der Naturphilosoph Thales soll diese Kenntnisse nach Griechenland vermittelt haben (Diogenes Laertios 1,23).

Schon aus der Antike bekannt sind Astrolabien in der zweidimensionalen Form gegeneinander drehbarer Scheiben oder gar als dreidimensionale Modelle beweglicher Armillarsphären.[8]

Die erstgenannten Instrumente enthalten zum einen Visiereinrichtungen zur Messung der Höhe etwa von Sternen, zum anderen in Form von Scheiben Informationen über die Horizontlage und das präzise Zueinander der Sternbilder. Aber auch hier bereitet der praktische Gebrauch Schwierigkeiten. Am Tage läßt sich mit einfacheren Geometriekenntnissen aus der scheinbaren Höhe eines in der Höhe bekannten Objektes der Abstand zu ihm errechnen. Aber die Positionsbestimmung bei Nacht erfordert nicht nur das Wissen um das Datum, sondern auch eine präzise Uhrzeit – will man nicht auf den nur schwierig zu beobachtenden und damit ungenauen Moment des Aufgangs zurückgeworfen werden. Die Gleichung läßt sich nur mit einer einzigen Unbekannten lösen. Erst das Mitführen von immer präziseren Uhren erlaubt, aus der ebenso präzisen Winkelmessung (Sextanten) genaue Positionsbestimmungen auch in unbekannten Gewässern vorzunehmen. Erst in der Frühen Neuzeit verleiht die Zusammenführung von europäischer Uhrenentwicklung und islamischer, selbst aus der Antike gespeister und präzisierter Astronomie damit dem Navigationsinstrument volle Tauglichkeit. Es ist die *Zeit*, die die individuelle Bewegung im *Raum* organisiert und auch koordiniert.

Warum «Siesta» erst nach der «Noon» gemacht wird

Noch in einer letzten Gruppe lassen sich Spezialisten der Zeit vermuten, unter den Mönchen. Das christliche Mönchtum in der könobitischen («Zusammenleben») östlichen wie westlichen, dort durch Benedikt und seine Regel geprägten Art stellt eine hochorganisierte Sozialform dar. Es handelt sich um Menschen, die ihr Miteinander in strenger Disziplin und im Blick auf den Dienst an Gott aufeinander abstimmen. Diese Disziplin umfaßt nicht nur Askese und Verzicht, Gehorsam und Selbstbeschränkung in der räumlichen Bewegung, sondern auch Zeitdisziplin. Unbestritten ist, daß dafür der Anschluß an das christliche liturgische Jahr und den Julianischen Kalender zentral ist. Schon das achte (von dreiundsiebzig) Kapitel der Benediktsregel eröffnet den Reigen zeitlicher Regelungen mit Normen «über den Gottesdienst in den Nächten»: «In der Winterszeit, das heißt vom 1. November bis Ostern, wird man, nach vernünftiger Überlegung, zur achten Stunde der Nacht aufstehen» (8,1) und den Rest der Nacht mit der Vigil-(Wach-)Feier und, wo nötig, individueller Lektüre oder Psalmengebet verbringen. Regelungen zur Sommerzeit, Sonntagen, gewöhnlichen Tagen und Heiligenfesten und Feiertagen schließen sich an (9–14), ebenso liturgische Sonderregelungen für die Zeit von Ostern bis Pfingsten (15) und ähnliches.

Ob die Regelungen der Kapitel 8 bis 18 auf Benedikt selbst und das sechste Jahrhundert zurückgehen, ist nicht sicher. Wichtig ist, daß hier, insbesondere im Kapitel 16, unter Rückgriff auf einen Psalmenvers (118,164) jene Siebenzahl der täglichen Gebetszeiten von Laudes, Prim, Terz, Sext, Non, Vesper und Komplet – die Vigilfeier in der Nacht wird gesondert gerechnet – normiert wird, die das mönchische Leben im Abendland in der Folgezeit geprägt hat und prägt. Das hat weitere Regelungen zur Folge. Kapitel 41 regelt die Mahl-Zeiten. Mit Rücksicht auf die Jahreszeiten, Hitze und schwere Arbeiten wird das Mittagsmahl auf die sechste oder neunte Tagesstunde festgelegt, letzteres immer im Winter (hier sind die zwölf Tagesstunden ohnehin kürzer) und an sommerlichen Fasttagen, soweit zumutbar. Aus dieser Bandbreite der Mittagszeit ergeben sich weitere Praktiken. Zumal für die kurzen Wintertage Nordeuropas empfiehlt es sich, um überhaupt noch hinreichend große Arbeitsperioden zu bekommen, Gebetszeiten zusammenzulegen, die Non direkt an die Sext anzuschließen. Ohnehin ließen Zeitangaben wie «zur ersten, dritten, sechsten, neunten Stunde» offen, ob das Gebet gegen Anfang oder Ende einer solchen Zeiteinheit zu verrichten sei. So rückt die Non in die Mittagsposition; Englisch *noon* wird zum Synonym von Mit-Tag, der sechsten Tagesstunde. In die Nachmittagsposition, das heißt an die Spitze des letzten Tagesviertels, rückt parallel die *Vesper* (lateinisch «Abend»). In den heißen Sommern des südlichen Europa empfiehlt es sich, die «Zeit der sechsten Stunde» als Essenszeit und Ruhezeit am frühen Nachmittag auszudehnen. So liegt die *siesta* nach der *noon*.

Die klösterliche Innovation betrifft, das zeigen solche Regelungen, nicht den Kalender, sondern die Uhr. Weil brauchbare Wasseruhren aufwendig und extrem selten waren, legte der spätantike Text die Verantwortung dem Abt selbst in die Hände. Kapitel 47 regelt im ersten Satz, daß es tags wie nachts Sorge des Abtes sei, die Gottesdienstzeiten anzukündigen, eine Aufgabe, die allenfalls einem sehr sorgfältigen Bruder übertragen werden könne. Sonnenuhren waren weiter verbreitet, aber jahreszeitlich bedingt sehr ungenau. Aber bedurfte es höherer Genauigkeit?[9] Die Benediktsregel, die selbst nur frühere Regeln zusammenfaßt und weiterentwickelt, verlangt gerade keine Mathematik des Gebets. War auch die Anzahl und natürlich Reihenfolge der Gottesdienste und – schon mit Ausnahmen – Mahlzeiten konstant, so blieb die tatsächliche Zeitdauer und die Positionierung im Tageslauf gerade der mönchischen Gemeinschaft und ihren konkreten Bedingungen überlassen. Das bestimmte den Zeitpunkt des Signals, für das allmählich Glocken Verbreitung fanden.

Das größte Problem bot das Wecken in der Nacht. Hier bot sich die Sternbeobachtung an, Gregor von Tours verfaßte genau zu diesem Zweck gegen Ende des sechsten Jahrhunderts ein Büchlein *De cursu stellarum ratio, qualiter ad officium implendum debeat observari*, «Über den Lauf der Sterne, wie er zur Erfüllung des klösterlichen Dienstes beobachtet werden soll». Gleichwohl blieb ein solches Verfahren aufwendig, war oft unmöglich. Auch wenn die Astronomie in verschiedenen Klöstern gepflegt wurde, war der Druck, praktischere Zeitgeber zu finden, groß. Neben Ausflußsystemen (Wasser, Sand) konnte auch das gleichmäßige Abbrennen von Kerzen – wie in islamischen Kulturen – Verwendung finden. Erst im dreizehnten Jahrhundert gewannen mechanische Räderuhren Verbreitung, die dann mit Glockenwerken verbunden werden konnten. Der Stundenschlag der Uhr, der Zeitheiten vergleichbar und handelbar machte, war aber eine städtische Erfindung. Mit hoher Wahrscheinlichkeit läßt sich dieser Prozeß den hochentwickelten oberitalienischen Wirtschaftszentren zurechnen und verbindet sich mit sichtbaren und hörbaren Uhren im öffentlichen Raum. Auch die Uhrzeit der gleichlangen Stunde tritt als gesellschaftliches Koordinationsinstrument, nicht als natürliches Hilfsmittel des auf die Natur verwiesenen Bauern, Seefahrers oder Mönchs in Erscheinung. Wie der Kalender in schriftlicher Form. Und das lenkt den Blick zurück auf die stadtrömische Entwicklung.

4 Kalender und Recht

Verrat

Das im zweiten Kapitel von Gnaeus Flavius gezeichnete Bild entspricht nicht ganz der Bewertung in der römischen Überlieferung. Offensichtlich wurde ihm von manchen Zeitgenossen wie Teilen der Nachwelt der Vorwurf gemacht, mit der Kalenderpublikation Verrat begangen und das juristische Monopol der Pontifices gebrochen zu haben. Was war geschehen?

Die Römer sahen die Grundlage ihres Zivil- und Strafrechts in den Zwölf Tafeln, die um die Mitte des fünften Jahrhunderts v. Chr. kodifiziert worden sein sollen. Pomponius, ein kaiserzeitlicher Jurist, erzählte die Geschichte in seinem *Handbüchlein* so:

Man beschloß, zehn von Staats wegen ermächtigte Männer einzusetzen, mit dem Auftrag, sich von griechischen Gemeinden Gesetze zu verschaffen und so der eigenen Gemeinde eine gesetzliche Grundlage zu geben. Diese Gesetze wurden auf Elfenbeintafeln niedergeschrieben und vor der Rednertribüne [auf dem Forum] aufgestellt, damit man sie desto besser einsehen konnte. Und die Zehnmänner erhielten in jenem Jahr weitreichende Vollmacht in der Gemeinde: Sie sollten die Gesetze verbessern, wenn es nötig sei, und sie auslegen, und es sollte kein Einspruch gegen ihre Entscheidungen wie gegen die der übrigen Beamten möglich sein. Sie bemerkten selbst, daß an den ersten Gesetzen noch einiges fehle, und sie ergänzten daher im folgenden Jahr diese Tafeln durch zwei weitere; nach dem Zuwachs wurden sie dann als die Gesetze der Zwölf Tafeln bezeichnet. Mit ihrem Entwurf hätten, behaupten einige, die Zehnmänner einen gewissen Hermodor aus Ephesus, der als Verbannter in Italien lebte, beauftragt.

Digesten 1,2,2,4 (Übers. M. Fuhrmann, D. Liebs).

Wie genau die älteste römische Rechtskodifikation aussah, wissen wir nicht. Die bekannten Fragmente dieses fundamentalen Textes römischer Rechtsgeschichte stammen aus Kommentarwerken seit dem frühen zweiten Jahrhundert v. Chr., welche Authentizität den Texten zukam, die sie benutzten, ist schlicht unbekannt.[1] Möglicherweise hat der Textbestand der «Zwölf Tafeln» erst in dieser Zeit seine endgültige Form gewonnen. Ein wichtiges Element der Rechtspraxis schon der mittleren römischen Republik zur Zeit des Flavius waren in jedem Fall die Legisaktionen. Diese spielten für die Einleitung des Verfahrens die entscheidende Rolle. Das eigentliche Verfahren beginnt erst dann, wenn der Streitgegenstand – sei es eine Sache, sei es eine Haftungsangelegenheit oder die Verpflichtung zu einer Leistung einer Person – klar benannt und von beiden Prozeßparteien akzeptiert worden ist. Für dieses Verfahren vor dem Prätor waren Formeln ausgearbeitet worden, die allmählich immer differenzierter wurden. Gaius hat in seinem juristischen Lehrbuch aus dem zweiten Jahrhundert n. Chr. die Formeln für ein solches Verfahren, eine *legis actio in rem*, «über eine Sache», überliefert:

Wenn es um eine Sache geht, werden bewegliche Güter, soweit möglich, zum Gerichtsort gebracht und dort auf folgende Weise beansprucht: Wer beanspruchte, hielt einen Stab, dann faßte er die Sache selbst an (oder auch einen Menschen) und sagte: «Dieser Mensch gehört, so behaupte ich, mir nach dem Recht der Quiriten [= römische Bürger] *gemäß seiner Rechtslage. Wie ich gesprochen habe, siehe selbst, habe ich den Stab angelegt.» Und zugleich legt er dem Menschen den Stab an. Der Gegner sprach und machte das gleichermaßen. Wenn beide beansprucht hatten, sprach der Prätor: «Laßt beide den Menschen los.» Jene ließen los. Wer ihn zuerst beansprucht hatte, fragte den anderen: «Ich fordere von Dir zu sagen, aus welcher Rechtslage Du den Anspruch erhebst.» Jener antwortete: «Ich habe Recht getan, so wie ich den beanspruchenden Stab angelegt habe.» Dann sagte der, der zuerst den Anspruch erhoben hatte: «Insofern Du zu Unrecht beansprucht hast, rufe ich Dich zu einem Eid über fünfhundert Pfund Kupfer hervor!» Der Gegner sagte auch: «Ebenso ich Dich!» (Oder sie nannten einen Eid von fünfzig Assen* [im Fall der Sachklage]).

Gaius, *Institutionen* 4,16 (Übers. in Anlehnung an D. Liebs).

Das merkwürdig anmutende Verfahren wurde durch die Hinterlegung der Summe durch beide bei den Pontifices abgeschlossen: Es war klar, daß einer der beiden einen Meineid geschworen hatte, und dieser Meineid wurde vor den Göttern entsühnt. Dazu wurden die Mittel im ersten Schritt bereitgelegt, der Prozeßsieger erhielt seinen «Wetteinsatz» anschließend zurück.

Es waren die Pontifices, die am Ende des vierten Jahrhunderts diese Formeln verwalteten, sie für die Klagefälle vorbereiteten. Zugleich waren sie es, die den rechten Zeitpunkt für die Prozeßeröffnung bestimmten. Das gerichtliche Verfahren über einen bewußten Meineid zu konstruieren, ermöglichte zwar ein auf Argumentation und Beweisführung angelegtes Vorgehen innerhalb dieses Rahmens. Zugleich war aber der Rahmen in religiöser Hinsicht prekär, bedurfte der Koordination mit anderen religiösen Daten, insbesondere Feiertagen. Hier lag die zweite Kompetenz der Pontifices, nämlich die Tage für derartige Prozeßeröffnungen zu bestimmen.

Flavius griff an beiden Punkten ein, er publizierte die Prozeßformeln, die *legis actiones*, und er publizierte die *fasti*, den Kalender, die «Liste der Tage, die *fas*, die für die Prozeßeröffnung geeignet waren». Cicero stellte sich diese Publikation so vor, daß Flavius auf die Unterlagen der Pontifices geschielt und sie sich heimlich eingeprägt habe. Das zeugt von seiner historischen Phantasie, nicht aber seinem historischen Realitätssinn.

In der Situation des ausgehenden vierten Jahrhunderts muß eine Kalenderreform von einem breiten Konsens innerhalb der Nobilität getragen worden sein. Im einzelnen bleibt uns der Entscheidungsprozeß verborgen. Wir wissen weder, in welcher Geschwindigkeit noch in welcher Reihenfolge die einzelnen Elemente vereinbart wurden. Mit hoher Wahrscheinlichkeit lag der Ansatzpunkt bei der Interkalation, der Schaltregel und Schaltlänge. Die Regelung der Markttage dürfte zu demselben Paket gehört haben, man revolutioniert den Kalender nicht im Dreijahresabstand. Mit dieser Regelung war aber die Verschriftlichung, die Publikation unabweisbar geworden. Wenn aber der Trennung von Markttagen *(nundinae)* und monatlichen Strukturtagen die Idee einer klareren Differenzierung der gesellschaftlichen Nutzung der Zeit zugrunde lag, liegt es nahe, genau das in die Kalenderdarstellung einzubeziehen. An keinem Punkt dieser Kette läßt sich von zwingender Notwendigkeit sprechen, sie alle können mit Konflikten im Detail besetzt gewesen sein. Auch wenn die Regelung der Priesterschaften durch das Ogulnische Gesetz in der Luft gelegen haben mag, so wurde sie doch von erbitterten Auseinandersetzungen und scharfen Wortwechseln begleitet. Die Verknüpfung eines Individualnamens mit der Publikation der *fasti* weist darauf hin, daß eine solche Konfliktlage existierte, sie ist kein Grund, Flavius' Tun als das kriminelle Vorgehen eines einzelnen zu betrachten. Die Publikation lag in der Logik der Kalenderreform.

Schon die Verbindung mit Appius Claudius, der später, nach seiner Erblindung, den Beinamen «Caecus» erhielt, zeigt die Verankerung des Flavius. Claudius war im Jahr 312 v. Chr. Zensor gewesen, wachte damit ebenso über die Zusammensetzung der Bürgerschaft wie des Senates. Er betrieb ebenso erfolgreich die Erweiterung des Senates wie eine Reform der Tribus geheißenen Stimmeinheiten der römischen Bürger. Offensichtlich zielte er auf eine breite Repräsentation der neuen Nobilität wie der sich erweiternden Bevölkerung in den zentralen politischen Gremien. Im sakralen Bereich übertrug er den vorher von einzelnen Familien gepflegten Kult des Herkules an der Ara maxima – einem Altar auf dem Forum Boarium – an Sklaven in öffentlichem Eigentum. Selbst Pontifex galt sein Widerstand gegen das Gesetz zur Erweiterung der Priesterschaften nicht der Verteidigung pontifikaler oder patrizischer Sonderinteressen. Seine politische Option lag eher in der Schwächung von Neben-Machtzentren. Dazu paßt auch Flavius' Publikation. Publikation war im übrigen auch eine persönliche Innovation des Claudius: Er war der erste, der seine politischen Reden und Ansichten schriftlich verbreitete. Es sollten mehr als einhundert Jahre vergehen, ehe das richtig in Mode kam.

Flavius' Publikation war lediglich der letzte Schritt eines entscheidenderen Prozesses: der Verschriftung des Kalenders. Regelungen, die bis jetzt den Charakter von Einzelfallentscheidungen besaßen oder verschiedenen Regeln gehorchten, wurden in Tabellenform zusammengefaßt. Das schloß Fußnoten aus, Abkürzungen ein. Das Wesentliche war mit wenigen unterschiedlichen Kürzeln darzustellen.

Der Name, der dem Kalender gegeben wurde, offenbart das Wesentliche: Fast alle Tage wurden entweder mit *Nefas* oder *Fas* qualifiziert, erhielten ein N oder ein F. Der mit N(*efas*) markierte Tag stand weder für Prozeßeröffnungen noch für beschließende Volksversammlungen zur Verfügung. Der Prätor, der an einem solchen Tage unbeabsichtigt einen Prozeß mit der Formel *do, dico, addico*, «ich gebe, sage, sage zu», gewährte, machte sich eines Verstoßes schuldig, auch wenn das den Prozeß selbst nicht ungültig machte. Einen entsprechenden Makel trug auch der Beamte, der eine Versammlung leitete, davon. Die Entscheidung war damit angreifbar geworden, auch wenn sie nicht förmlich ungültig wurde – interessanterweise wird dieser Fall in den antiquarischen Quellen nicht diskutiert.

Die mit N qualifizierten Tage wiesen weitere Untergruppen auf. Die wichtigsten waren die mit NP markierten Feiertage (*feriae*) im engeren Sinne. Das P kürzte hier wohl das Wort *piaculum*, «Sühnopfer», ab, das bei dem unbeabsichtigten Verstoß des Beamten fällig wurde. Eine vorsätzliche Verletzung konnte nicht gesühnt werden.[2] Wenige andere Tage trugen die Abkürzung EN. Sie ist mit *E(ndoitio)* (*Exitio*) *N(efas)* aufzulösen und besagt, daß der Nefas-Charakter nur für den Morgen und Abend, nicht aber für den Hauptteil des Tages galt. Im Hintergrund standen hier komplizierte und langwierige Kulthandlungen.[3] Die Feinheiten pontifikaler Erwägungen über den Zusammenfall von Meineiden in Prozessen und öffentlichen Opfern treten in solchen Abkürzungen ans Licht; zugleich zeigt der Fall aber auch den Informationsverlust, der mit der tabellarischen Darstellung und ihren Abkürzungen verbunden ist. Andere Fälle waren gar nicht mehr in Tagesklassen zusammenzufassen. Auch Formulierungen wie *Quando rex comitiavit Fas*, «sobald der Rex sacrorum das Comitium eröffnet hat (oder ähnlich), Fas», oder *Quando stercus delatum Fas*, «sobald der Mist beseitigt ist, Fas», weisen auf rituelle Details, die uns weitgehend unverständlich bleiben. Im letztgenannten Fall kann man immerhin die Regelung mit der Reinigung des Heiligtums der Vesta Mitte Juni zusammenbringen.

Tricksen mit der Zeit

In manchen Fällen schossen die Fasti über das Ziel hinaus. Das betraf vor allem die politischen Konsequenzen der Fas-Regelungen. Ausgelöst wurde der Konflikt vermutlich durch die Entscheidung, die *nundinae*, die Markttage, mit *nefas* zu klassifizieren.[4] Dachte man von den monatlichen Strukturtagen her, ließ sich ein solcher Weg nachvollziehen. Es gab ein Juppiter-Opfer, vergleichbar mit den Iden; auch an den Tubilustria wie dem Kalendenkomplex gehörte die Versammlungsfunktion dem jeweils zweiten Tage an. Das sprach eher für *nefas* als *fas*. Die Einschränkungen gingen aber zu weit. Der Markttag bot sich für die Bevölkerung aus dem Umland geradezu als Prozeßtag an. Die Öffnung mit *fas* hätte aber zugleich beschließende Volksversammlungen möglich gemacht. Dieses Risiko wurde als zu groß betrachtet. Was tun?

Die Lösung wurde in einer weiteren Unterscheidung gefunden. Wie für andere Aktivitäten gab es auch für die Volksversammlungen besonders günstige Tage, die als «Versammlungstage» (*dies comitiales*) bezeichnet wurden. Sie bildeten nur eine, wenn auch erhebliche, Teilmenge der *dies fasti*. Indem das Kürzel C in die *fasti* geheißene Kalender übernommen wurde (und nun die Mehrheit der Tage stellte), konnte auch das Problem der *nundinae* gelöst werden. Sie wurden als *dies fasti* qualifiziert, weil damit zwar die Prozeßführung ermöglicht wurde, das Abhalten von Komitien, beschließenden Volksversammlungen, aber ausgeschlossen blieb.

In der *lex Hortensia*, dem Gesetz des Volkstribunen Hortensius, wurde die neue Regelung im Jahr 287 v. Chr. festgehalten. Dieses Gesetz traf aber noch eine weitere Regelung. Die Beschlüsse der von den Volkstribunen, der einstmals revolutionären Verteidiger plebejischer Rechte, geleiteten Versammlungen wurden ordentlichen Versammlungen unter der Leitung von Konsuln (Komitien) gleichgestellt. Wo liegt der Zusammenhang? Die formale Angleichung der plebejischen Versammlungen an die eigentlichen Komitien verlieh ersteren einen wesentlich höheren Grad an Legitimität und Verbindlichkeit. Plebiszite galten jetzt für das gesamte Volk, auch den patrizischen Teil.[5] Zugleich unterwarf die Angleichung die *concilia plebis* (Versammlungen der Plebs) aber den Bedingungen der Komitien: Getagt werden durfte nur an den neu im Kalender formulierten *dies comitiales* («Versammlungstagen»), nicht mehr an den Nundinen. Damit ging die Spontaneität der Versammlungen verloren, das Sonderinstrument wurde integriert.[6]

Das Hortensische Gesetz warnt ebenso wie die zweigeteilten Tage davor, die Präzision der kalendarischen Regelungen zu überschätzen. Der Verschriftlichungsprozeß ist mit Vergröberungen verbunden. Was als hochakkurates und trennscharfes System, Zeit zu klassifizieren, erscheint, war vielfach kaum mehr als eine Abbildung einer komplizierten kultischen, rechtlichen und politischen Realität mit einer unzureichend geringen Zahl von Abkürzungen und Symbolen. Das gilt für spätere Kalender in gleicher Weise. Im selben Moment darf aber nicht vergessen werden, daß diese geringe Zahl unterschiedlicher Kalenderklassen auch eine Systematisierung betrieb, die ihre eigene Wirkung entfaltete und neue kultische, rechtliche, politische Realitäten schuf.

Bank holidays oder Gerichtsferien?

Der deutsche Ausdruck des gesetzlichen Feiertages läßt sich nicht ohne weiteres in andere Sprachen übersetzen. Für England und das Englische wäre von *bank holidays* zu sprechen, Tage, die eigentlich Werktage wären, an denen die Banken aber geschlossen haben. Für das Lateinische wäre der Ausdruck wohl mit *dies nefasti* zu übersetzen. Vergleicht man die jeweils so qualifizierten Tage hinsichtlich ihrer Anzahl, lassen die Tage, an denen es «für den Prätor nicht Recht ist, die drei Worte zu sprechen», die deutsche wie englische Feiertagsliste weit hinter sich. Das liegt daran, daß die Feiertage im engeren Sinne jene mit *NP* qualifizierten *feriae* sind, nicht die zeitweilig über Wochen reichenden Perioden von *dies nefasti*. Das ist aber für den Moment ein unwichtiges Detail. Worauf es ankommt, ist der Symbolcharakter, der den gerichtsfreien Tagen für die zeitliche Organisation der Gesellschaft zukommt. Nicht Schulferien oder Feiertage, sondern Gerichtsferien bestimmen das Bild öffentlichen Regelungsinteresses an der Zeit.

Erneut ist das Bild der Geschichte der Gerichtstage in Rom lückenhaft. Einerseits wurde die Geltung der *nefas*-Regelungen wohl auf alle Typen von Gerichtsverhandlungen ausgedehnt. Andererseits, zumal mit der räumlichen Ausdehnung römischer Rechtsprechung, setzte eine Verallgemeinerung der Regeln ein. Stadtrömische Gerichts- wie Senatsferien für die Ernte- und Weinlesemonate September und Oktober gab es sicher unter Augustus, vielleicht aber schon, wie eine Passage in der Augustusbiographie des Sueton vermuten läßt (35,3), im ersten Jahrhundert v. Chr. Es gibt keinen Hinweis, daß die römischen *dies fasti* und *nefasti* jemals außerhalb Roms galten. Die Stadtgesetze des späten ersten Jahrhunderts n. Chr., die sich in spanischen Exemplaren erhalten haben, sprechen nur von Ernteperioden mit «Tagen, an denen Prozesse aufgeschoben werden können». Diese Perioden dürfen nach der *Lex Irnitana* zweimal dreißig Tage im Jahr nicht überschreiten (5 C 24–45: *De rebus proferendis*). Die Regelung betrifft Gerichtsverfahren wie Volksversammlungen. In einem anderen Paragraphen (Paragraph 92 des Muttergesetzes) werden noch detailliertere Regelungen gegeben. Hier werden die Festtage des Kaiserhauses, lokale Spiele und öffentliche Bankette für Gerichtsverhandlungen und als Termin für Vertagungen gesperrt. Adressat ist der für die Einsetzung von Richtern und Schiedsrichtern verantwortliche Magistrat. Während gewisse Daten im gegenseitigen Einvernehmen der Parteien doch für Verhandlungen herangezogen werden können, entfällt diese Möglichkeit für die Festtage des Kaiserhauses. Sie sind der Verfügbarkeit durch die Bürger entzogen (10 B 25–51; vgl. Paragraph 90).

Spätestens durch den Kaiser Marcus Aurelius (161 bis 180 n. Chr.) wurden auch in Rom die Regelungen der *dies nefasti* obsolet; in den wenigen Kalenderexemplaren aus der Zeit nach der Mitte des ersten Jahrhunderts n. Chr. verschwinden die Tagesnoten *N* und *F*. Aus dem zweiten Jahrhundert sind keine Beispiele für sie mehr bekannt. Von Marc Aurel ist durch ein Zitat des Juristen Ulpian eine Rede erhalten, die sich dem Problem der Gerichtsferien widmet und die wichtigsten Argumente zusammenfaßt:

Daß niemand seinen Gegner zur Zeit der Getreide- oder Weinernte zwingen darf, vor Gericht zu erscheinen, wird in einer Senatsrede des göttlichen Marc Aurel zum Ausdruck gebracht: weil, wer mit der Landwirtschaft beschäftigt ist, nicht aufs Forum getrieben werden darf. Wenn jedoch der Prätor aus Unkenntnis oder Unachtsamkeit darauf besteht, derlei Leute zu laden, und sie sich aus freien Stücken einfinden und wenn er dann, da sie anwesend sind und sich nicht weigern zu prozessieren, sein Urteil spricht, dann ist dieses gültig, auch wenn er sie zu Unrecht geladen hat. Wenn er aber, während sie darauf bestehen fernzubleiben, auch in ihrer Abwesenheit sein Urteil spricht, dann ist es nur folgerichtig zu sagen, daß dieses Urteil keine Bedeutung hat; denn nicht einmal eine Handlung des Prätors kann das Recht außer Kraft setzen ... Doch einzelne Fälle sind ausgenommen ... nämlich wenn etwas durch Fristablauf verloren gehen würde.

Digesten 2,12,1 (Übers. M. Fuhrmann, D. Liebs).

Eine etwas andere Geschichte erlebten die «Versammlungstage» in Rom (Abkürzung C). Mit der Abnahme der politischen Bedeutung und Entscheidungskompetenzen der Volksversammlungen im Laufe des ersten Jahrhunderts der Kaiserzeit verringerte sich auch der Regelungsbedarf. Statt dessen wurden die Regelungen über die Senatsversammlungen zunehmend formalisiert. Für die republikanische Konzeption des Senates ist bezeichnend, daß er sich selbst an den mit *NP* markierten *feriae* versammeln konnte. Die Senatssitzung am 15. März 44 v. Chr., *feriae* des Gottes Mars und mit *NP* im Kalender vermerkt, in deren Verlauf Cäsar ermordet wurde, liefert das beste Beispiel. Bräuche gab es aber auch hier. Aus einem Brief Ciceros, den er an seinen Bruder Quintus schrieb (2,1,1.3), geht hervor, daß das römische Karnevalsfest der Saturnalien Mitte Dezember das Ende der Senatssitzungen markierte. Einzelne Regelungen gingen noch weiter. Ein Gesetz des Prätors oder Konsuls M. Pupius aus dem Jahr 72 oder 61 v. Chr. schrieb vor, Versammlungstage für weitreichende Senatsbeschlüsse zu vermeiden, eine Regelung, die Ausnahmen kannte. Zweifelsohne war das Ziel solcher Regelungen, den Senat, das Oberhaus der römischen *res publica*, berechenbarer zu machen, ja zu domestizieren. Der Volkstribun Clodius versuchte seinerseits, auch die *dies fasti* den Komitien, den beschließenden Volksversammlungen, zu öffnen.[7] Augustus schließlich beschränkte den Sitzungskalender des Senats auf zwei Daten pro Monat, die Kalenden und die Iden, mit Ausnahme der beiden schon genannten Erntemonate. Diese Markierungen dringen mit der Formulierung «legitimer Senat» (*senatus legitimus*) schon im ersten Jahrhundert n. Chr. in die römischen Kalender ein.

Die Regelungen des öffentlichen Kalenders setzen an den öffentlich kontrollierten Institutionen ein: Gerichte, politische Versammlungen. Wenn der französische Revolutionskalender durchgesetzt werden soll, wird er sich gleichermaßen auf solche Institutionen stützen; die Reihe wird in neuzeitlichen Gesellschaften typischerweise um die Schule ergänzt. In den römischen Kalender kommt erst in der Spätantike mit dem Christentum und der Sonntagsgesetzgebung neue Bewegung in das Verständnis seiner Regelungen. Eine allgemeine Arbeitsruhe und der Bezug auf den christlichen Gottesdienst tritt in Konkurrenz mit dem Gerichtswesen als Leitinstitution; letzteres geht vielfach in eine kirchliche Schiedsgerichtsbarkeit über.

Für die Gegenwart hat die Ökonomie zunehmend die Rolle des gesellschaftlichen Leitbereichs übernommen. An diesem kalendarischen Primat der Ökonomie bemißt sich die Frage nach dem freien Samstag, einer Errungenschaft der Arbeiter- und Gewerkschaftsbewegung, die relativ jungen Datums ist, sich erst in der zweiten Hälfte des zwanzigsten Jahrhunderts durchgesetzt hat oder, man kann schon fast wieder sagen, durchgesetzt hatte. Die Diskussion um Maschinenlaufzeiten, die Diskussion um Ladenöffnungszeiten zeigt, daß genau hier die Gesellschaft über Kalender diskutiert. Die Frage, ob Bundesligafußballspiele am Sonntagvormittag stattfinden dürfen oder gerade deswegen nicht am Sonntagvormittag stattfinden sollen, um die Hauptgottesdienstzeit nicht zu stören, gehörte der westdeutschen Rechtsentwicklung in den sechziger und siebziger Jahren des zwanzigsten Jahrhunderts an. Diese Regelungen erscheinen angesichts der heutigen Diskussionslage geradezu archaisch.

Hintergrund all dieser Entwicklung ist das Sonntagsruhegebot, das sich seit der Spätantike durchgesetzt hatte. Dazu kommt, daß sich in der europäischen Geschichte ein Arbeitsbegriff entwickelt hat, der es erlaubt, die Unvereinbarkeit von einem weiten, einem generalisierten Begriff von Arbeit mit bestimmten religiösen Pflichten zu formulieren. Natürlich forderte eine solche Regelung, wie noch zu sehen sein wird, Ausnahmen. Bauern müssen ihre Ernte auch am Sonntag einbringen. Dieser generalisierte Arbeitsbegriff löst sich in der Gegenwart wieder in sehr unterschiedliche Typen von Tätigkeiten auf. Dienstleistungen und produzierendes Gewerbe zum Beispiel werden in Regelungen über Feiertagsruhe teilweise auseinandergehalten, teilweise nicht. Das laute Rasenmähen ist verboten, das leise Betreiben der Spülmaschine ist erlaubt. Wo Einkaufen zur Freizeitbeschäftigung wird, zu der alle Zugang haben sollen, heißt das, daß eine nicht zu kleine Gruppe gerade nicht einkaufen kann, weil sie auf der anderen Seite des Tresens, hinter der Ladenkasse steht.

Die Zeitökonomie des Rechts

Zeit spielt eine große Rolle im Recht. Die Fristen im römischen Zwölftafelgesetz deuten auf eine Rationalisierung dieses Gesetzbuches und auf eine Verknüpfung mit einem Kalender hin, der überhaupt erst den Umgang mit Fristen von «dreißig Tagen» erlaubt – das spricht für eine spätere Redaktion des Textes. Fristen spielen im kanonischen Recht zur Wahrung der Verfahrensgerechtigkeit eine große Rolle. Im deutschen Strafrecht ist der zeitliche Faktor, sind Fristen auch im Strafmaß das Entscheidende. Es wird nicht so sehr zwischen Prügelstrafen und Verwahrungsstrafen unterschieden als vielmehr zwischen langen und kurzen Gefängnisstrafen, zwischen großen und kleinen Geldstrafen. Aber auch die großen und kleinen Geldstrafen sind, jedenfalls in vielen Fällen, nicht bemessen in absoluten Höhen, sondern sind wiederum über Fristen ausgedrückt, sie werden in Tagessätzen angegeben. Zu Beginn der Verhandlung fragt der Richter nach dem Monatsgehalt, und wer hier prahlt, muß später mehr zahlen. Die Höhe der

Strafe in Tagessätzen wird durch Multiplikation des durch dreißig geteilten Monatseinkommens mit der Zahl der Tage gewonnen. Das ist von der Intention her eine soziale Komponente des Rechts, die Strafen werden auf die Lebensumstände des Betreffenden abstimmt. Aber es ist eine Konstruktion, die das Strafmaß wiederum an kalendarischen Fristen festmacht: Wie lange müssen Sie dafür arbeiten?

Der andere wichtige Bereich der Zeitlichkeit des Rechts betrifft wiederum Verfahrensfragen, betrifft die Frage der Erreichbarkeit des Gerichtes. Ein Gericht ist regelmäßig und zu bestimmten Zeiten offenzuhalten. Wenn es rechtsstaatliche Institutionen gibt, dann müssen sie auch zugänglich sein, und zwar zugänglich sein in einer prognostizierbaren Art und Weise. Das ist die Kernaussage des Flavischen Kalenders, der genau diese Tage offenlegt. Es ist aber auch die Kernaussage von anderen rechtsstaatlichen Systemen. Es ist kaum ein Zufall, daß in dem «Rechtsstaat Rom» auf der Ebene der Provinzen gerade diese Prognostizierbarkeit der Zugänglichkeit von Recht nur sehr eingeschränkt gegeben ist. Die Statthalter, die in den Provinzen Recht sprechen, reiten herum, von einem Ort zum anderen. Damit machen sie sich räumlich zugänglich, aber ihre terminliche Zugänglichkeit ist eingeschränkt und nicht immer genau vorherzusehen. Angesichts der heutigen Komplexität von gesellschaftlichen Abläufen und der Vielzahl von Reibungspunkten, damit auch möglichen Konflikten, die durch ein Gericht entschieden werden müssen, ist in Deutschland das Recht längst zu einer Sache geworden, die im Prinzip vierundzwanzig Stunden an sieben Tagen der Woche zur Verfügung steht. Das trifft nicht auf alles zu, aber für Dinge, die keinen Zeitaufschub dulden und ganz schnelle, vorläufige Entscheidungen, einstweilige Verfügungen verlangen, gibt es einen Tag-und-Nacht-Dienst der großen Gerichte. So ist es jederzeit möglich, bestimmte Verfahren oder gravierende Entwicklungen mit rechtsstaatlichen Mitteln aufzuhalten.

Das Gegenbild tritt dann um so mehr hervor. Es ist ein Charakteristikum von nichtrechtsstaatlichen Systemen oder Systemen, die in bestimmten Bereichen keinen Rechtsschutz wie in einem Rechtsstaat üblich gewähren und diese Nichtgewährung trotz der Existenz von Gesetz, trotz der Existenz von Institutionen als Druckmittel einsetzen. Man kann etwa an Verhörmethoden durch die Staatssicherheit der DDR denken. Die hier beschriebenen Erfahrungen lassen sich auch auf andere Geheimdienste oder parallele Rechts- oder Unrechtssysteme übertragen. Es herrscht völlige Willkür bei der zeitlichen Gestaltung der Verhöre, was auch in den frühen Entwicklungsstadien von rechtsstaatlicher Strafverfolgung zutreffen kann, wenn beispielsweise Gefahr im Verzug angenommen wird. Die völlige Aberkennung der Verfügung über Zeit zeichnet in besonderer Weise die Entrechtlichung von Subjekten im Gefängnis, in der Haft aus. Das Anfertigen von Kalendern ist ein verbreiteter Topos von fiktiven wie autobiographischen Gefangenenerzählungen.

5 Kalender und Religion

Ein Römer hätte nicht verstanden, wenn wir ihm seinen republikanischen Kalender als Beispiel für eine Trennung von Politik und Religion vorgeführt hätten. Die Götter waren Teil der Gesellschaft, Pflichten ihnen gegenüber bestimmten allenthalben öffentliches Handeln, gerade Politiker bemühten sich um eine enge Kommunikation mit ihnen. Das nimmt aber nichts von der Tatsache, daß sich gerade die mittlere und späte römische Republik durch das Bemühen auszeichnete, religiös und politisch (durch Wahlverfahren) begründete Autorität deutlich voneinander zu scheiden. Das macht die Frage nach Religion ebenso interessant, wie sie für andere Sachverhalte irreführend ist. Der im nachfolgenden Kapitel vermittelte Einblick in europäische Festjahre erfolgt, ohne zu entscheiden, was jeweils religiöses, was nichtreligiöses Fest sei. Hier aber soll als Ausgangspunkt die Frage nach der spezifisch religiösen Dimension des römischen Kalenders gewählt werden. Das wird erstaunlich weit in die Geschichte des christlichen Sonntags führen.

Eigentum der Götter

Flavius' *fasti* hatten deutlich gemacht, daß es eine Reihe von Tagen gab – es sind knapp fünfzig im spätrepublikanischen Kalender –, die mit besonders schweren Sanktionen belegt waren. In vielen der insgesamt fünfzig aus der Antike bekannten Exemplaren des römischen Kalenders trugen die mit *NP* gekennzeichneten Daten die Erläuterung *feriae*. Die Römer betrachteten diese Tage als Eigentum einer Gottheit. Fast immer verband sich daher die Qualifikation als «Feiertag» (das deutsche Wort «Ferien» leitet sich davon ab) mit einer Besitzangabe. Es handelte sich um *feriae* des Gottes Juppiter (13. Januar), des Mars (1., 14., 17., 19. und 23. März), der Gottheit Ceres (21. April) und anderer. So wie Gottheiten Eigentümer von Land, wie sie gewissermaßen

Grundbesitzer werden konnten, so konnten sie auch Zeitbesitzer werden.

Die Analogie des Besitzes führt weit. Erschien auf dem Grundstück einer Gottheit ein schlechtes Vorzeichen (*prodigium*), etwa indem ein Blitz in den Tempel einschlug, war genau diese Gottheit durch ein Opfer zu besänftigen. Die Pontifices achteten darauf, daß jede Gottheit zumindest einen eigenen Raum für ihr Kultbild hatte, wenn ein Tempelbau mehreren Gottheiten galt. So war Eindeutigkeit herzustellen. Entsprechendes galt für die *feriae*. Wurde das Verbot überschritten, war dieser Gottheit das Sühnopfer darzubringen. Auch in anderer Hinsicht wurde in beiden Dimensionen für Klarheit gesorgt. Die Areale zweier Gottheiten stießen nie direkt aneinander, es bedurfte eines schmalen, aber nicht nur theoretischen Grenzstreifens. Gleiches galt für die Feiertage. Im republikanischen Kalender folgten zwei Feiertage unterschiedlicher Gottheiten nie direkt aufeinander, es galt immer das Prinzip eines Zwischentages, der nicht in göttlichem Besitz war. Der römische Tag lief, zumindest in sakraler Rechnung, von Mitternacht zu Mitternacht, berichtet der ältere Plinius in seiner *Naturgeschichte* (2,188). Auf der Basis der zeitgenössischen Uhrentechnologie war hier Eindeutigkeit im Tageswechsel nicht zu erzielen.

Konnten Tempelareale wie Feiertage als Besitz verstanden werden, traten sie auch in eine Austauschbeziehung. Gottheiten konnten Tempel oder Zeit besitzen: Von zentralen Gottheiten wie Juno, Diana oder Minerva kennen wir keine *feriae*. Juppiter besaß dagegen nicht nur alle Iden, sondern wenigstens noch drei weitere Tage, die Poplifugia («Volksflucht») Anfang Juli, das Weinfest der Meditrinalia am 11. Oktober und die obskuren Larentalia am 23. Dezember. Umgekehrt besaßen Gottheiten Zeit, für die wir keine größeren Tempelbauwerke kennen: die Carmentae, Quirinus, Terminus, Ops, Robigus, Volturnus, Diva Angerona.

Die Analogie von Grund- und Zeitbesitz wirft eine wichtige Frage auf: Wie kann Besitz in der Zeit markiert werden? Wie werden «kalendarische Zäune» errichtet? Die Analogie hilft noch einmal weiter. Göttlicher Grundbesitz wies einen Brennpunkt und eine Grenze auf. Beherrscht wurde ein solches Grundstück durch einen Altar mit oder ohne Tempelbau. Hierauf konzentrierte sich der Kult, hier wurden Opfer dargebracht, hier Feste gefeiert. Das Grundstück insgesamt, der Hain, das Tempelareal, wurde durch Grenzmarkierungen gekennzeichnet, durch ein Mäuerchen, Stangen, Blechmarken in Sternform. Innerhalb dieses Grundstücks wurden Weihegaben aufgestellt, unter Umständen galten hier die Asylregeln. Feiertage wiesen einen vergleichbaren Fokus auf, ein Ritual, in der Regel zentral, gelegentlich auch – zusätzlich – dezentral, in einzelnen Haushalten, unter Freunden gefeiert. Wie aber sah die Grenze aus?

Klare Grenzmarkierungen erlaubte, noch einmal, die vorhandene Uhrentechnologie nicht. Die Lösung bestand daher in der Markierung der Fläche. Der Zeitraum des Feiertages wurde insgesamt durch den Verzicht auf die Realisierung gesellschaftlicher und eigentumsrechtlicher Verpflichtungen sowie den Verzicht auf Eingriffe in den Boden, über die normale menschliche Lebenssphäre hinaus, markiert. Das konnte auf vielfältige Weise konkret werden. Für die Freien stand der fehlende Zwang vor Gericht im Vordergrund, für Sklaven die Arbeitspause. Auch Rinder durften nicht zum Arbeitseinsatz kommen, sie waren lebende Werkzeuge wie die Sklaven. Das Graben in der Feldvorbereitung war ebenso verboten wie das Ableiten von Wasser. Viel mehr Aufmerksamkeit wurde allerdings der Frage geschenkt, was denn erlaubt sei. Hier fallen die Listen dann wesentlich länger aus.

Kurz vor der Mitte des zweiten Jahrhunderts v. Chr. klärte der sittenstrenge Cato der Ältere zu Beginn seines Buches *Über die Landwirtschaft*, «daß an Feiertagen (*feriae*) alte Gräben geklärt, ein öffentlicher Weg befestigt, dornige Büsche zurückgeschnitten, der Garten umgegraben, die Wiese gereinigt, Zweige gebündelt, Dornen ausgegraben, Mehl gereinigt und Säuberungsarbeiten durchgeführt werden können» (2,4). Wie für den Prätor war auch für den Bauern nur Vorsatz unsühnbar. Aber es wurde um allgemeinere Formulierungen gerungen. Und so hielt ein von Macrobius (1,16,10 f.) zitierter Gewährsmann fest: Alles, was für die Götter getan wird und was lebensnotwendig ist, ist auch erlaubt. Der große Jurist Scaevola ergänzte: «Was bei Unterlassung schadet, ist erlaubt.»

Es handelt sich, soviel wird deutlich, bei all diesen Bestimmungen nicht um ein generelles Arbeitsverbot. Zwar formuliert Cicero in seinem Buch *Über die Gesetze:* «Die Regelung der Feier- und Festtage beinhaltet bei den Freien die Ruhe von Gerichtsstreitigkeiten und Händeleien, bei den Sklaven von Arbeiten und Mühen.» Aber er fährt mit dem ökonomischen Vorbehalt fort: «Diese Feiertage muß die Zusammensetzung des Jahres auf die Vollendung der bäuerlichen Arbeiten abstimmen» (2,29). Nur an wenigen Stellen klingt ein Arbeitsverbot an, doch handelt es sich dabei um Regelungen, die punktuelle Radikalisierungen darstellten, die allein bestimmte Priester betrafen. Die höchsten, mit besonderen Verpflichtungen belegten Priester, die drei großen Flamines, die Einzelpriester des Juppiter, Mars und Quirinus, sowie der Rex sacrorum, der Opferkönig, sollten an Feiertagen überhaupt keine Arbeit sehen. Entsprechend liefen Herolde vor ihnen her, die zur vorübergehenden Niederlegung der Arbeit am Wegrand aufforderten. Hier wurde «flächig» ausgebreitet, was für die Pontifices für ihren Weg zum Opfer in gleicher Weise galt. Die auf den Dienst an den Gottheiten konzentrierten religiösen Spezialisten sollten keinerlei Ablenkung erfahren.[1] Immerhin geht es hier eindeutig um handwerkliche Tätigkeiten. Es war die städtische Situation, die eine Übertragung der bäuerlichen Regeln auf einen allgemeineren Arbeitsbegriff hin vorbereitete.

Konstantins Sonntagsgesetz

Der 1983 publizierte *Codex Iuris Canonici*, das Gesetzbuch der römisch-katholischen Kirche, formuliert unter der Überschrift «Feiertage» *(De diebus festis)* in seinem Kanon 1247 das Sonntagsgebot:

Am Sonntag und an den anderen gebotenen Feiertagen sind die Gläubigen zur Teilnahme an der Meßfeier verpflichtet; sie haben sich darüber hinaus jener Werke und Tätigkeiten zu enthalten, die den Gottesdienst, die dem Sonntag eigene Freude oder die Geist und Körper geschuldete Erholung hindern.

Die theologische Begründung bleibt hier eher implizit: *laetitia diei Domini propria* verweist allenfalls auf die im vorangehenden Paragraphen formulierte Verbindung von Sonntag und österlichem Geheimnis. Gerade vor dem Hintergrund dieser knappen Begründung beruht die Formulierung der Tätigkeitseinschränkung auf der Selbstverständlichkeit eines allgemeinen Arbeitsbegriffs, dem ein ähnlich allgemeiner Begriff von Erholung (*relaxatio*) von Körper und Geist gegenübersteht.

Der Weg von den römischen Feiertagsbestimmungen zu den Formulierungen scheint weit, er wurde aber noch in der Antike zurückgelegt. Es ist bekannt, daß es der Kaiser Konstantin, genannt «der Große», war, der den Sonntag und die Sonntagsruhe eingeführt und gesetzlich geregelt hat. Weniger bekannt ist seine Begründung. Der Text des Gesetzes aus dem Jahr 321 ist in zwei Fassungen überliefert, im *Codex Theodosianus* aus dem fünften und im *Codex Iustinianus* aus dem sechsten Jahrhundert. Die Veränderungen im Wortlaut sind aufschlußreich und erlauben uns einen Einblick in die Entwicklung der religiösen und rechtlichen Argumentation. Die frühere Textfassung, im Jahr 438 publiziert, fügt sich ganz in die älteren römischen Überlegungen ein:

Wie es als äußerst unwürdig erscheint, daß der durch seine Verehrung herausgehobene Tag der Sonne durch wechselseitiges Gezänk und schädigende Behauptungen von Streitparteien in Beschlag genommen wird, so ist es willkommen und angenehm, wenn an diesem Tag das, was man sich am meisten wünscht, geschieht. Und deshalb haben alle die Erlaubnis, am Feiertag (die festo) *Freilassungen und Mündigkeitserklärungen vorzunehmen, und Verfahrensschritte in diesen Dingen sollen nicht behindert werden.*

Codex Theodosianus 2,8,1.

Das Gerichtswesen bildet weiterhin die Leitinstitution, der Sonntag wird als gerichtsfreier Tag, nicht als *bank holiday* bestimmt. Gut achtzig Jahre später hat der Text ein deutlich anderes Aussehen gewonnen:

Alle Richter, die städtischen Bevölkerungen und die Werkstätten aller Handwerke sollen am verehrungswürdigen Tag der Sonne ruhen. Die auf dem Lande Sitzenden sollen den Ackerbau frei und rechtmäßig ausüben, weil es oft geschieht, daß an keinem anderen geeigneteren Tag die Früchte der Furche und des Weinbergs zusammengebracht werden können, damit nicht der durch göttliche Vorsicht gewährte Vorteil des Augenblicks verlorengeht.

Codex Iustinianus 3,12,2.

Für eine als ganze immer am Rande des Existenzminimums lebende Gesellschaft waren die Spielräume in manchen Perioden gering: Kaiser Justinian wandte hier das alte Privileg der Ernteferien gegen die religiöse Verpflichtung. Erneut zeigt sich das Arbeitsverbot in seinem städtischen Gewand, noch immer stehen die Richter an erster Stelle. Aber der Generalisierungsprozeß ist weit vorangeschritten. Die Norm als solche stand nicht mehr außer Zweifel.

Die Entwicklung im Bereich öffentlicher Regelungen läßt sich an kirchlichen Regelungen nachverfolgen. Bereits Anfang des vierten Jahrhunderts beschäftigte sich eine Synode im spanischen Elvira (Illibera) mit dem Problem. Die Diskussionen schlugen sich im Kanon 21 dieser Bischofsversammlung nieder: Wer als Ortsansässiger drei aufeinanderfolgende Sonntage lang nicht zur Kirche geht, soll für kurze Zeit ausgeschlossen werden, um so sichtbar getadelt zu sein. Hier wurde durch eine Fristenregelung das Problem der Begründung – fehlten die Personen wegen Arbeitsanfall oder Unlust – umgangen.

Es war vor allem das Problem dringender landwirtschaftlicher Tätigkeiten, insbesondere Erntearbeiten, das die Diskussionslage in der Folgezeit – und auf Dauer – prägte. Gegenüber der unveränderten Sachlage verschärfte sich der Ton von Konzilsbeschlüssen allmählich. Als man sich im Jahr 538 in Orléans zu einem regionalen Konzil traf, entschloß man sich, deutlicher zu werden. Landwirtschaftliche Tätigkeit am Sonntag wurde ausdrücklich verboten:

Über ländliche Arbeit, das heißt Pflügen, im Weinberg, Schneiden, Einbringen, Dreschen, aber – schon oft kompensiert – beschließen wir, daß davon Abstand zu nehmen ist, damit es so einfacher ist, zur Kirche zu gehen und für die Gnade des Gebetes frei zu sein.

Concilium Aurelianense can. 31.

Das Konzil von Narbonne fand im Jahre 589 eine Formulierung, die – aus bitteren Erfahrungen heraus – keine Lücke mehr offenlassen, nicht einmal die Inbetriebnahme von Instrumenten erlauben wollte:

Jeder Mensch, der Freie ebenso wie der Sklave, der Gote, Römer, Syrer, Grieche oder Jude, soll am Tag des Herrn keine Arbeit (nulla opera) *verrichten, keine Rinder zusammenspannen, es sei denn, es liege eine unabweisbare Notwendigkeit vor.*

Concilium Narbonense can. 4.

Recht bleibt aber nicht das einzige Medium, sich mit dem Problem auseinanderzusetzen. Von den Predigern des Frühmittelalters sind eine ganze Reihe von kleinen Erzählungen überliefert, die die kirchliche Sonntagsordnung in der regelmäßigen Verknüpfung von Strafwundern und Heilungswundern einschärfen. Diese warnenden Geschichten richten sich vor allem gegen die Landarbeit, wie eine von Gregor von Tours erzählte Geschichte erkennen läßt. In seinem Bericht über einen wundertätigen Priester Senoch reihen sich einschlägige Fälle ein. «Vor diesen Senoch tritt ein Mensch hin, dessen Hand mit einem Ast verwachsen scheint. Er erzählt dem Priester sein trauriges Schicksal: auf dem Weg zur Sonntagsmesse sah er, wie Vieh auf dem Feld weidete und ihn so um die Mühe eines Arbeitsjahres zu bringen drohte. Er holte schnell eine Hacke, schlug Äste ab und begann seinen Acker zu umzäunen; sogleich verspannte und verkrümmte sich seine Hand, und der letzte Ast blieb an ihr haften. Reuig berichtete er jedermann von seinem verfehlten Tun und gelangt so zum Heiligen. Senoch salbt ihn mit geweihtem Öl und stellt ihn dadurch wieder her.»[2]

Festfreude

Nicht nur die Gesetzestexte, sondern auch meine Schilderung hat das Verhältnis von Fokus und Grenze des Feiertages stark verschoben. Die Festfreude tritt dabei in den Hintergrund. Genau das aber muß jetzt zum Thema werden: Wie feierten die Römer eigentlich?

Es ist schwierig, in einer Kultur Beschreibungen von Alltagsereignissen zu finden. Erlebnisberichte gibt es vor allem in Form einiger Gedichte – hochstilisierte Texte, aber doch aus einer Innenperspektive heraus geschrieben. Der Lyriker Horaz (gestorben 8 v. Chr.) beschreibt gerade das private Begehen von Festen. In seinem Gedicht zu den Kalenden setzt er das private Opfer vom zentralen Ritual in der Regia ab:

Wenn Du die Hände zum Himmel emporstreckst
bei der Geburt des Mondes, ländliche Phidyle,
wenn Du besänftigst mit Weihrauch, Frucht des Jahres
und gieriger Sau die Laren,

dann wird den verderbenbringenden Südwind
der fruchttragende Weinstock nicht spüren und
nicht den unfruchtbar machenden Rost
Dein Getreide oder die süßen Jungtiere
schweres Wetter zur Zeit der Obsternte.

Denn welches auf dem schneebedeckten Algidus
zwischen Eichen und Steineichen geweidet wird

oder auf Albanischen Kräuterwiesen heranwächst
zum Opfer bestimmt, das färbe mit seinem Nacken

die Äxte der Pontifices. Dir obliegt nicht
zu versuchen durch Massenmord von Schafen
die kleinen Götter, die Du mit Rosmarin
und zierlicher Myrte bekränzest.

Wenn eine Hand ohne Sühnpflichten den Altar berührte
– nicht willkommener durch ein aufwendiges Opfertier –,
bewegte sie die (zuvor) abgewandten Götter
mit frommem Mehl und knisterndem Salz.
Horaz, *Ode* 3,23.

In diesem Gedicht wird gerade ein besonders einfaches, ein häusliches Routineritual beschrieben: die Verehrung der Laren, der Hausgötter, an den Strukturtagen des Monats. Die private Feier der Neptunalia, des Neptunfestes am 23. Juli – ein Volksfest in Rom – gewinnt bereits einen fröhlicheren und ausgelasseneren Charakter:

Was am heiligen Fest Neptuns
Nehm' ich Bessres vor? Lyde, zum Keller flugs!
Von dem ältesten Cäcuber!
Dem verschlossenen Ernst sprenge doch heut das Tor!

Abwärts steigt schon der Sonnengott,
Und, als stünde des Tags flüchtige Stunde still,
Säumst du, bringst du den Krug noch nicht,
Der von Bibulus her schon auf dem Lager harrt?

Preisen lass' uns im Wechselgesang,
Mich Neptun und des Meers Töchter im grünen Haar,
Künde du auf der Leier Rund
Letos ewigen Ruhm, Cynthias schnellen Pfeil!

Venus feire das höchste Lied:
Cnidus ist ihr Bereich und der Kykladen Pracht,
Paphos Ziel ihres Schwangespanns.
Lob erklinge zum Schluß, wie sich's gebührt, der Nacht!
Horaz, *Ode* 3,28 (Übers. H. Färber).

Weingenuß – Alkoholkonsum – war wichtiger Bestandteil jeder Feier, die in privatem oder öffentlicherem Rahmen in ein Bankett mündete. Das wird, bis hin zum Tanz, deutlicher, wenn wir Horaz auf ein ländliches Fest folgen, das von einer ganzen Ortschaft begangen wurde:

Faunus, Liebhaber der flüchtigen Nymphen,
wandle durch mein Grundstück und die sonnigen Fluren
ohne zu schaden und entferne Dich von meinen Jungtieren,
indem Du gerecht bleibst,

wenn dir nach Ablauf des Jahres ein zartes Böcklein fällt
und dem Gefährten der Venus, dem Becher,
reichlich Wein nicht fehlt, der alte Altar
vor üppigem Dufte dampft.

Es spielt auf begrastem Felde das ganze Vieh,
wenn die Nonen des Dezember Dir zurückkehren,
in Feststimmung auf den Wiesen samt
müßigem Ochsen sich ausruht das Dorf.

Unter den kühnen Lämmern irrt der Wolf,
es streut Dir der Wald das ländliche Laub,
und es freut sich, wer sonst gräbt, die verhaßte Erde
im Dreitakt geschlagen zu haben.

Horaz, *Ode* 3,18.

Ruhe statt Zug- oder Pflugarbeiten bei den Ochsen, Tanz statt Eingriffe in die Erde bei den Bauern – hier werden auch Grundregeln der Feiertagsgestaltung durch Horaz formuliert.

Einhundert Jahre später führt uns der unter Domitian schreibende Dichter Martial mit seinen Epigrammen in die Einweihungsfeierlichkeiten des Flavischen Amphitheaters, des Kolosseums. Von den Rängen herab – und wir dürfen uns den Sitzplatz eines Dichters seiner Protektion nicht zu weit oben vorstellen – geht der Blick ebenso in die Arena wie in die Zuschauerreihen und Ehrentribünen gegenüber:

Als sich lange der Kampf zwischen Priscus und Varus schon hinzog,
unentschieden schon lang schwankte das scharfe Gefecht,
und das Publikum laut den Abbruch des Kampfes verlangte,
gab der Kaiser nicht nach, folgend dem eignen Gesetz:
Dauern muß ein Duell, bis einer besiegt ist und aufgibt.

Speisen und Gaben jedoch teilt' er – das durfte er – aus.
Schließlich jedoch kam das Ende des unentschiedenen Kampfes:
Gleich hatten beide gekämpft, gleichzeitig gaben sie auf.
Beiden sandte der Kaiser den Stab und die Palme des Siegers:
Dies war der Preis für den Mut und für der Fechter Geschick.
Dir nur, Caesar, gelang's, denn dies vermöchte kein andrer:
daß im Kampfe zu zweit beide zum Sieger erklärt.
Martial, *Buch der Spiele* 29 (Übers. HARRY C. SCHNUR).

Martial beschreibt uns bereits ein kompliziertes Viereck. Die Spiele stellen ein Kommunikationsgeschehen aus professionellen (wenn auch nicht unbedingt freien) Akteuren, Zuschauern und Göttern dar, in dem der Kaiser eine weitere, eine Sonderposition einnimmt. Er ist ebenso Spielgeber wie Zuschauer, aber zugleich auch Gott, wenn auch diese Spiele nicht ihm gelten.

Die Innenansichten werden ergänzt und wesentlich vervollständigt durch Außenansichten. Griechisch schreibenden Autoren aus Griechenland wie Kleinasien verdanken wir einige ausführliche Darstellungen, aber hier soll ein Nordafrikaner zu Wort kommen. Er sprach und schrieb Latein, war als römischer Bürger erzogen und ausgebildet worden. Die «Außenperspektive» verdankte der Autor einer religiösen Entscheidung: Als Christ wollte Tertullian gerade die religiösen Elemente in jenen Festspektakeln aufdecken, die für seine Zeitgenossen (und -genossinnen!) wie für uns die Kernpunkte römischer Unterhaltungskultur ausmachen. Damit liefert seine Polemik *Über die Spiele,* und hier insbesondere die Zirkusspiele, eine Perspektive, die der Historiker sowohl in *Ben Hur* wie im *Gladiator* vermissen muß.

Die Prozession (pompa) *geht voraus. Wem sie gehört, beweist sie selbst durch die Reihe der Götterbilder, den Zug der Bildnisse, die Wagen, die Fahrzeuge (für die Symbole der Götter), die geschlossenen Wagen, die Sessel (für die Bilder), die Kränze, die Attribute der Götter. Wie viele Rituale, wie viele Opfer im übrigen vorangehen, die Spiele unterbrechen oder ihnen folgen, wie viele Kollegien, wie viele Priesterschaften, wie viele Beamte sich bewegen, wissen die Menschen jener Stadt, in der sich die Versammlung der Dämonen niedergelassen hat* (= Rom). *Wenn das entsprechend den geringeren Mitteln in den Provinzen mit geringerer Sorge organisiert wird, sind dennoch überall die Zirkusspiele darauf zu beziehen, woher sie geholt wurden, sind in die Richtung beschmutzt, aus der sie stammen. Denn auch ein kleines Flüßlein bewahrt aus seiner Quelle und auch ein mäßiger Zweig bewahrt aus seinem Laub die Eigenschaften seines Ursprungs ... Auch wenn die Prozession nur wenige Götterbilder herumträgt, liegt schon in einem der Bilderdienst; auch wenn sie nur einen Wagen zieht, ist das trotzdem der Karren Juppiters ...*

(8) *Der Zirkus ist hauptsächlich dem Sonnengott geweiht. Sein Tempel steht in der Mitte, und sein Bild funkelt vom Giebel des Tempels ... Jedes einzelne Schmuckstück des Zirkus ist ein Tempel. Die Eier schreiben diejenigen der Ehrung der Dioskuren zu, die nicht erröten, wenn sie glauben, daß jene einem Ei, das von Juppiter als Schwan stammt, entstammen. Die Delphine spucken Wasser für Neptun, die Säulen tragen Sessiafiguren (von den Aussaaten), Messiafiguren (von den Ernten) und Tutulinafiguren (vom Schutz der Feldfrüchte). Vor diesen dienen drei Altäre je drei Gottheiten, den Großen, den Mächtigen, den Starken. Diese halten sie für die samothrakischen Götter. Das Übermaß des Obelisken ist, wie Hermateles bestätigt, dem Sonnengott errichtet ... Die Versammlung der Dämonen erstarrte ohne ihre Große Mutter; sie hat daher dort am Kanal den Vorsitz. Consus, wie gesagt, versteckt sich unter der Erde bei den Murcischen Wendemarken. Auch sie hat ein Götterbild benannt: Murcia nämlich soll eine Liebesgöttin sein, der sie in jenem Bereich einen Tempel geweiht haben ...*

(10) *Gehen wir zu den Bühnenspielen über, deren gemeinsamen Ursprung und gemeinsame Bezeichnungen ... mit den Rennangelegenheiten ich gezeigt habe. Auch die Gestaltung teilen sie darin, wo man von den Tempeln und Altären und jener Unglück bringenden Handlung mit Weihrauch und Blut unter Flöten und Trompetenmusik zur Bühne geht nach Maßgabe der zwei schmutzigsten Leiter von Begräbnissen und Opfern, des Leichenzugführers und des Eingeweideschauers ... Tatsächlich ist das Theater ein Heiligtum der Venus ... Und es ist offensichtlich, daß auch in der Bühnenkunst die Schutzherrschaft dem Liber und der Venus gehören ... Was aber mit der Stimme, Melodien, Orgeln und Texten vollzogen wird, besitzen die Apollos, die Musen, die Minerven und die Merkure als Unternehmer. Hasse, Christianer, wessen Urheber Du nicht vermagst nicht zu hassen!*

Tertullian, *Über die Spiele* 7,2–10,9.

Die Leidenschaft der Anklage Tertullians entspricht direkt der Attraktivität der Veranstaltungen. Bis in die Spätantike hinein wird es christlichen Predigern und Literaten nicht gelingen, die Masse der Getauften fernzuhalten. Die Konstruktion einer religiösen Unvereinbarkeit deckte sich nicht mit der Alltagspraxis.

Zeitwahl

Der Festkalender des kaiserzeitlichen Roms war randvoll und blieb es trotz vielfacher Feststreichungen (ein Thema jeder rationalen Staatsführung bis in die Moderne) bis in die Spätantike. Eine Millionenstadt wollte unterhalten sein. Der Kalender, der Mitte des vierten Jahrhunderts in eine Luxusausgabe kalendarischen und historischen Materials aufgenommen wurde, nennt für den Januar Spiele vom 3. bis zum 5.; es dürfte sich dabei um die ursprünglich kalendarisch beweglichen *ludi Compitales* handeln, die zum Kult der Wegkreuzungen in den einzelnen Straßenzügen Roms gehörten.[3] Vom 17. bis zum 22. fanden die palatinischen Spiele statt. Damit nicht genug. Was die Menschen gerne sahen, wurde den Göttern nicht vorenthalten. Janus Pater am 7. Januar wie Juppiter Stator an den Iden (13.) wurden ebenso mit vierundzwanzig Rennläufen geehrt wie die Geburtstage des Kaisers Gordian (am 20., zu diesem Zeitpunkt seit mehr als einhundert Jahren verstorben) und des Hadrian (am 24., zu diesem Zeitpunkt seit mehr als zweihundert Jahren vergöttlicht).

Spiele, die Siege über Goten feierten, standen vom 4. bis zum 9. Februar auf dem Programm, zweitägige Spiele zu Ehren der Genien (*ludi Genialici/Genialia*) folgten am 11. und 12. Weitere Rennen werden für den 1., 25. und 27. des Monats notiert. Der Folgemonat März mit seinem alten und dichten Festprogramm wies keine längeren Spiele auf, bot aber vielleicht noch im vierten Jahrhundert das Schauspiel der mehrtägigen Umzüge der Salier, bewaffneter, tanzender Jugendlicher und junger Priester. Vierundzwanzig bis achtundzwanzig Rennen wurden am 1., 13, 17. und 31. geboten; das letzte Monatsdrittel wird durch die komplizierte Festfolge eines Isisfestes geprägt.

Die Spiele zu Ehren der Venus am 1. April eröffneten eine regelrechte Spielsaison. Darunter ragen die Megalesischen Spiele zu Ehren der Mater magna deum Idaea (Kybele) heraus (3. bis 10. April), denen sich die Spiele der Göttin Ceres vom 12. bis 19. April mit nur einem Tag Unterbrechung anschlossen. Einer Unterbrechung, die

Raum für die vierundzwanzig Rennen anläßlich des Geburtstages des vergöttlichten Septimius Severus (gestorben 213 n. Chr.) bot. Weitere Anlässe zu solchen Rennen bot der Stadtgeburtstag am 21. April und der Geburtstag des vergöttlichten Marc Aurel am 26. Kurz darauf, am 30. April, begannen die Floralia, Spiele für die Göttin Flora, die wie die Megalesia und später als die Cerealia seit dem frühen zweiten Jahrhundert v. Chr. gefeiert worden waren. Diese erstreckten sich nun bis zum 3. Mai. Am Folgetag begannen die sechstägigen *ludi Maximati*, denen ab dem 13. Mai für fünf Tage die Persischen Spiele folgten. Der Monat schloß mit dreitägigen Spielen, die möglicherweise mit dem mittelrepublikanischen Götterpaar Honos und Virtus, «Ehre und Tapferkeit», zusammenhingen.

Für den gesamten Juni werden nur zwölf Rennen (am 1. des Monats, dem «Bohnenfest», an dem böse Totengeister vertrieben wurden) notiert sowie eintägige Spiele am 4. Das sah im Juli anders aus. Die sehr alten Spiele für Apollo erstreckten sich vom 5. bis zum 13. über neun Tage. Nach eintägiger Pause schlossen sich die sechstägigen Spiele an, die des Sieges über die Franken gedachten. Weiteren Siegen über Sarmaten und Markomannen galten Rennen am 25., 27. und 30. Zuvor war auch das alte Neptunfest in Form zweitägiger Spiele (22./23.) begangen worden. Daß Licinius in die Flucht geschlagen worden war, hatte schon zu Monatsanfang, am 3., Gelegenheit zu vierundzwanzig Rennen gegeben – ein Bürgerkriegssieg, der hier noch eine Generation später gefeiert wurde. Im August gesellten sich sieben einzelnen Renntagen nur eintägige Spiele am 8. hinzu.

Von den «römischen Spielen», die ältesten «modernen» Spiele der Stadt, war Mitte des vierten Jahrhunderts nur wenig übriggeblieben. Diese Spiele, die «großen» geheißen, hatten bis zu fünfzehn Tage, die Hälfte des September, eingenommen, waren jetzt aber auf insgesamt vier Tage um die Iden, den alten Festtermin herum begrenzt. Ihnen schlossen sich vermutlich insgesamt fünftägige Triumphspiele an – auch dieses Ritual war «seßhaft» geworden. Die düster klingenden *ludi fatales* auf den letzten beiden Tagen des Monats finden keine leichte Erklärung.

Der Oktober war mit Spielen weitgehend belegt. Spiele, die den Sieg über die Alamannen feierten (auch das seit mehr als einem Jahrhundert), fanden vom 5. bis 10. statt, Spiele für Juppiter, den Befreier, vom 13. bis zum 18. Ab dem 19. galten viertägige Spiele dann der Sonnengottheit. Spiele und ein großes Isisfest beschlossen den Monat, der noch weitere Renntage in Verbindung mit Kaiserfesten gesehen hatte. Das Isisfest schloß am dritten November. Im übrigen wiederholte sich das Muster des September: Die alten «plebejischen Spiele» waren mit fünf Spieltagen deutlich kürzer geworden und konnten dem Vergleich mit den Sarmatischen Spielen vom 25. November bis zum 1. Dezember (sieben Tage) nicht standhalten. Eintägige «gelobte Spiele» am 9. und Kaisergeburtstage mit Rennen am 8. und 17. rundeten das Programm ab; abgesehen von Konstantin gehörten zwei der Kaiser, derer hier gedacht wurde, noch dem ersten Jahrhundert an, es handelte sich um Nerva und Vespasian. *Ludi Lancionici* schlossen im Dezember das Spieljahr vom 12. bis 18. ab; in ihrem zeitlichen Rahmen trägt nur ein einziger Tag den Vermerk *Saturnalia* – ein Fest, das schon in der Republik mehrtägig gefeiert wurde.

Die Aufzählung ist bei weitem nicht so ermüdend, wie es der Besuch all der in diesen Tagen enthaltenen Veranstaltungen gewesen wäre, das Sitzen im Theater und Zirkus ebenso wie das stundenlange Stehen und Warten auf die Zirkusprozession oder das Anstehen um Verköstigung. Natürlich ließen sich Anhänger einzelner Zirkusparteien möglichst wenige Rennen entgehen. Umgekehrt zeigen Rennsiege in vierstelliger Zahl, daß auf der Produzentenseite so etwas wie Stammpersonal existierte. Dennoch, die Angebote richteten sich an ein nach Hunderttausenden zählendes Publikum, für das vielfach der wirtschaftliche Verlust eines Arbeitstages durch Spiele kaum weniger schwer wog als der durch *feriae.* Ein Tagelöhner ist ein Tagelöhner, kein Lebenskünstler.

Die flächig ausgebreiteten Spiele des vierten Jahrhunderts lassen die Prinzipien der zeitlichen Verteilung im sehr viel dünner besetzten republikanischen Kalender kaum erkennen. Diese Verteilung war sehr ungleichmäßig. Gerade die mit den großen Spielen besetzten Monate September und November wiesen keine weiteren *feriae,* auch nicht am «neunten Tag nach den Iden» auf. Genau dieser Termin bildet in vielen Monaten, dem März, April, Mai, Juli und August sowie dem Dezember das Zentrum mehrerer Feste; der Februar wies trotz aller Eigenheiten eine ähnliche Struktur auf. Kurz vor und nach den Iden fanden sich einige weitere Festtage. Für die Wahl von Einweihungstagen von Tempeln suchte man in der Folgezeit eine Anknüpfung gerade auch an solche Tage und die Strukturtage des Monats, da solche am ehesten

Popularität und ein Publikum für eine aufwendige Zeremonie versprachen.

Bezeichnenderweise sind es vor allem Frauenfeste, die deutlich früher lagen: die Matronalia, das Fest der verheirateten Frauen, am 1. März, das Venusfest am 1. April, die Vestalia und Matralia für die Herdgöttin Vesta und Mater Matuta am 9. und 11. Juni. Auch die Poplifugia und Nonae Caprotinae (nach einer zeitgenössischen Etymologie «Ziegen-Nonen») Anfang Juli weisen eine intensive Beteiligung von Frauen im Ritual auf; zugleich stören diese Feste mit ihren Zügen von Neujahrsfesten die kalendarische Routine bewußt. Die Lemuria im Mai waren ein primär häusliches Fest. Offensichtlich setzt der alte, noch nicht verschriftlichte Kalender eine andere, höhere kurzfristige zeitliche Verfügbarkeit von Frauen als von Männern voraus.

Grenzen der kalendarischen Darstellung

Wenn der Rex sacrorum die Feste des Monats mündlich ankündigte, beschränkte er sich nicht auf die Feste, die mit gleichen Daten Jahr für Jahr wiederkehrten und einfach im Kalender zu notieren waren. Die römische Festsystematik, die wir aus den Saturnalien des Macrobius kennen (1,16,5 f.), fügt im Bereich öffentlicher Feste bereits zwei weitere Gruppen zu solchen *feriae stativae*, «stehenden Festen», hinzu. *Feriae imperativae*, «angeordnete Feste», waren solche, die kurzfristig, auf aktuellen Bedarf hin angesetzt wurden. Typische Fälle boten die im Krieg gelobten Spiele, die im Falle des Sieges nach der Rückkehr angesetzt wurden. Triumphzüge fielen zwar nicht rechtlich, aber in ihren Auswirkungen in die gleiche Klasse. Rituale und Feiertage, die der Versöhnung zürnender Gottheiten dienten, die ihrem Unwillen in Prodigien, also schlechten Vorzeichen, Luft verschafft hatten, müssen ebenfalls genannt werden.

Zu solchen Anlässen traten die *feriae conceptivae* hinzu. Mit diesem Begriff wurden solche Feiertage bezeichnet, die jährlich stattfanden, aber im Datum nicht fixiert wurden. Für die historisch greifbare Zeit sind zwar Regeln, aber keine Gründe für diese Mobilität erkennbar. Es scheint, als wäre die Fiktion einer präzisen jahreszeitlichen Abhängigkeit solcher Daten lange gepflegt worden. Inwieweit im Einzelfall auch eine Koordination mit den Markttagen gesucht wurde, ist gänzlich unbekannt. Das Bundesfest der *feriae Latinae,* das Saatfest (Sementivae) sowie das Dorf- und Straßenkreuzungsfest (Paganalia und Compitalia) bilden die Standardbeispiele der Antiquare, aber das am Stadtrand von Rom im Hain der Dea Dia und auf dem Kapitol gefeierte Fest dieser Göttin und der Priesterschaft der Arvalbrüder folgten derselben Logik.[4]

6 Fest im Wandel

Feste vor Ort

Das schon einmal erwähnte fragmentarische Feriale aus Guidizzolo nahe Brixen liefert für die zweite Jahreshälfte insgesamt sieben Festnamen. Es handelt sich um die Apollinaria für den Heilgott Apollo am 13. Juli, die Neptunalia (für den Meeresgott Neptun) am 23. Juli, ein Fest der Göttin Diana an den Iden des August (13.), die Volkanalia für den Gott des Feuers Volcanus (23. August) sowie, im Dezember, das Siebenhügelfest (*Septimontium*) am 11., die Saturnalien am 17. und das Fest der Göttin Epona am 18. des letzten Monats. Auf den ersten Blick erstaunen die Feste und ihre Daten nicht. Die Benutzer dieser kaiserzeitlichen Zusammenstellung feierten alte republikanische Feste der Stadt Rom an ihren für Rom traditionellen Daten. Unterschiede des Originals wurden dabei eingeebnet: Diese Leute in Oberitalien begingen die in Rom mehrtägigen Spiele kaum anders als die Neptunalia, die in Rom mit dem Bau von Laubhütten und einer Nacht im Freien verbunden waren.[1] Mit hoher Wahrscheinlichkeit wurde der Weihetag eines stadtrömischen Dianatempels in Guidizzolo nicht deutlich anders begangen als die merkwürdigen Holokauste der römischen Volkanalia. Gottheiten und ihre Festdaten lassen sich leichter transportieren als rituelle Feinheiten.

Warum in Oberitalien das *Septimontium* gefeiert wurde, läßt sich so nicht erklären. Welchen Anlaß gab es, ein Fest zu begehen, das nach der Klassifikation Varros nicht einmal zu den Festen des ganzen römischen Volkes, sondern nur der Bewohner dieser Hügel zählte?[2] Immerhin, die oberitalische Festgemeinde befand sich in guter Gesellschaft. Auch in Nordafrika wurde das Fest in der Kaiserzeit begangen. Spielte der Wunsch eine Rolle, eine besondere Identifikation mit Rom als Stadt und lokal zusammengewachsenem Gemeinwesen zum Ausdruck zu bringen, eine Identifikation, die über die Loyalität zum Kaiserhaus hinausging? Tiefere politische Assoziationen muß man im Saturnalienfest dagegen nicht sehen. Es gehörte ebenso zu den Exportschlagern des römischen Festkalenders. Seine Attraktivität bezog es in der Villa bei Brixia nicht anders als rund ums Mittelmeer aus der besonderen Ausgelassenheit, auch dem übermäßigen Alkoholkonsum dieses oder dieser Tage.

Das Fest der Epona fällt aus dieser Reihe heraus. Es scheint in Rom nie ein solches Fest gegeben zu haben, auch wenn einzelne die keltische Schutzgottheit der Pferde verehrten. Vermutlich stammte diese Tradition aus regionalen Quellen oder der größeren Nähe zum jenseits der Alpen gelegenen Gallien. Aber nicht einmal in diesem Punkt kann ausgeschlossen werden, daß Rom ein Umschlagplatz für solche Kultdiffusionen gewesen war.

Als Mitglieder der römischen Kolonie Brixia unterlagen die Verfertiger der *Fasti Guidizzolenses* keiner Pflicht zur Übernahme des stadtrömischen Kalenders. Das Stadtgesetz der Cäsarianischen Kolonie von Urso in der spanischen Baetica, die *Lex Ursonensis,* sah im Kapitel 64 ausdrücklich vor, daß der neugewählte Stadtrat über die öffentlich zu finanzierenden Kultakte selbst zu entscheiden hatte; allein die Schutzgottheit des Gründers, Venus, und die auf dem römischen Kapitol im Tempel des obersten Stadtgottes Iuppiter Optimus Maximus mitverehrten Göttinnen Juno und Minerva an der Seite Juppiters waren durch Spiele vorgegeben. Die Liste aus Oberitalien und die in ihr firmierende Epona unterstreichen diesen Sachverhalt.

Römische Bürger im römischen Reich konnten, aber mußten nicht auf den stadtrömischen Festkalender zurückgreifen, weder in der Auswahl der am fremden Ort zu verehrenden Gottheiten, noch in der zeitlichen Fixierung solchen Kultes. Der Kult des Herrscherhauses machte hierin eine Ausnahme: Diese Daten waren, wie wir im Zusammenhang mit der Regelung von Gerichtsferien gesehen hatten, nicht frei verfügbar. Solche Einzelfall-Regelungen unterstrichen nur, daß es keine generelle Normierung des Verhältnisses von regionalen zum zentralen Festkalender gab, selbst dort nicht, wo das technische Instrument des römischen Kalenders übernommen worden war – was schon in der römischen Kolonie im sizilischen Tauromenion nicht mehr galt.[3] Anders ausgedrückt: Der Vorrang der lokalen Traditionen und Entscheidungen war unangetastet.

Ein früher christlicher Festkalender

Der als *Chronograph von 354* bezeichnete luxuriöse Buchkalender berücksichtigte zwar im eigentlichen Kalendertext das Christentum nicht, nahm aber mehrere chronographische Texte auf, die allein das Christentum betrafen. Ob der Empfänger der Zusammenstellung ein Christ war, läßt sich nicht sicher klären. Mitte des vierten Jahrhunderts bildeten Christen in Rom sicher eine stattliche, mit zahlreichen Neubauprojekten unter Konstantin auch sichtbar gewordene Minderheit. Immerhin kann der Schreiber des Buches mit jenem Furius Dionysius Filocalus identifiziert werden, der ein Jahrzehnt später unter dem Bischof Damasus die Aufgabe übernahm, Schmuckinschriften für Bischofs- und Märtyrergräber zu verfertigen. Die Listen jedenfalls – auch für Nichtchristen interessant und unterhaltsam – waren kaum eine kanonische Zusammenstellung.[4] Sie gingen auf christliche Interessen zurück. Das führt in das Leben der christlichen Kirche in Rom im vierten Jahrhundert.

Für das Verständnis der Geschichte des stadtrömischen Christentums, soweit wir sie in den Quellen greifen können, ist es zunächst wichtig, deren Vielfalt zu betonen. Vielfalt spiegelt sich aber auch in der Fülle der Gruppenbildungen und ihrer Organisation wider. Noch das ganze zweite Jahrhundert hindurch gab es weder einen regelrechten Kirchenbau noch eine zentrale Führung. Versammlungen dürften überwiegend in privaten Haushalten abgehalten worden sein, erst allmählich, greifbar erst im dritten Jahrhundert, entstand der Wunsch, Räume für kultische Zwecke zu reservieren und in ihrer Anlage auf die wichtigen Rituale, vor allem auf die Wassertaufe und das Gedächtnismahl, hin auszurichten.[5] Dieser Prozeß konnte in den einzelnen Gruppen sehr unterschiedlich verlaufen; die Förderung durch reiche Patrone besaß für die Beschaffung von Mitteln für die Ausstattung der Versammlungsräume und für die Gestaltung der gemeinsamen Feiern wie in anderen Kulten große Bedeutung. In Rom war der Reeder Markion ein solcher Patron, der mit seinem finanziellen Engagement auch eigene Vorstellungen über die verbindliche Tradition und ihre Auslegung einbrachte, was schnell offene Konflikte auslöste. Hermas, der die Anforderungen des Christentums aus der Perspektive eines erfolgreichen Angehörigen der ökonomischen Mittelschicht formulieren wollte und dessen Visionenbuch vom «Hirten» beinahe kanonischen Rang erreichte, und Valentinus, der Intellektuelle, den die spätere Überlieferung als gnostischen Häretiker klassifizierte, waren Zeitgenossen Markions in Antoninianischer Zeit und zeigen mit ihren je eigenen Zuhörerkreisen, wie vielfältig christliche Gruppierungen in Rom tätig waren.[6]

Die Situation entspricht zunächst der der stadtrömischen Juden, die sich noch im dritten und vierten Jahrhundert in unterschiedlichen «Synagogen» organisierten, für die keine gemeinsamen Gremien wahrscheinlich gemacht werden können.[7] Im christlichen Bereich gab es bereits zu Beginn des dritten Jahrhunderts eine zunehmend verfeinerte zentrale Organisation des Mehrheitschristentums mit einem einzelnen *episkopos*, einer Funktion mit griechischer Bezeichnung, an der (freilich mehrfach umstrittenen) Spitze. Das entsprach einem vielerorts ablaufenden Prozeß, der die entstehende Bischofselite zu einer reichsweit miteinander in Verbindung stehenden Schicht und zu einem Ansprechpartner und zunehmend auch zum Konkurrenten des oder der Kaiser machte.

Die organisatorische Entfaltung bedeutete nicht, daß sich Christen und Römer feindlich gegenüberstanden. Es kann gar nicht genug betont werden, daß Christen auch Römer waren, daß sie durch ihre Erziehung und ihre Werte in den Vorstellungen und Bilderwelten, in denen sie lebten und dachten, zunächst einmal wie ihre Zeitgenossen Römer waren; erst danach – und das oft erst seit kurzer Zeit – waren sie Christen.

Die Bilderwelten der christlichen Sarkophage und der in der Mitte des vierten Jahrhunderts ausgemalten Katakombe an der Via Latina zeigen in der bildlichen Darstellung von Jenseitshoffnungen ein unkompliziertes Nebeneinander traditioneller mythologischer Motive und einer zunächst kleinen Anzahl biblischer Motive. Jonas' Wal und Herkules' Keule finden sich Raum an Raum.[8] Gerade die gebildeten Schichten wollten weder auf jenen kulturellen Kanon in Literatur, bildender Kunst oder Architektur verzichten, der ihr politisches Selbstverständnis wie ihre soziale Überlegenheit markierte, noch konnten sie die holprigen, alten lateinischen Bibelübersetzungen als gleichwertigen Ersatz akzeptieren; der spanische Kleriker Juvencus eröffnete zu Beginn des vierten Jahrhunderts die Reihe christlicher Bibelepen, denen ein großer Erfolg beschieden war. Noch viel später brachte Sedulius zu seinen mehrtägigen Lesungen eines eigenen Epos in Rom ein großes

Publikum zusammen. Hieronymus, der sich um die vornehmen Christinnen Roms bemühte, begann in seinen römischen Jahren (382 bis 385) mit der lateinischen Neuübersetzung zunächst des Neuen Testaments. Der römische Bischof Damasus, der Hieronymus zu letzterem anregte, war wiederum derselbe, der den schon erwähnten Schönschreiber Filocalus beauftragte, in einem eigenen Inschriftenstil die stadtrömischen Bischöfe und Märtyrer nach der Identifizierung ihrer Gräber zu preisen: Damit wurde ein Prozeß des Ausbaus der Katakomben in Gang gesetzt, der mehr noch als die großen Kirchenbauten der konstantinischen Ära eine religiöse Infrastruktur schuf, die Rom zu einem neuen Ziel von Pilgerfahrten werden ließ.[9]

Seit Konstantin auch Christus öffentlich verehren ließ, hatte das Christentum an allgemeiner Sichtbarkeit erheblich gewonnen. Das konstantinische Bauprogramm betraf sowohl die mit der kirchlichen Hierarchie verbundenen Kultplätze wie den Märtyrerkult. Die großen christlichen Basiliken, eine Adaptation profaner Formensprache für Kultbauten,[10] entstanden so in den Außenbezirken. Der christliche Märtyrerkult war älter als diese Bauwerke. Er besaß jüdische Wurzeln und vergleichbare Funktionen. Wie die makkabäischen Brüder die Unterlegenen zu den eigentlichen Siegern machten, so unterstrichen die christlichen Märtyrer die Sieghaftigkeit von Menschen, denen auch die gewaltige Verwaltungs- und Gewaltmaschinerie des Imperium Romanum nicht hatte beikommen können. Die leibliche Auferstehung ließ Folter und Verbrennung als lächerlich erscheinen. Die Inbrunst der Verehrung der wenigen kompensierte die fehlende Standhaftigkeit der vielen. Waren die «Blutzeugen» zunächst als Mitchristen gefeiert worden, an denen die Auferstehungszusage bereits realisiert worden war, wurden sie seit dem dritten Jahrhundert zunehmend als Fürsprecher verehrt.

War der Märtyrerkult ein Widerstandskult gegen das Römische, so war er zugleich ein Element der Inkulturation des Christentums, das den neuen Adepten die Weiterführung traditioneller Formen des Totenkultes erlaubte. Das Modell des Fürsprechers folgte dem sozialen Modell des Patrons in einer Welt, die sich der politischen Gestaltung mehr und mehr zu entziehen schien und die man nur durch bestimmte Machtträger im Griff halten zu können glaubte. Dafür lag die Wahl lokaler Persönlichkeiten und von Orten, die wie das Grab eine große materielle Nähe zu ihm versprachen, nahe. Der ferne Gott kam so in Reichweite.[11]

Auf die Hinrichtungstage und die damit wohl oft identischen oder bald folgenden Begräbnistage hatten die Christen nur wenig Einfluß. Andererseits waren die Verehrungstage auf die zeitlichen Möglichkeiten der Verehrer abzustimmen. Wann diese zu Terminverschiebungen griffen und wann einfach die günstige Datierung bestimmten Märtyrern entgegenkam, läßt sich nicht mehr feststellen. Zu versuchen, die Feier des *dies depositionis* an den eigentlichen Geburtstag heranzurükken, war in der Spätantike durchaus geläufig,[12] aber auch Weihedaten eines Kultgebäudes über dem Grab kamen für die Wahl des Datums in Frage. Die *depositio martyrorum*, die Liste der Heiligengedenktage des Chronographen von 354, war der Reflex der Praxis einer religiösen Gruppe, die etwa zwei Daten je Monat vermerkte und den möglichen Bereich von Osterterminen freiließ. Gemessen am Kalender der Jahrhundertmitte verteilten sich diese Daten ähnlich, wie man es auch von anderen römischen Festen vermuten würde: Sie lagen um und auf den Strukturtagen, gelegentlich am Ende von Spielen, auf deren letztem Tag oder dem Folgetag. Solche Konkurrenz war gefährlich: Mehrfach wurde beklagt, daß attraktive Rennen die Kirchen leer ließen.[13] Die Anomalität eines zweiten Petrusfestes am 22. Februar (neben dem Gedenktag am 29. Juni) fiel mit den traditionellen Caristia, dem Familienfest zum Abschluß der Totenfeiertage im Februar, zusammen.

Wer an den Feiern, die für die aufgeführten Tage angenommen werden müssen, teilnahm, läßt sich nicht bestimmen. Die Liste betraf die Stadt Rom, kaum nur eine einzelne Gemeinde innerhalb dieser Großstadt. Verehrt wurden aber nicht nur römische Märtyrer. Römische Christen gedachten auch dreier prominenter Märtyrer aus Karthago, der Perpetua und Felicitas sowie des Bischofs Cyprian. Hier konnten sie keine Grabstätten aufsuchen, benötigten also andere Gedächtnisorte. Betrieben worden war dies sicher von Zuwanderern aus Karthago selbst. Der Briefwechsel Cyprians aus der Mitte des dritten Jahrhunderts spricht oft von Personen, die in der einen oder anderen Richtung ihren Wohnort gewechselt haben. Auch für andere Märtyrer müssen wir uns solche «Lobbygruppen» vorstellen, die einen einzelnen Kult so populär machten, daß er Eingang in die Liste fand. Eine Verpflichtung für alle römischen Christen erwuchs daraus nicht.

Wie eine Liste für Individuen in der Folgezeit ausgesehen haben könnte, zeigt das topographisch geordnete Itinerar, die als Reiseweg geordnete Liste, die als älteste Stufe des *Calendario Italico* aus der Zeit um 425 bis 430 erschlossen worden ist.[14] Eine Verpflichtung bestand wohl aber für die dazugehörige Kirche, diesen Kult sicherzustellen. Die auch von Getauften fortzuführende Absicherung des Totengedächtnisses in Form von Stiftungen oder Kollegien legte es nahe, die Kirche nicht nur als Verwalterin von Begräbnisplätzen, sondern auch als Kristallisationspunkt für ein offiziell organisiertes Totengedächtnis heranzuziehen. Dann stellte sich allerdings die Frage der Auswahl, die zunächst, wie die Texte zeigen, auf Märtyrer und Bischöfe abgestellt wurde. Es sei noch einmal darin erinnert, daß auch von der römischen Kirche im Plural gesprochen werden muß: Verschiedene Gruppen waren in der Millionenstadt mit eigenen, zum Teil in direkter Auseinandersetzung konkurrierenden Bischöfen vertreten.[15] Die auf die Märtyrerliste folgende Liste der Bestattungstage von Bischöfen sowie die Bischofsliste des Chronographen, denen allen man eine gemeinsame Herkunft unterstellen möchte, zeigen, daß wir es mit der römischen Mehrheitskirche zu tun haben.

Die Liste der Bestattungstage der Märtyrer im Chronographen von 354

25. Dezember: Geboren wurde Christus in Bethlehem in Judäa.

Monat Januar

20. Januar: Fabian in der (Katakombe) des Calixtus und Sebastian in der «Katakomben».

21. Januar: Agnes in der an der Nomentana.

Monat Februar

22. Februar: Geburtstag des Petrus vor der Kathedra.

Monat März

7. März: Perpetua und Felicitas in Afrika.

Monat Mai

20. Mai: Parthenus und Calocerus in der des Calixtus, als Diokletian zum 9. Mal und Maximinianus zum 8. Mal Konsul waren [304 n. Chr.].

Monat Juni

29. Juni: Petrus in der «(Bei den) Katakomben», Paulus in der Ostensischen, als Tuscus und Bassus Konsul waren [258].

Monat Juli

10. Juli: Felix und Filippus in der der Priscilla und in der der Jordanier: Martialis, Vitalis, Alexander, und in der des

Maximus: Silanus. Diesen Silanus haben die Novatianer gestohlen. Und in der der Praetextata: Januarius.

30. Juli: Abdon und Sennen in der des Pontianus, weil er bedeckt zum Bären (verurteilt wurde).

Monat August

8. August: Xystus in der des Calixtus und in der des Praetextatus: Agapitus und Felicissimus.

10. August: Secundus, Carpoforus, Victorinus und Severianus in Albano und in der Ostiensischen die Sieben in der Schleuderfabrik, Cyriacus, Largus, Crescentianus, Memmia, Iulianes und Ixmaracdus.

12. August: Laurentius in der Tiburtinischen.

13. August: Hippolytus in der Tiburtinischen und Pontianus in der des Calixtus.

22. August: Timotheus, in der Ostiensischen.

28. August: Hermes in der der Basilla an der alten (Via) Salaria.

Monat September

5. September: Acontus in Portus und Nonnus, Herculanus und Taurinus.

10. September: Gorgonus, in der an der (Via) Labicana.

12. September: Protus und Hyacinthus in der der Basilla.

14. September: Cyprianus in Africa. In Rom wird er in der des Calixtus gefeiert.

22. September: Basilla, in der an der alten (Via) Salaria, als Diokletian zum 9. Mal und Maximinianus zum 8. Mal Konsul waren [304 n. Chr.].

14. Oktober: Calixtus an der Via Aurelia, am 3. Meilenstein.

Monat November

9. November: Clemens, Sempronianus, Clavus, Nicostratus in der der Begleiter.

29. November: Saturninus in der des Traso.

Monat Dezember

13. Dezember: Ariston auf der der Brücken.

Die hier aufgeführten Bestattungstage dienten Gedenkfeiern; mit Ausnahme der genannten Afrikaner handelt es sich um stadtrömische Märtyrer und stadtrömischen Kult an den angegebenen Orten (*Monumenta Germaniae Historica, Auctores Antiquissimi 9*, Berlin 1892, 71 f.).

Der Kult dieser Kirche beschränkte sich nicht auf Märtyrer. An der Spitze der Liste firmiert ein «Geburtstag», der Vermerk, daß Christus am 25. Dezember geboren sei. Ab wann wurde in Rom Weihnachten an diesem Datum gefeiert? Wenn der aus späteren Abschriften bekannte Text des Chronographen dem Original entspräche, so handelte es sich um das älteste stadtrömische Zeugnis für eine solche Festpraxis. Eine spätere Hinzufügung ist aber nicht ausgeschlossen, ja sogar die wahrscheinlichere Annahme.[16] Gleichwohl hätte der Vermerk auch aus römischer Sicht nichts Merkwürdiges. Auch die Todestage der Märtyrer wurden als *dies natales*, als Geburtstage zu neuem Leben verstanden – andere Daten waren ja auch oft gar nicht erreichbar! Es lag für einen römischen Christusanhänger daher nahe, als Gegenstück zu den zahlreichen Kaisergeburtstagen, die die *fasti* prägten, eine christentumsspezifische Gegenliste in Form eines Feriale zu konzipieren. Das Feriale Cumanum, eine Liste Augusteischer Zeit mit Kaiserfesten aus Cumae, zeigt, daß dergleichen auch für Kaiser denkbar war. In einer solchen Liste durfte dann aber der wichtigste Adressat des Kultes, der erste der Auferstandenen, nämlich Christus, nicht fehlen. Ein aufwendiger Kult an diesem Tag folgte daraus noch nicht.

Das sogenannte Feriale Cumanum

19. August:	An diesem Tag trat Cäsar sein erstes Konsulat an. Gebet – –
3. September:	An diesem Tage ergab sich das Heer des Lepidus dem Cäsar. Gebet.
23. September:	Geburtstag Cäsars. Cäsar wird ein Opfertier dargebracht. Gebet –
7. Oktober:	Geburtstag des Drusus Cäsar. Gebet an Vesta.
18. Oktober:	An diesem Tage legte Cäsar die Männertoga an. Gebet an Hoffnung und Jugend.
16. November:	Geburtstag des Tiberius Cäsar. Gebet an Vesta.
15. Dezember:	An diesem Tage wurde der Altar der Zurückführenden Fortuna geweiht, die Cäsar Augustus aus den Provinzen jenseits des Meeres heimführte. Gebet an die Zurückführende Fortuna.
7. Januar:	An diesem Tage wurde Cäsar «Augustus» genannt. Gebet an Augustus.

30. Januar:	An diesem Tage wurde der Altar des Friedens geweiht. Gebet an die Herrschaft des Cäsar Augustus, des Schirmers der römischen Bürger und des Erdkreises.
6. März:	An diesem Tage wurde Cäsar zum Pontifex Maximus gewählt. Gebet an Vesta und die Staatsgötter des römischen Volkes.
14. April:	An diesem Tage siegte Cäsar zum ersten Mal. Gebet an Viktoria Augusta.
15. April:	An diesem Tage wurde Cäsar zum ersten Mal als Imperator begrüßt. Gebet an das Glück seines Oberbefehls.
12. Mai:	An diesem Tage wurde der Marstempel geweiht. Gebet an die Mühsal des Mars.
24. Mai:	Geburtstag des Germanicus Cäsar. Gebet an Vesta.
12. Juli:	Geburtstag des Gottes Julius. Gebet an Juppiter, Mars, den Rächer, und Venus, die Ahnfrau. – – –

Inscriptiones Italiae 13,2,279. Diese Festliste dürfte dem mit der Kaiserverehrung betrauten Kollegium im kampanischen Cumae zuzuordnen sein, den Seviri Augustales («Sechs Männer des Augustus-Kultes»). Solche Priesterschaften rekrutierten sich typischerweise aus wirtschaftlich erfolgreichen Personen freier wie unfreier Herkunft (Freigelassenen), nicht aus der lokalen Oberschicht. Es handelt sich um eine ehrenamtliche Tätigkeit. Die aufgeführten Tage – das «Kultjahr» beginnt in dem nach dem Kaiser benannten Monat – beziehen sich auf den Kaiser Augustus («Cäsar», 63 v. Chr. bis 14 n. Chr.); seines Adoptivvaters, C. Iulius Caesar (100 bis 44 v. Chr.), wird nur am 12. Juli als Vergottetem *(Divus Iulius)* gedacht (Übers. KURT LATTE, *Religionsgeschichtliches Lesebuch* 5 (1927), 25).

Mindestens ein weiteres und sicher großes Fest feierten die Römer aber nach Ausweis einer vierten Liste im Chronographen. Dort folgt auf die Liste der römischen Konsuln eine Liste mit den in Rom vermutlich so gefeierten Osterdaten von 312 bis 354 n. Chr. und weiteren vorausberechneten Osterdaten bis 411 n. Chr. Das entsprach der Option für die Regelung des Konzils von Nikäa, das den Sonntag nach dem ersten Vollmond im Frühling als Osterdatum festgeschrieben hatte. Gerade im Westen des Mittelmeerraums hatte auch die Alternative eines fixen Ostertermins, etwa des 25. März, des Frühlingsanfangs, große Attraktivität besessen. Das war ebenso abgelehnt worden wie die kalendarische Identität mit dem jüdischen Passahfest.

Die römischen Gemeinden des vierten und mindestens auch dritten Jahrhunderts feierten Ostern auf einem Sonntag, eine Praxis die sich in der Folgezeit gänzlich durchsetzte.[17] Wie der vorjulianische römische Kalender ist auch der christliche durch eine doppelte Rhythmisierung bestimmt. Die terminlich fixierten Gedenkfeiern der Heiligen (Sanctorale) wurden und werden durch die Reihe von Sonntagen, den auf ihnen liegenden oder in einem bestimmten Verhältnis zu ihnen liegenden Festen ergänzt (das sogenannte Temporale). Für das vierte Jahrhundert war diese Reihe auf das Osterfest, eine kürzere, in Rom zunächst dreiwöchige Vorbereitungsphase konzentriert, die dann auf vierzig Tage beziehungsweise sechs Wochen ausgedehnt wurde; eine lange Festperiode bis zum Pfingstfest, das der Himmelfahrt Christi oder der Sendung des Heiligen Geistes gedachte, schloß sich in der Folgezeit an.[18] Ein Gesetz des Jahres 389, überliefert im *Codex Theodosianus* (2,8,19), bestimmte sieben Tage vor und nach Ostern als Gerichtsferien.

Wallfahrer und Wallfahrerinnen wie die aus Spanien stammende Nonne Aetheria, die aus Jerusalem in den Westen zurückkehrten, brachten Kunde von einer immer ausführlicheren rituellen Gestaltung der Osterzeit mit: Das konstantinische Bauprogramm in Jerusalem hatte einen Prozeß in Gang gesetzt, immer mehr Orte der letzten Tage Jesu, seines Prozesses, der Hinrichtung und den anschließenden Erscheinungen aufzufinden und durch Sakralbauten zu markieren. Diese Orte wurden in eine durch den Kalender koordinierte komplexe Folge von Ritualen eingebunden. Die Nachrichten über diese Jerusalemer Liturgie regten Nachahmung an und verbreiteten noch in der Spätantike ein ausgebautes *triduum sacrum*, eine Ritualfolge, die von der Erinnerung an die Passahfeier Jesu am Donnerstag bis zur Feier der Auferstehung am Sonntagmorgen reichte, der in einer nächtlichen Feier ebenfalls Elemente des jüdischen Passah vorausgingen.

Fest- und ritualgeschichtlich müssen dabei zwei unterschiedliche Entwicklungen auseinandergehalten werden. Einerseits werden in diesen Exportprozessen Rituale weiterentwickelt, die gerade ortsunabhängig vollzogen werden konnten. Solche Rituale zielten darauf, «Gemeinden» regelmäßig zur «gottesdienstlichen Unterweisung» zu versammeln, nicht nur Bedürftige zur Speisung oder Mitglieder zu einem gelegentlichen Fest. Insofern setzte die Entwicklung rituell kompakter Feiern Versammlungsräume des konstantinischen Typs voraus oder erzwangen ihre Erstellung.[19] Der Ausbau hochkoordinierter «Stationsliturgien», die komplexe Ritualfolgen an unterschiedlichen Orten je eigener Bedeutung inszenierten, hatte ein anderes Publikum zur Voraussetzung: Vollzeitreligiöse, wie sie auf gewisse Zeit etwa die Jerusalempilger darstellten, und Vollzeitspezialisten, einen professionalisierten Klerus, der für solche Aktivitäten freigestellt und verfügbar war.[20]

Der weitere Ausbau des christlichen Kirchenjahres war zum einen durch ein in Schüben verlaufendes Wachstum des Sanctorale, des Heiligenkalenders, bestimmt. Bischöfe – wie es sich schon in der Sammlung des Chronographen andeutet – und Mönche wie Nonnen ergänzten die Märtyrer, aber auch solche traten immer wieder hinzu, und zwar solche der an die Ränder Europas und über Europa hinausreichenden Mission, solche der Reformation und Gegenreformation in einem konfessionell gespaltenen Europa, solche des Widerstandes gegen christentumsfeindliche Staatsgewalten. Wie schon am frühesten römischen Beispiel ersichtlich, wirkten in der konkreten Auswahl der Wunsch nach lokaler Identität und globalisierender Repräsentation zusammen, zumeist additiv: Es wurden immer mehr.[21]

Die immer stärkere Sanktionierung der Teilnahme an der sonntäglichen Feier ermöglichte eine zunehmende inhaltliche Differenzierung des Rituals. Geleistet wurde das durch eine inhaltliche Entfaltung und das zeitliche Ausgreifen des Osterfestkreises mit seiner Vorbereitungszeit wie des weihnachtlichen Festkreises mit der vorangehenden vierwöchigen Adventszeit. Es war zugleich diese Form der Einbindung des kalendarisch fixierten Weihnachtsfestes, die in diesem Frühmittelalter einen festen Platz im «Temporale», in der beweglichen Sonntagsstruktur verschaffte. Hinzu trat die kalendarische Verankerung theologischer Inhalte in Form des Dreifaltigkeitssonntags, des Fronleichnamsfestes, des Ewigkeitssonntags, aber auch des Bemühens um thematische Stimmigkeit und Zuspitzung der textlichen Elemente der einzelnen Sonntagsrituale. Das Christkönigsfest am letzten Sonntag vor der Adventszeit zeigt, daß der Prozeß bis in die jüngste Vergangenheit reicht und anhält. Im Jahr 1925 durch Papst Pius IX. eingeführt, entspricht es im Termin dem evangelischen Ewigkeitssonntag.[22]

Feste auf dem Lande

Die Erfolgsgeschichte des Osterfestes mit seiner Vielzahl populärer Bräuche, die für die «Seßhaftwerdung» des Rituals am jeweiligen Ort, für seine Enkulturation sprechen, scheint eine häufig vertretene Deutung zu bestätigen: Am Anfang steht die Natur. Menschliches Feiern verband sich zunächst mit dem Abschluß von Phasen intensiver landwirtschaftlicher Tätigkeit, der Aussaat und Ernte etwa. Daneben standen Rituale, die gerade die Ungewißheit, das Warten und Bangen während risikoreicher Zeiten des Wachsens und Reifens zum Ausgangspunkt nahmen. Verständlicherweise mußten solche Feste beweglich sein, sich der witterungsbedingten Folge landwirtschaftlicher Aktivitäten anpassen. Der modernitätskritische Zug der beginnenden Religionswissenschaft, aber auch anderer kulturwissenschaftlicher Disziplinen in der Formierungsphase vieler neuer Geisteswissenschaften am Ende des neunzehnten und im Beginn des zwanzigsten Jahrhunderts förderten ein solches Bild in besonderer Weise. Mit dem Rückgriff auf den Bauernhof als wissenschaftlichem Modell zur Beschreibung von Gesellschaftsentwicklungen kompensierten Personen wie der schwedische Kalender- und Religionsforscher Martin Persson Nilsson den Verlust bäuerlicher Kindheit, den sie in beschleunigter Industrialisierung und Modernisierung erfuhren.[23]

Zweifellos sind der römische Kalender mit seinen Feiertagen wie das christliche Kirchenjahr in erster Linie städtische Phänomene. Aber die agrarischen Riten, an die die genannten Vermutungen anknüpfen, sind ebenfalls städtische Phänomene. Es war eine städtische Entscheidung, das Saatfest wie das Straßenkreuzungsfest als bewegliches zu führen. Ja, es gibt nicht einmal einen Hinweis, daß die jeweilige Entscheidung zur Terminierung anderen denn städtischen Interessen folgte. Zumindest für das Fest der Dea Dia läßt sich das Gegenteil ausschließen. Es war das Aussaatfest (*feriae sementivae*), nicht das Erntefest im Sommer (*Consualia*), das beweglich gehalten wurde.

Für christliche Feste gewinnt das agrarische Bild den Doppelsinn des Wortes «pagan». Die *pagani* sind die Landbewohner. In einer polemischen Wendung wird das christliche Fest zum illegitimen Nachfolger des Heidnischen *und* Natürlich-Ländlichen.

Seine logische Fortsetzung finden solche Zugänge in der Musealisierung des ländlichen Brauchtums unter volkskundlichem Vorzeichen.

Es sei gerade das Ländliche, welches Ursprüngliches und damit das *Wesen* des Volkes bewahre. Selbst Artefakte, die jünger sind als die gesetzliche Altersgrenze, vermögen so in «Urzustände» zu führen.

Das Bild ist in dreierlei Hinsicht zu korrigieren. Zum einen ist bei aller Brauchtumsforschung ein großes Forschungsdefizit verblieben, das erst allmählich durch Vertreter und Vertreterinnen der Europäischen Ethnologie, der Empirischen Kulturwissenschaft und der Historischen Anthropologie angegangen wird. Zum zweiten ist es schwer, in der europäischen Geschichte stadtfreies Land überhaupt zu finden. Näheres Hinsehen zeigt vielfach, wie weit städtisch verfertigte Medien und Objekte ländliche Realitäten und Wahrnehmungen beeinflussen: Texte, Bilder, in Bildung angelegtes Wissen einerseits, Kleider, Werkzeuge, Schmuck andererseits. Was als ländliche Tracht erscheint, kann das Ergebnis plötzlich verbesserter Zugänge zu Massenfabrikaten sein oder der Versuch, höfische oder bürgerliche Kleidungsstandards zu kopieren. Auch das Land, und das ist der dritte Punkt, hat seine Geschichte. Die Mobilität in die Städte, die durch die Aufnahme (und oft genug Verschleiß) des Geburtenüberschusses der Landbevölkerung ihren Produktivitätszuwachs erzielte, ist Teil dieser Geschichte. Das gleiche gilt für die sozialen Folgen städtisch oder zentral angeregter technischer oder sozialer Entwicklungen. Was als uraltes Heischeritual oder als Initiationsprozedur geschichtsloser ländlicher Gesellschaften erscheint, mag erst Ergebnis einer Entwicklung sein, in der die ländliche Produktion Landarbeiter hervorbrachte beziehungsweise anzog, die familiär nicht mehr integriert waren und in aggressiven Bettelritualen an ihre Präsenz und ihren Anspruch auf Teilhabe am bäuerlichen Gewinn erinnerten.[24]

Kalender und Statistik

Städtische wie dörfliche Gesellschaften teilen ein Phänomen. Feste fallen nicht nur durch den Jahreslauf an. Die für den einzelnen größten Feste verteilen sich über den Lauf eines ganzen Lebens. Das Hochzeitsfest ist das seit römischer Zeit in dieser Hinsicht wichtigste Ereignis, nimmt man die nur wenigen vorbehaltenen Thronbesteigungsfeste und Regierungsjubiläen aus. Im Vordergrund steht dabei zwar ein Statuswechsel. Dieser fällt jedoch im Falle der Wiederverheiratung oder höheren Alters oder vorangegangener illegitimer Beziehungen kaum ins

Gewicht. Wichtiger für alle Beteiligten ist die Stärkung oder das Rearrangement sozialer Beziehungen angesichts der Verbindung zweier Familien. Das hat viele Gäste, großen Prunk und hohe Ausgaben zur Folge.

Den zunehmend auch auf das moralische Reglement ihrer Untertanen gerichteten Blicken frühneuzeitlicher Obrigkeiten entging das nicht, wie ein Text aus der *Sammlung württembergischer Gesetze* deutlich macht:

So sehen und erfahren wir jedoch (leider) nicht mit geringem Unserem mißfallen, taeglichs und je lenger je mehr, daß … ein gutte Zeit hero gemeinglich an allen orten Unsers Fuerstenthumbs bey Reichen unnd Armen, ein solch unzimlich ubermessig schlemmen, pancketieren, verschwelgen und fuellerey, sonderlich aber in haltung der Hochzeitten … in ueblichen Schwanck kommen, daß dardurch fast alles dasjenig, so zu taeglicher menschlicher Narung und auffenthalt notwendig, nicht allein in hohen onerschwenglichen werth und auffschlag gerahten, sonder auch teffenlicher mangel und abgang derselben, beneben grosser leichtfertigkeit und rohlosem wesen gespuert werden, und erscheinen will, warumben auch solchen undackbarn und Gottlosen lebens willen, der Allmechtig Gott nicht unbillich bewegt worden, sein erzeigte Gnad ettlicher massen widerumb zu entziehen, darzu mit andern hohen Straffen, sonderlich der Erbsucht der Pestilentz schier allenthalben zutroehen und heimzusuchen.[25]

Hochzeiten wurden aber nicht erst von der dichter werdenden Verwaltung und Polizeilichkeit frühmoderner Territorialstaaten reglementiert. Vermutlich im Jahr 18 v. Chr. ließ Augustus eine *lex Iulia* verabschieden, die ähnliches unternahm,

… *durch die* [für Festmahlzeiten] *an Werktagen die Ausgaben auf zweihundert, an Kalenden, Iden, Nonen und anderen Festen auf dreihundert, für Hochzeiten aber und «Nachfeiern» auf eintausend Sesterzen begrenzt wurden.*

Aulus Gellius, *Attische Nächte* 2,24,14.

Das Gesetz formuliert Obergrenzen, es darf aber nicht übersehen werden, daß diese Grenze im Falle der Hochzeit beim Bruttojahresgehalt eines römischen Legionärs lag. Das Erreichen oder Umgehen einer solchen Grenze stellte sich für einen Tagelöhner und einen Senator, einen Kätner und einen Großgrundbesitzer im Falle der frühneuzeitlichen

Regelungen natürlich jeweils anders dar. Nach Ausstattung und Länge der Feier dürften die jahreszeitlichen Feiern nichts Vergleichbares geboten haben. Auch Bestattungsfeiern wie Geburts- oder Tauffeste dürften im Normalfall dahinter zurückgestanden haben. Für Rom wissen wir nur für die Begräbnisse der Oberschicht mit öffentlichem Leichenzug von exorbitanten Kosten. Bezeichnend ist hier die Anekdote von der Bestattung des Kaisers Vespasian im Jahre 79 n. Chr. Der Biograph Sueton berichtet von Wechselgesprächen zwischen den Schauspielern, die Statuen von Vorfahren verkörperten, und den Zuschauern. Der Erzkomiker Favor, der Vespasians Maske trug und die Taten und Worte des Lebenden, wie es Brauch war, nachahmte, hörte, daß die öffentlich nach den Kosten befragten Organisatoren zur Antwort gaben: Zehn Millionen! Darauf rief er aus, man möge nur ihm 100 000 Sesterzen geben und ihn einfach in den Tiber werfen (19,2). Solche Kosten rührten vor allem von den anläßlich solcher Feiern veranstalteten Gladiatorenspielen (*munera*) her. All das entfiel bei der Bestattung einfacherer Personen, die so schnell wie möglich erledigt wurde. Von einer größeren Feier zur Geburt oder zur Übergabe der weißen Toga an mannbar gewordene Jugendliche durch ihren Vater, die so zu stimmberechtigten römischen Bürgern wurden, wissen wir nichts. Gefeiert wurde zwar der eigene Geburtstag – ein Brauch, den die christliche, zumal katholische Kirche in der nachantiken Zeit nur unvollständig durch den Namenstag ersetzen konnte –, aber auch diese Feier überschritt den Rahmen eines Festmahls im Freundeskreis nicht.

Die Summe aber verändert das Bild. Um noch einmal einen römischen Normalbürger zu wählen: Er (oder sie) feierte vielleicht nur ein, zwei oder drei eigene Hochzeiten (einige bekannte Politiker kamen – damals schon – auf mehr), aber nahm als Gast natürlich sehr viel häufiger an solchen Feierlichkeiten teil. Addiert man Geburtstagseinladungen hinzu und Wahlkampfessen (die ebenfalls zum Gegenstand von gesetzlichen Reglementierungen wurden), kommt man leicht auf eine Zahl, die der Teilnahme an den kalendarischen Festen gleichgekommen sein dürfte. Damit nicht genug, ermöglichte das siegreiche Rom seiner hauptstädtischen Bevölkerung, fast jährlich (und manchmal öfter) in den Genuß eines Triumphzuges und von Siegesspielen zu kommen. Wer es auf sich nahm, stundenlang an der Marschroute zu warten, wurde mit dem Vorbeizug einer Prozession belohnt, die in der Drastik ihrer Bilder und Arrangements jeden neuzeitlichen

Karnevalsumzug übertroffen haben muß. Was an Beute – Menschen wie Sachen – gezeigt, in Bildern und lebenden Statuengruppen an Kampfszenen geboten und in Form von Tafeln und Gemälden an Feldzugdetails repräsentiert oder fingiert wurde, bedurfte in manchen Fällen noch eines zweiten oder dritten Tages. Der Kitzel echter Hinrichtungen, die man zwar – da unterirdisch abgewickelt – nicht sehen, wohl aber in Form von Vollzugsmeldungen hören konnte, mag das Vergnügen noch gesteigert haben. Auch für die Neuzeit muß man diese Form öffentlicher politischer Spektakel, ob es sich nun um fürstliche Bestattungen, Hochzeiten, Gipfeltreffen oder Inthronisationen handelte, für das Festzeitbudget in Anschlag bringen. Statistisch gesehen, geben die geschriebenen oder gedruckten Kalender kein vollständiges Bild der Festbeteiligung von Individuen.

Wandel im Fest

Ein Blick in eine zeitgenössische Liste gesetzlicher Feiertage hilft, einige Verbindungslinien von römischer Festkultur und den Entwicklungen christlicher Liturgie zum individuellen Festbudget von heute zu ziehen. Für den flämischen Teil Belgiens werden für 2004 folgende Tage genannt:

1. Januar	*Neujahr*
11. April	*Ostersonntag*
12. April	*Ostermontag*
1. Mai	*Tag der Arbeit*
20. Mai	*Christi Himmelfahrt*
30. Mai	*Pfingstsonntag*
31. Mai	*Pfingstmontag*
21. Juli	*Belgischer Nationalfeiertag*
15. August	*Mariae Himmelfahrt*
27. September	*Fest der frankophonen Gemeinde*
1. November	*Allerheiligen*
11. November	*Waffenstillstandstag* 1918
15. November	*Tag des Königs* (Ministerien sind geschlossen)
25. Dezember	*Erster Weihnachtsfeiertag*

Der christliche Charakter dieses Feriale ist unübersehbar, wie der Vergleich mit der im Prinzip universal geltenden Feiertagsliste des *Corpus Iuris Canonici* – es handelt sich ja um einen katholisch geprägten Landesteil – erkennen läßt:

Ebenso [wie der Sonntag und Ostern] *müssen gehalten werden die Tage der Geburt unseres Herrn Jesus Christus, der Erscheinung des Herrn, der Himmelfahrt und des heiligsten Leibes und Blutes Christi, der heiligen Gottesmutter Maria, ihrer Unbefleckten Empfängnis und ihrer Aufnahme in den Himmel, des heiligen Joseph, der heiligen Apostel Petrus und Paulus und schließlich Allerheiligen.*

CIC, Kanon 1246.

So deutlich die Abhängigkeiten sind, so klar ist doch erkennbar, wie wenig die theologische Systematik der kirchlichen Norm wiedergegeben wird. Festverdoppelungen unterstreichen die Bedeutung einiger christlicher Feste. Der erste Januar wird nicht wegen seines Charakters als Hochfest der Gottesmutter Maria, sondern als kalendarischer Einschnitt thematisiert. Der Vergewisserung nationaler und regionaler Identitäten wird Raum in zwei Festtagen gegeben. Die verschiedenen Gruppenidentitäten werden durch den historischen Gedenktag eines internationalen Ereignisses vertieft – das Ende des Ersten Weltkriegs im Jahre 1918. Schließlich signalisiert ein vergleichbar junger Feiertag einen sozialpolitischen Konsens, der von der Arbeiterbewegung erkämpfte 1. Mai.

Zu unterlegen ist einer solchen Liste das Raster der Sonntage eines Jahres. Das reduziert die Zahl jener Tage, die den ökonomisch so wichtigen Wochenrhythmus stören, zugleich bilden Sonntage und Wochenenden den wichtigsten Rahmen für private und Gruppenfeiern, da hier gemeinsame Freiräume am ehesten zu erringen sind.[26] Der Vergleich mit anderen staatlichen Feiertagslisten zeigt, daß auch die Präsenz großer kirchlicher Feste durch eine Sonntagslage wahrscheinlicher ist.

Gesetzliche Regelungen zur Schaffung von Feier-Raum spielen unzweifelhaft eine wichtige Rolle für die Popularität von Festen, sind aber langfristig auch Indikatoren gesellschaftlicher Akzeptanz. Religiöse Normen beschreiben Feiertagspraxis und Präsenz nur sehr unzureichend: Weder aus der katholischen Klassifikation als Hochfest noch aus der römischen Markierung als *feriae* läßt sich die lokale Teilnehmerzahl prognostizieren. Die Finanzierung der Infrastruktur und die

Ausbildung von Professionen spielen eine Rolle, da sich darüber Routinen bilden und ökonomische Interessen institutionalisieren können. Insofern dürfte auch die (oft beklagte) Kommerzialisierung von Weihnachten ein wichtiger Faktor für dessen öffentliche Präsenz wie privates Fortleben sein: Der Valentinstag demonstriert die Wirkung einer beschränkten kommerziellen Interessengruppe, von Floristikgeschäften, Juwelieren, Restaurants. Die mediale Präsenz ist ein weiterer Faktor – Faktor auch für die Organisation von Festen selbst.

7 Kalender und Geschichte

Ein Wandkalender im Musentempel

Der römische Konsul Marcus Fulvius Nobilior eroberte im Jahr 189 v. Chr. die griechische Stadt Ambrakia. Die Eroberung war Teil eines Feldzuges gegen die Ätoler. Der Feldzug gegen die Ätoler war Teil einer Expansionsbewegung, die Rom nach dem Ende des Zweiten Punischen Krieges (202/201) immer häufiger in Kriege mit griechischen Staaten verwickelte. Lag Ambrakia noch auf der Italien zugewandten Seite Griechenlands, so stießen die Feldherren in den folgenden Jahren und Jahrzehnten immer weiter nach Osten vor. Sie vereinnahmten Makedonien und Achaia. Im Jahr 146 wurde Korinth zerstört. Der Ausgriff reichte aber weiter. In den 160er Jahren schlossen die Juden in Palästina ein Schutzbündnis mit Rom, dreißig Jahre später fiel Rom das Königreich von Pergamon testamentarisch zu: Für eine unabhängige Weiterexistenz seines Reiches hatte König Attalos keine reale Chance mehr gesehen.

Griechisch-römische Kontakte waren nicht neu. Die Griechen waren seit dem achten Jahrhundert dauerhaft in Süditalien präsent. Schon im sechsten Jahrhundert v. Chr. schmückten griechische Handwerker einen römischen Tempel am Rindermarkt (Forum boarium) mit einem Statuenprogramm aus, das der griechischen Mythologie entstammte. Die Etrusker hatten das westgriechische Alphabet übernommen und an die Römer weitergegeben; in Apulien wurden großformatige griechische Vasen hergestellt. Griechischsprachige Schauspielertruppen dürften schon am Ende des vierten Jahrhunderts die Römer mit dem Theater vertraut gemacht haben. Die Römer selbst gingen davon aus, daß die entscheidenden Anregungen zu ihrem Zwölftafelgesetz aus Griechenland kamen. Versuche mit lateinischen Dramen – zumeist Adaptationen griechischer Stücke – und lateinischen Epen prägten die kulturelle Szene Roms seit dem dritten Jahrhundert, dem Jahrhundert, in dem auch die in Rom gängigen Münzen den griechischen Gestaltungsstandards zu entsprechen begannen. Am Ende des Jahrhunderts verfaßte Fabius Pictor die erste uns bekannte Römische Geschichte – in griechischer Sprache natürlich, da diese allein ihm hinreichend Vorbilder und Formen bot.

Der Sieger über Ambrakia mußte über den Wert seiner Beute nicht aufgeklärt werden. Griechische Statuen etwa waren in Rom längst keine Exotika mehr. Sie waren chic, modern, ein Mittel, andere Mitglieder der Nobilität auszustechen. Das Geschmacksurteil wurde weit geteilt: Mittelitalische Adelige bauten griechische Architektur, um römischer zu erscheinen, griechische Beutekunst verschwand nicht nur in den Villen der Feldherren, sondern erschien auch auf öffentlichen Plätzen. Auch Fulvius bereicherte nicht nur sich selbst. Zwar verschwanden so viele Statuen in seinen Villen, daß sein Gegner, Cato der Ältere, eine Rede hielt, die als Thema hatte, «Daß Beute öffentlich gemacht werde». Aber Fulvius kümmerte sich auch um die öffentliche Meinung. Als er im Jahr 179 Zensor war, erweiterte er einen kleinen Herkulestempel um einen Säulengang. Dort ließ er die aus Ambrakia stammenden Statuen der neun Musen aufstellen. Aus Herkules war der Beschützer der Künste geworden.

Fulvius bereicherte die Anlage um ein weiteres Element, das allein es rechtfertigt, dieses Bauprojekt hier zu beschreiben. Er brachte in dem Tempel einen Kalender in Form eines Wandgemäldes an. Unseres Wissens der erste Schmuckkalender in Rom, ja der antiken Mittelmeerwelt. Was sollte das?

Das Tempelprojekt war bei weitem nicht die erste Begegnung des Generals mit den schönen Künsten. In seinen Reden tadelte Cato den Führer des ätolischen Feldzuges nicht nur wegen seiner Gier, sondern auch, weil er einen Dichter auf diese Expedition mitgenommen hatte, Ennius.[1] Der Zweck der Aufnahme dieses experimentierfreudigen Exponenten römischer Literatur in die Entourage des Feldherrn wurde erfüllt. Ennius verfaßte ein historisches Drama mit dem Titel *Ambracia*. Wie sein Auftraggeber war der Dichter davon überzeugt, daß es Aufgabe und Möglichkeit von Dichtern sei, den geschichtlichen Akteuren Denkmäler zu setzen, die mit den bronzenen Ehrenstatuen konkurrieren könnten, die überall schon die öffentlichen Plätze füllten. Auch in seinem viele Gesänge umfassenden Epos über die römische Geschichte räumte Ennius dem Fulvius einen angemessenen Platz ein. Ennius dürfte auch mit dem Kalenderprojekt befaßt gewesen sein: Vermutlich diente der Tempel seit seiner Neugestaltung als Versammlungsort für das «Kollegium der Schreiber und Schauspieler», das sich irgendwann nach 200 v. Chr. in «Kollegium der Dichter» umbenannte.

Weder die Tempelanlage noch der Kalender blieben erhalten. Aber mit hoher Wahrscheinlichkeit diente letzterer dem Wandkalender aus Antium, der etwa hundert Jahre später angefertigt wurde, als Vorbild. Darüber hinaus berufen sich römische Antiquare auf diesen Kalender und zitieren aus ihm. Offensichtlich besaß der Kalender eine mehrzeilige Überschrift, die ihn historisch erklärte – erklärte als Produkt politischer Entscheidungen, als Abbild rechtlicher Strukturen der Bürgerschaft. Mai und Juni, so zitieren Macrobius' *Saturnalien* (1,12,16) Fulvius beziehungsweise Ennius, standen für *maiores* und *iuniores*, die älteren und die jüngeren Wehrpflichtigen. Er informierte über ein vor kurzem entstandenes Gesetz über die Schaltung, die *lex Acilia*.

Der Wunsch, sich in einer Zeit des Umbruchs wie der anfänglich beschriebenen seiner eigenen Geschichte zu versichern, fand im Kalender aber nicht nur Sedimente der Verfassungs- und Religionsgeschichte Roms in Form der Monatsnamen. Auch Festtage ließen sich als geschichtliche Erinnerungen lesen, vor allem dort, wo sie sich mit (wenigstens prinzipiell) überprüfbaren Ereignissen verbanden: mit dem Bau von Tempeln. Wohl zum ersten Mal finden wir in diesem Kalender neben der Nennung von *feriae*, die den rechtlichen Charakter des jeweiligen Tages bestimmen, auch schlichte Dedikationstage, «Kirchweihfeste», aufgeführt, die Anlaß zu Ritualen, manchmal sogar zu populären Festlichkeiten waren, ohne den Tag *nefas*, zu Gerichtsferien zu machen.

Tempelbauten resultierten oft aus Siegen, aber Siege resultierten nicht immer in Tempelbauten. Das römische Verständnis des Krieges, wie es aus der Schaffung der Nobilität entstanden war, dem «historischen Kompromiß» zwischen den mächtigen patrizischen und plebejischen Patronen, konzentrierte sich ganz auf den Feldherrn. Die Vereidigung erfolgte auf den Feldherrn persönlich, er war für die Dauer des Feldzuges Herrscher über Leben und Tod, alle rechtlichen Schutzmechanismen der Heimat entfielen. Entsprechend war auch die Beute seine Beute, eine Beute, die er als guter Patron in Teilen auch seinen Soldaten zukommen ließ. Aber natürlich erfolgte der Krieg, die Musterung, die Unterordnung im Interesse der *res publica*, des Gemeinwesens, dem virtuellen Träger römischer Kriegführung. Entsprechend war sein Anspruch, an der Beute beteiligt zu werden. Es war löblich, große Beträge in die Stadtkasse fließen zu lassen, es war aber auch unanstößig, ja populär, die Frucht des Sieges den Mitbürgern in direkter Form zukommen zu lassen. Das immer populärere Mittel waren Spiele, ästhetisch attraktive und entsprechend innovative Spektakel, die den großzügigen Spender in das beste Licht und bei zahlreichen Gelegenheiten in den Mittelpunkt rückten.

Auch Tempelbauten ermöglichten, Großzügigkeit und Geschmack zu demonstrieren – Frömmigkeit unterstrichen auch die den Göttern gewidmeten Spiele. Aber Bauprojekte waren mühsamer. Der Senat hatte ein Wort in der Planung mitzureden, zumal in der Auswahl des Bauplatzes, der öffentlicher Grund sein mußte. Der Tempel war Eigentum der Gottheit, nicht des Stifters, der allenfalls in einer Bauinschrift kommemoriert wurde. Die Einweihungsfeier mochte erst Jahre nach dem Feldzugsende stattfinden. Dann hatte der Stifter längst keine magistratische Position mehr inne. Er konnte sich allenfalls kurzzeitig als Spezialbeamter, als *Duovir aedibus dedicandis*, als einer der «Zwei Männer für die Tempeleinweihung», für diese Aufgabe wählen lassen. Nur fünf Prozent siegreicher römischer Feldherrn entschieden sich für diesen Weg, wurden Tempelbauherren.[2]

In der Erinnerung blieben auf Dauer die Tempel. Ihr Anblick, ihre Silhouette verbanden sich dauerhaft mit ihrem Gründer, gelegentlich sogar der Name, wie Isis Metellina oder Apollo Sosianus zeigen. Als Stifter eines Concordia-Tempels im Jahr 304 war Gnaeus Flavius noch ein Vierteljahrtausend später präsent, das Jahr seiner Kalenderpublikation wußte niemand mehr.

Es waren diese historischen Assoziationen, die Fulvius mit der Aufnahme von Stiftungstagen in der knappen Form der Angabe der Gottheit und gegebenenfalls des Ortes – *Iunoni* oder *Vediovi in Capitolio* – in den Kalender brachte. Das machte den Kalender historischer, und es machte ihn religiöser. Waren zuvor nur die Gerichtstage und potentiellen Volksversammlungstage den *fasti* zu entnehmen sowie – zu dem Zweck, ebendiese Tage für die vorstehenden Aktivitäten zu meiden – die den Gottheiten gehörenden und entsprechend rituell markierten Tage, wurde nun eine Fülle von weiteren Opfern annonciert. Der «Geburtstag des Tempels» (*dies natalis templi*) wurde mit einem kleineren oder größeren Opfer begangen – manchmal das einzige im Jahr an einem solchen Kultort.

Mit der Wahl des Tages für die feierliche Übertragung des Tempels und Tempelareals an die Gottheit zielten die Verantwortlichen auf große öffentliche Beteiligung. Fulvius selbst ließ die Dedikation seines Tempels auf den 13. August setzen, die Iden des (zu seiner Zeit) Quintilis, ein natürlicher Feiertag. Fünf andere Stifter trafen dieselbe Entscheidung. Ein Diana-Tempel, ein Heiligtum des Vortumnus, eines der Fortuna Equestris (des «Reiterglücks»), der Tempel des siegreichen Herkules (Hercules Victor) und der große Tempel von Castor und Pollux, der göttlichen Zwillinge, auf dem Forum hatten ihren «Geburtstag» am selben Datum. Auch sonst drängten sich die Dedikationsdaten auf die Strukturtage des Monats. Vermutlich trugen in den nur fragmentarisch erhaltenen Fasti aus Antium fast alle Strukturtage Dedikationsnotizen. Für immerhin sieben Kalenden, neun Nonen und sieben Iden sind sie nachgewiesen. Im Bild des Kalenders sorgte das für eine ungleiche Verteilung. Als Medium bildete er eine Wirklichkeit ab, die anderen Logiken als die flächige Graphik folgte. Das sollte nicht immer so bleiben, wie der Blick auf die politische Dimension des Kalenders zeigen wird.

Der Kalender bleibt nicht allein

Fulvius' Wandgemälde beschränkte sich nicht auf eine großflächige Kalenderdarstellung. Die einsetzende historische Forschung und Geschichtsschreibung römischer Autoren hatte das Problem der Chronologie aufgeworfen. Es galt, die Geschichte Roms in jene präzise Chronologie einzubinden, die die Griechen für viele Regionen und vor allem griechischen Städte im Mittelmeerraum entwickelt hatten. Der Geschichtsschreiber Fabius Pictor vom Ende des dritten vorchristlichen Jahrhunderts und seine frühesten Nachfolger suchten vor allem durch die Bildung symmetrischer Epochen Sinn zu stiften. Wichtige Ereignisse der römischen Geschichte legitimierten sich durch ihre Gleichzeitigkeit mit zentralen Ereignissen der griechischen Stadtgeschichten sowie durch runde Jahresabstände zu anderen Ereignissen.

Eine Generation später stand die Aufgabe auf dem Programm, diese Spielräume konkret mit Namen zu füllen, der eigenen Geschichte ein Rückgrat aus historischen Akteuren zu geben und dabei die zuverlässigen Erinnerungen wie Wunschvorstellungen der mächtigen Familien einzubeziehen. Wenn sich für eine gegenwärtig starke Familie keine unmittelbaren konsularen Vorfahren finden ließen, mußte es solche doch wenigstens in der römischen Frühzeit gegeben haben. Wenn schon nicht viele Konsuln unter den Vorfahren waren, dann wenigstens einer, der das Amt dreimal hielt. Oder kurzzeitig Diktator war. Diese Aufgabe wurde erst im ersten Jahrhundert v. Chr. abgeschlossen.

Auf den Wänden der Kultanlage des Hercules Musarum, im Beginn dieser historischen Arbeit, nahm das Ergebnis die Form von Beamtenlisten an. Nach Ausweis des Wandgemäldes aus Antium führten in diesen Listen die Konsuln. Das war ersichtlich. Wie in anderen Städten – und nicht nur um das Mittelmeer herum – galt das Prinzip der eponymen Datierung: Jahre wurden nach den herrschenden Beamten genannt. Im Unterschied zu Herrscherären, die die Jahre von der Thronbesteigung eines Herrschers an durchzählen (und daher bei Herrscherwechsel oft spätere Unklarheit produzieren), wurden als Eponymen, als Namengeber, der Inhaber oder die Inhaber einjähriger Positionen gewählt. In Rom waren es die beiden Konsuln. Eine solche Datierung verbindet die Angabe eines Zeitpunktes mit der Unterstellung von Verantwortlichkeit. In Rom konnte das zu Schwierigkeiten in der Handhabung führen. Als in der römischen Kaiserzeit die Amtszeit der Konsuln, der beiden formal höchsten senatorischen Beamten, oft nur zwei oder drei Monate betrug und vier, sechs oder mehr Nachrücker («Suffektkonsuln») paarweise an ihre Stelle traten, wurden auch deren Namen zu Datierungszwecken verwendet. Christliche Autoren wiederum konnten gegen die Datierung mit den Namen ihrer Verfolger mit dem Verweis polemisieren, daß nur scheinbar jene Konsuln, in Wahrheit aber Jesus Christus herrsche (*Acta Pionii* 23).

Wollte Fulvius mit der führenden Position der Konsuln dem Kalender einfach eine Datumsliste beigeben? Daß er die Zensoren in die Dokumentation einschloß, spricht gegen eine solche Absicht. Selbst Zensor, bot er eine Liste mit den wichtigsten römischen Beamten, nicht nur Jahresnamen. Wie weit die Liste zurückreichte, ist unbekannt. Der Stand der zeitgenössischen römischen Geschichtsschreibung und griechischen Geschichtsschreibung über Rom hätte ihm unmöglich eine komplette Konsulnreihe von der Gründung der Republik an erlaubt. Protokolle der Pontifices oder des Senats könnten dagegen eine Rekonstruktion für die Zeit etwa ab 300 v. Chr. relativ schnell ermöglicht haben. Aller Wahrscheinlichkeit nach handelte es sich hier ebenso wie bei den Dedikationsdaten um eine Arbeit, die auch dem historischen

Epos zugute gekommen war, vielleicht ein Abfallprodukt. Es scheint im übrigen, als habe Fulvius auf der einen Seite des Kalenders eine Liste mit früheren Namen geboten, auf der anderen Platz für die Fortführung ausgespart. Diese Seite könnte dann mit dem Jahr der Neudedikation des Herkules-Tempels oder seiner eigenen Zensur begonnen haben. Eine solche Rahmung hätte den Charakter seines Kalenders als historisches Dokument noch einmal deutlich unterstrichen.

Das Wandgemälde des Fulvius, im Zentrum Roms und im Sitzungssaal der Multiplikatoren angebracht, war überaus erfolgreich. Die Kombination aus Kalender und Beamtenliste wurde so gebräuchlich, daß der Begriff *fasti*, wie gesagt «Liste von Tagen, an denen es Recht ist, Prozesse zu führen», zur Standardbezeichnung auch isolierter jährlich geordneter Beamtenlisten wurde. «In den Fasten zu stehen» heißt für einen Römer, das Konsulat zu erreichen, rot in ihnen zu stehen heißt, den Jahreseintrag als einer der beiden ordentlichen Konsuln (und nicht bloß als Nachrücker) zu eröffnen.

Spätere Verfasser solcher Listen nahmen die Anregung des Fulvius auf und überschritten die bloße Nennung von Eponymen. Einerseits ließen sich in die Liste die Namen von Vorständen von Vereinen oder aber die Inhaber lokaler Magistraturen integrieren (oder auch hinzufügen). Über den Bezug zur römischen *res publica* hinaus ließ sich so eine Anknüpfung an den eigenen Ort oder die eigene Gruppe herstellen. In einigen Fällen wurden solche Listen zu regelrechten Chroniken ausgeweitet – in knappen Formulierungen, die optisch zum Teil nur als Ergänzungen der Namensliste erscheinen. Der Gegenstandsbereich war unbegrenzt, er konnte Kriege, schlimme Vorzeichen oder auch Geburts- und Todesdaten großer Dichter einschließen. Gerade außerhalb Roms haben solche inschriftlichen Chroniken Bedeutung erlangt, da sie erlaubten, römische Geschichte in knappster Form als Bestandteil lokaler Vergangenheit und Gegenwart vorzuführen. Das war ebenso unterhaltsam wie Zeichen politischer Loyalität.

Chroniken entstanden auch in anderen mediterranen Kulturen, von den vorangehenden altorientalischen ganz zu schweigen. Es scheint aber die aus der Konsulliste entwickelte Form die spätantiken Chroniken geprägt zu haben. Angesichts der politischen Bedeutung des Imperium Romanum gab sie einen geradezu universalgeschichtlichen Rahmen für die Einfügung spezifischeren Materials. Damit war es dann auch diese Form, die die mittelalterlichen und nachmittelalterlichen

Chroniken, Kloster-, Familien- und Ortschroniken, prägte. Unter den technischen und ökonomischen Bedingungen heutigen Buchdrucks hat diese Form neue Aktualität und Verbreitung gefunden. In beziehungsweise zu einem standardisierten Rahmen historischen Wissens und öffentlicher Chronologie lassen sich leicht spezifische Gruppeninteressen oder gar individuelle Daten addieren; das Verschieben des Anfangs der Dokumentation, die ein Ereignis der eigenen Biographie zu einem Epocheneinschnitt macht, gehört ebenso zu den wiederverwendeten alten Techniken wie der Synchronismus, der die Gleichzeitigkeit des biographischen Ereignisses mit weltgeschichtlichen Prozessen aufzeigt und so die Nutzer wichtiger macht.

Gedächtnisorte

Erinnerung hat Orte. Der erste Schultag, der erste Kuß, der erste Autounfall: Solche Ereignisse sind situiert, die Erinnerung verknüpft sich unlösbar mit Orten. Zimmer in einem früher bewohnten Haus erneut zu betreten, lange nicht aufgesuchte Plätze, ein Ausflugsort aus Kindertagen: Solche Orte lösen Erinnerungen aus. Auch kollektive Erinnerungen haben Orte. Orte, die bei einer Vielzahl von Individuen ähnliche Erinnerungen auslösen, gemeinsame Vergangenheit wachrufen. Das kann spontan geschehen. In der Regel wird es aber kulturell gesteuert. Daß wir «wissen», welche Erinnerungen ein Ort auslöst, daß er Erinnerungen auslösen sollte, gehört zur Sozialisation, ist Teil der jeweiligen Kultur. Es ist nicht selbstverständlich, daß Tempel an ihre Erbauung und die dazu führenden Ereignisse erinnern. Bauinschriften können dabei helfen. Ein Stifterbild mit einer Abbildung der Kirche, in der es steht, kann dabei helfen. Gräber sind auch solche Erinnerungsorte. Inschriften helfen der Erinnerung auf die Sprünge, Bilder noch mehr, eine aufwendige Grabanlage um vieles mehr. Der pragmatische Zweck, die Leiche zu bergen, wird weit überschritten. Der Ort dient vor allem der Evozierung von Erinnerungen. Er wird zum Denkmal. Statuen im öffentlichen Raum übernehmen seit der römischen Republik eine solche Funktion – für Lebende und für Tote; diese kulturelle Form hat Gültigkeit bis heute.

Solche Denkmäler und Orte mögen vor allem ein Phänomen städtischer, komplexer Gesellschaften sein. Ein erst modernes Phänomen sind sie nicht.[3] Gerade die Gedächtnistopographie antiker Städte zeigt, wie sehr das kollektive Gedächtnis Gegenstand von Kämpfen, von Versuchen einzelner war, sich in dasselbe einzuschreiben. Die illegale Aufstellung von privaten Statuen im öffentlichen Raum war ebenso verbreitet wie ihre Beseitigung. Im Wettstreit ökonomischer Interessen wie lokalen Prestiges kann die Etablierung von Erinnerungsorten ganz unterschiedliche Motive haben. Als im Jahr 1933 im nationalsozialistischen Deutschland der drei Jahre zuvor getötete Horst Wessel zum Erzmärtyrer gemacht wurde, war es in seinem westfälischen Geburtsort Bielefeld der Gastwirt einer am Berg gelegenen Ausflugsgaststätte «Stiller Friede», der die Idee für einen Gedenkstein im Teutoburger Wald propagierte: «Bielefeld sei ‹arm an nationalsozialistischen Erinnerungszeichen› und Wessel sei bisher ‹weniger als anderswo beachtet› worden», argumentierte er und profitierte davon, daß der am 8. Oktober desselben Jahres als Mittelpunkt einer Art Thingstätte eingeweihte Stein ein bürgerlich-braunes Ausflugsziel wurde.[4]

Wenn Orte erinnern sollen, muß man sie betreten. Nicht jeder Ort ist ein sonntägliches Ausflugsziel wie der Teutoburger Wald, nicht jede Kultur kennt Sonntagsausflüge. Wann besuchen wir Gräber? Erinnerungsorte bedürfen im allgemeinen der Aktualisierung durch Erinnerungszeiten. Der Tempel bedarf des Stiftungstages, das Kriegerdenkmal des Sedanstages oder des Volkstrauertages, das Grab Allerseelen, des Totensonntags oder eines individuellen Datums. Dann wird der Ort inszeniert. Und nur durch wiederholte Inszenierung wird die Erinnerung auf Dauer gestellt.

Ort ist nicht gleich Ort. Als Erinnerungsort wird er erst durch die sich Erinnernden konstituiert. Schon eine erste Typologie müßte daher Orte eines festen und eines wechselnden Personenkreises der sich Erinnernden unterscheiden. Der Wallfahrtsort lebt von den immer neuen Besucherinnen und Besuchern, von ihnen leben die Ortsansässigen. Träger der kollektiven Erinnerung des Fatima-Ereignisses, der Marienerscheinung in Portugal, wäre dann etwa der europäische Katholizismus. Die Zahl dieses Kollektivs reicht für den Dauerbetrieb eines solchen überregionalen Ortes. Das Mahnmal für die Opfer stalinistischer Gewaltherrschaft kann in der Komplexität des städtischen Erinnerungsraumes kaum mehr als ein- oder zweimal jährlich ein größeres Publikum anziehen.

Das Beispiel des Mahnmals ist in seiner thematischen Zuspitzung allerdings extrem. Für die meisten römischen Feste ist nicht bekannt, daß ein Text oder eine dramatische Aufführung, die die Gründungsumstände zum Gegenstand gehabt hätte, regelmäßig Bestandteil des Rituals gewesen wären. Ennius' *Ambrakia* hätte so etwas leisten können, aber die Zahl solcher historischer Stücke blieb gegenüber Stoffen griechischer Mythologie oder Komödien über Alltagsthemen gering. Regelmäßige Wiederaufführungen sind ohnehin auszuschließen. Für die Märtyrerverehrung sah das anders aus. Hier könnten kurze Passionen, Berichte von Verhaftung, Folter und Hinrichtung früh zentraler Bestandteil der rituellen Feier gewesen sein. Nicht vergessen werden darf in beiden Fällen, daß die explizite Kommemoration weder zentraler Bestandteil des Rituals noch primäres Motiv zur Teilnahme gewesen sein müssen. Bankette oder Spiele könnten hier im Vordergrund gestanden haben. Doch muß damit auch ein Unterschied zwischen verschiedenen Typen von öffentlichen Ritualen zugestanden werden.

Für die Arbeitsteiligkeit differenzierter Erinnerungsräume eignet sich der Kalender vorzüglich, hat er doch bis zu 365 (in Mondkalendern 354) verschiedene Positionen zur Verfügung – zumindest theoretisch. Der Einwand betrifft gar nicht so sehr die faktisch geringere Zahl von Tagen, wenn bestimmte Zeiten oder Daten von vornherein ausgeschieden werden müssen. Der Einwand betrifft eher den Singular des Kalenders. Wo ein Erinnerungsraum so kompliziert geworden ist, daß er des Kalenders bedarf, handelt es sich mit hoher Wahrscheinlichkeit längst um die Überlagerung verschiedener Erinnerungsräume. Dann aber erlaubt ein bestimmter Kalender nicht die Rekonstruktion eines totalen Erinnerungsraumes, sondern ist sehr genau zu befragen, wer hier erinnern will, welche Erinnerung enthalten ist und wer sie aktualisieren soll. Diese Fragen zielen auf den Kalender als einen bestimmten, historisch festgelegten Text. Und dieser Text wird selbst – metaphorisch – zu einem Erinnerungsort, einem virtuellen Erinnerungsort in einer Ebene oberhalb der realen Erinnerungsorte.

Der Wandkalender des Fulvius war ein solcher Erinnerungsort. Siege wurden hier durch Tempelstiftungsdaten, sicher auch durch die Namen siegreicher Oberbefehlshaber memoriert, Zensorennamen verbanden sich mit Bauprogrammen, Monatsnamen mit der Urgeschichte Roms. Auch einzelne Niederlagen waren eingeschrieben. Explizit im *dies Alliensis*, der Markierung des Tages der traumatischen Niederlage gegen die Kelten, die zur Eroberung Roms im Jahr 387 v. Chr. führte. Implizit in der Nennung von konsularen «Nachrückern», etwa nach dem Tod von Konsuln in den schweren Niederlagen des Zweiten Punischen Krieges (217 am Trasimenischen See, 216 in Cannae).

Die kaiserzeitlichen Kalender schöpften dieses Potential viel intensiver aus, indem sie eine Fülle neuer Daten einführten, die Siege der jüngsten Vergangenheit, Geburtstage und weitere biographische Daten der Mitglieder des Kaiserhauses direkt nannten. Was hier noch an rituellen Praktiken stehenblieb, ist unklar. Vielfach waren es aufwendige, ja, wie die Durchsicht des Chronographen von 354 gezeigt hat, die aufwendigsten Spiele im Jahreslauf. In anderen Fällen mag jedes aufwendige Ritual gefehlt haben. Dem Kalender sah und sieht man das nicht mehr an.

Der entscheidende Schritt vom Fulvischen zu den Augusteischen Kalendern war der der Vervielfältigung. Das Wandgemälde in einem Innenraum eines Gebäudes unbekannten Zwecks in Antium bildete mit seinem Kalender und den Listen einen römischen Erinnerungsort außerhalb Roms. Fasti in Buchrollenform erlaubten, den Erinnerungsort zu kaufen und ihn privat zu nutzen. Die Liste der *depositiones martyrorum* erlaubte, auch afrikanische Märtyrer in Rom zu verehren, deren Gebeine in Karthago ruhten.

Kalenderlektüren

Was dachten sich römische Leser des Kalenders? Immerhin haben uns zwei Leser zusammenhängende, längere Texte über den Kalender hinterlassen, die nicht systematische Traktate über das Jahr darstellen, sondern einer Kalenderlektüre folgen: Marcus Terentius Varro und Publius Ovidius Naso. Beide trennen die verschiedenen Informationsbestandteile und konzentrieren eine fortlaufende Erläuterung auf die Festnamen: Varro faßt diesen Teil als Erläuterung der Tage, «die um der Götter willen» eingerichtet worden sind (*Über die lateinische Sprache* 6,12–27). Ovid stellt die systematischen Informationen mit dem Hinweis voran, daß die entsprechenden Kürzel mehrmals auftauchten, aber nur einmal zu erklären seien (*Kalenderkommentar* 1,61 f.). Auffällig ist, daß in beiden Texten allenfalls Namensidentitäten Anlaß zu Querverweisen sind, so etwa, wenn Varro von den Tagen der Agonalia, derer insgesamt vier im Kalender zu finden sind, wirklich im Plural spricht (6,12).

Eine Lektüre, die verschiedene Einzeldaten zusammenfaßte oder aufeinander bezöge, fehlt. Das ist in erster Linie durch die Praxis des antiken Wortkommentars zu erklären. Es spricht nicht dagegen, daß solche Beziehungen wahrgenommen wurden. Ein Beweis dafür steht aber weiter aus. Das stellt den Wert vieler Beobachtungen moderner Kalenderforscher dort in Frage, wo sie weitreichende systematische Strukturen unterstellen, die sich äußerten in thematischen Assoziationen benachbarter Feste oder solcher Feste, die durch «runde» Abstände – exakt ein Monat, genau ein viertel, halbes Jahr später – getrennt sind. Anhaltspunkte, daß solche komplizierten Folgen von Geburts- und Initiationszyklen, Wasserfesten oder Kriegsfestzyklen, die das ganze Jahr übergriffen, jemals von den Beteiligten gesehen worden seien, fehlen.

Wahrgenommen wurde eine Vielzahl ähnlich besetzter Daten. Ovid kann nicht umhin festzustellen, daß der Kalender mit Festen des Kaiserhauses gefüllt ist (1,9 f.). Das neapolitanische *Calendarium marmoreum* aus dem neunten Jahrhundert möchte ebenso die unendliche Zahl der Heiligen wie die vollständige Christianisierung des Jahres vorführen. In den wenigen Fällen, in denen zwei oder sogar (fünfmal) drei Heilige genannt sind, sind dies zumeist traditionelle Paare.

Monatsbilder

Ein weiteres Lesezeugnis sind Monatsbilder oder Monatsverse, wie sie das kalendarische Wandgemälde in der Porticus nahe Santa Maria Maggiore (*Fasti porticus*) – hier fehlen allerdings Verse – oder die Fasti des Chronographen von 354 kennen.[5] Letzterer bietet die älteste erhaltene beziehungsweise rekonstruierbare Buchgestalt einer Kombination von Kalendertext und Illustration. Daneben existierten schon frühere Wandgemälde oder Fußbodenmosaiken mit Darstellungen der Jahreszeiten und aller zwölf Monate.[6] Daß der Chronograph so häufig abgeschrieben und auch abgezeichnet oder mit neuen Illustrationen versehen wurde, zeigt, wie stark das Interesse an einer solchen Gestaltung und bildlichen Zusammenfassung einzelner Monate war. Eine solche Gestaltung übernahmen dann zahlreiche Breviarien und Stundenbücher; jenes des Duc de Berry liefert wohl die heute bekanntesten Illustrationen.

Seit dem Beginn des fünfzehnten Jahrhunderts breitete sich das Schema aus den genannten liturgischen Gattungen auch in profane Gattungen aus und erreichte schon im siebzehnten Jahrhundert – auch dank der deutlich gefallenen Produktionskosten solcher Abbildungen – hohe Popularität. Als Wandkalender, der ein knappes kalendarisches Monatsschema mit einer Illustration verbindet, bildet die Kombination heute die vielleicht verbreitetste Kalenderform. Ein spezifischer Bezug zum jeweiligen Monat ist allerdings oft zugunsten einer thematischen Kohärenz und eines besonderen Profils des Produktes aufgegeben. Stadtbilder im Schnee und weibliche Aktfotos mit Nikolausmützen stellen den kalendarischen Bezug nur mühsam her.

Für die antiken Illustrationen ist der Versuch einer möglichst hohen monatlichen Spezifik charakteristisch. Bildgestalter schon vor dem Chronographen bemühten sich mit verschiedenen Strategien darum. Der Monat konnte zum einen über landwirtschaftliche Tätigkeiten und Produkte charakterisiert werden. Zum anderen strebten sie nach einer Identifizierung über Szenen oder Instrumente wichtiger Feste des Monats. In beiden Fällen trug die klare Reihenfolge der Monate zu einer Erleichterung der Charakteristik bei. Formal wurden beide Strategien dadurch zusammengehalten, daß sich die Darstellungen zumeist auf eine einzige Person konzentrierten, die sich dann als Personifikation des Monats lesen ließ. Diese Konvention prägt die Darstellungen des Chronographen, doch sind Abweichungen vorher und später nicht ungewöhnlich. Der Zyklus der Monatsmosaiken aus dem tunesischen El-Djem, der dem zweiten oder (eher) dritten Jahrhundert entstammt, illustriert die Monate vielfach über Zweiergruppen und Dreiergruppen, die ebenso das wohl erst kaiserzeitliche, aber stadtrömische Ritual der Mamuralia (im März) wie ein aus Ägypten stammendes Isisritual (im November) durchführen.

Ein Blick in den Chronographen zeigt die Vielfalt der thematischen Zugänge. Die Monatsdarstellungen folgen keiner einheitlichen Logik. Im Programm der saisonalen Früchte für die Tafel wird im Vatikanischen Kodex für den Februar auf die Produkte des Wassers, Muscheln und andere Weichtiere sowie Fische, aber auch Wasservögel hingewiesen, die von einer weiblichen Figur dargeboten werden. Umstritten ist die Deutung der Märzdarstellung: Die späteren Vierzeiler deuten die Figur als den Gott Mars – der dem Monat den Namen gibt – in der Gestalt eines Hirten mit Frühlingsattributen; vorgeschlagen wurde

8 Das Fußbodenmosaik aus dem «Haus der Monate» in Thysdrus (heute El Djem, Tunesien) mißt insgesamt vier mal vier Meter. Der Ausschnitt zeigt die Monate September bis Februar mit jahreszeitlichen Aktivitäten wie der Weinkelter wie religiösen Ritualen. So läßt sich im Novemberfeld der ägyptische, im römischen Bereich im Isiskult erscheinende hundsköpfige Gott Anubis identifizieren, im Februar ist das altertümliche stadtrömische Ritual der Luperkalia dargestellt. Das Mosaik, das zwischen einer Kolumne mit Personifikationen (links) und Ornamenten (rechts) die zwölf Monate wie Buchzeilen aufführt (vier Zeilen mit jeweils drei Monaten, immer von links nach rechts zu lesen), beginnt mit dem Monat März. Diese Anordnung greift auf antiquarische Interpretationen des Jahresanfangs zurück, sie widerspricht der üblichen technischen Handhabung des Kalenders (Archäologisches Museum Sousse, Tunesien).

aber auch eine Frühlingspersonifikation.[7] Die Verbindung der Vögel mit dem Frühling leuchtet ein, aber für die zentrale Figur gibt es nur eine, leider nur textlich überlieferte Parallele. Am 7. März lag der Stiftungstag des Tempels des Gottes Vediovis auf dem Kapitol, dessen Kultbild Ovid in seinem Kalenderkommentar mit den Worten beschreibt: «Das ist der junge Iuppiter: Sieh das jugendliche Antlitz! Dann sieh die Hand: Sie trägt keine Blitze ... Es steht auch eine Ziege bei ihm, Nymphen auf der Insel Kreta sollen sie geweidet haben. Sie gab dem Kinde Iuppiter die Milch» (3,437 f. 443 f., Übersetzung Franz Bömer). Die gegenüberstehende Kalenderseite trägt für diesen Tag die Festbezeichnung *Iunonalia*. Woher dieses Fest kommt, ist unbekannt; möglicherweise führt es das alte Juno-Fest der Matronalia am Monatsersten, das auf der Kalenderseite fehlt, und den Gott mit der Ziege zusammen, ein Tier, das ansonsten der Juno als heilig galt. Ziegenfleisch, freilich, galt auch den Römern als besonderer Leckerbissen und bestätigt die Komponente saisonaler Produkte.

Trotz der heroischen Nacktheit ist die Personifikation des Oktobers nicht als Verweis auf ein Kultbild zu deuten: Der hier abgebildete Jäger liefert offensichtlich mit einem ganzen Inventar an Jagdgeräten Leckerbissen – herausgehoben ist der Hase. Daß schon Varro von Hasenzucht berichtet, um den Tafelbedarf zu decken, muß dieses Jagdbild nicht stören (*Ländliche Dinge* 3,3,2; 3,12,1–7). Die Abbildungen auf Seite 109 schließen mit dem Novemberbild, das einen Isispriester samt vielerlei aus dem Isiskult bekannten Paraphernalia darstellt, etwa mit einer Büste des hundsköpfigen Anubis auf dem hohen Sockel. Hintergrund ist hier die Folge der kalendarisch auf den 28. Oktober bis 3. November fixierten großen Isisfeste, die mit den Hilaria, dem Jubelfest, schloß. Das Dezemberbild verweist ebenfalls auf ein Fest, in diesem Fall auf die Saturnalia. Der Tisch gehört in einen Bankettzusammenhang, die Würfel, die man aus dem Turm rollen läßt, verweisen auf die heitere Atmosphäre des Festes. Eine nähere Identifizierung des Fackelträgers ist nicht möglich. Der Fellumhang und der Gewandschmuck weisen auf die Januarfigur zurück, nicht auf die Sklaven, die von der Rollenverkehrung des Festes profitiert haben sollen.

Mindestens einige der Bilder lassen sich als Ausdruck einer Lektüre des Kalendertextes verstehen. Das muß nicht der Kalendertext des Chronographen gewesen sein. Aber auch wenn das ikonographische Schema schon hundert Jahre älter war, müßte es sich dann auf einen vergleichbaren Kalender bezogen haben. Die Art der Lektüre ist aber wieder bezeichnend. Entweder wurde der Monat additiv über landwirtschaftliche Produkte charakterisiert oder aber über die Auswahl eines Festes. Dieses konnte wiederum durch eine Häufung von rituellen Paraphernalia näher beschrieben werden. Die Kombination schuf Eindeutigkeit.

Monatsverse

Die Kalenderlektüre war nicht zwangsläufig. Die Verfertiger der Zweizeiler, welche den Chronographen begleiten, sich aber auch in Gedichtsammlungen wie der *Anthologia Latina* (665) fanden, studierten nicht die Tageseinträge des jeweiligen Monats. «Dir Janus», heißt es zum Januar, «ist der erste Monat geweiht wie das erste von allem, der Du immer alles überall zu sehen vermagst.» Es ist das Bild des zweiköpfigen, in beide Richtungen sehenden Gottes, das hier evoziert wird. Der zweite Monat, der Februar, wird beschrieben als ein Monat, der den Schatten (der Toten) zum Ausgang gegeben ist. Der Märzvers verweist auf den Marssohn Romulus als Stadtgründer Roms. Vom April heißt es, er sei der Monat der Caesarischen Venus, in dem die Felder (*arva*) mit Blumen ergrünen und die Wälder vom Rufen der Vögel (*aves*) widerhallen. Der Verfasser stellt hier wie für die vorangegangenen Monate Etymologien vor: Venus steht für Aphrodite, eine geläufige antike Etymologie des April. Er ergänzte diese nicht unumstrittene Deutung um zwei weitere Vorschläge. Darin folgte er dem großen Antiquar Varro, der in seinem Buch *Über die lateinische Sprache* ebenfalls zunächst die Aphrodite-Deutung referiert, bevor er eine eigene Alternative anbietet: «Der zweite wird, wie Fulvius und Iunius sagen, nach Venus benannt, weil diese Aphrodite sei. Weil ich ihren Namen in alten Texten niemals gefunden habe, glaube ich eher, daß der Monat April genannt werde, weil der Frühling alles öffnet» (*aperit;* 6,33).

Auch für die Folgemonate stand für den Verfasser allein der Monatsname zur Debatte. Der Mai gelte dem Götterpaar Merkur und Maia, der Juni erkläre, hochschwanger vor Fruchtbarkeit, seinen Namen selbst – hier stand Fulvius' Deutung auf die «Jüngeren» (*iuniores*) offensichtlich im Hintergrund. Für den Juli und August wird auf die früheren Zahlennamen Quintilis und Sextilis verwiesen. Die folgenden Zahlennamen vom September bis Dezember waren etymologisch uninteressant, doch scheint der Dichter auf die Differenz von Zahl und scheinbarem Platz in der Monatsreihe beim September und Dezember anzuspielen. Der Oktober wird im übrigen als Weinmonat charakterisiert. Der November bleibt wie der Februar ohne Namensnennung im Text; inhaltlich wird er über das Fallen der Blätter, Kälte und den Sternenhimmel beschrieben.

9–12 Die Abbildungen des Vatikanischen Codex Barb. lat. 2154, fol. 17f. 21f. stehen jeweils dem Kalendertext gegenüber. Die erst 1620 entstandene Handschrift bemüht sich die heute vollständig verlorene Vorlage karolingischer Zeit (soweit sie damals noch erhalten war) möglichst detailliert wiederzugeben. Dargestellt sind die Monate Februar, März, Oktober und November.

Sachlich stehen die Monatsdistichen in der Tradition der fortlaufenden Kalenderkommentare wie der systematischen Literatur «Über das römische Jahr», in denen die Erhellung des Monatsnamens die Erläuterung der Monate eröffnete beziehungsweise einen eigenen Abschnitt bildete. Dabei waren es allenfalls Februar und Mai (implizit auch der April), für die Erklärungsversuche auf rituelle oder kalendarische Daten des betreffenden Monats Bezug nahmen.

Es blieb nicht bei Zweizeilern. Schon in frühen Abschriften des Chronographen (oder gar dem Original) wurden Vierzeiler nachgetragen. Diese Kombination von Zwei- und Vierzeilern findet sich auch noch in dem Hamburger Kalenderdruck des Heinrich Ranzovius aus dem Jahre 1590. Noch längere Verse setzten ein Interesse an Details des Kalenders voraus, das mit den alten *fasti* nicht mehr gegeben war. Die mittelalterlichen Entwicklungen nahmen ihren Ausgangspunkt beim Heiligenkalender, beim Sanktorale, das mit weiteren Namen, zum Teil auch der Nennung historischer Schauplätze anstelle lokaler Kultorte aufgefüllt wurde. Es waren Zusammenstellungen dieses Typs, die in karolingisch-ottonischer Zeit zumal von dichtenden Mönchen zu versifizierten Kalendern ausgearbeitet und im Bereich des westlichen Christentums besonders auf den britischen Inseln verbreitet wurden. Nur eine komplettierte Liste von Heiligen macht eine Form möglich, die jedem Tag des Jahres eine eigene Zeile widmen konnte, wie es der sogenannte «metrische Kalender von Hampson» zeigt.[8] Eine Darstellung lokaler Heiligenkulte war hier nicht mehr beabsichtigt. Solche Verse konnten darauf zielen, die eigentliche Lektüre des Kalenders überflüssig zu machen. Ähnliches gilt für die Tradition der Kalendergedichte im byzantinischen Raum, die in der ersten Hälfte des elften Jahrhunderts von Christophoros Mitylenaios (er stammte aber aus Konstantinopel) ihren Ausgang nahmen, der ebenso Gedichte mit einzelnen Versen für jeden Tag wie aus Zweizeilern für die rund zweitausend Heiligen verfaßte.[9]

Kanonischen Rang erreichte der berühmte *Cisio Ianus*, ein Merkvers, der die wichtigsten Feiertage aller Monate memorieren helfen sollte

17
MENSIS FEBRVARIVS
UMBRARUM EST ALTER QUO MENSE PUTATUR HONORE

18
MENSIS MARTIUS
CONDITA MAUORTIS MAGNO SUB NOMINE ROMA

21
MENSIS OCTOBER
OCTOBRI LAETUS PORTAT UINDEMITOR UUAS

22
MENSIS NOUEMBER
FRONDIBUS AMISSIS REPETUNT SUA FRIGORA MENSEM

13 Die Mineen geheißenen Kalenderikonen stellen die innerhalb eines Monats verehrten Heiligen dar; sie folgen der liturgischen Praxis und können so auch mehrere Personen für den selben Tag darstellen; auf dieser russischen Ikone aus dem neunzehnten Jahrhundert sind die Tage deutlich voneinander abgegrenzt. In Rußland gewann dieser Typ der Darstellung, der – regelmäßig mit dem September beginnend – in zwölf (oder weniger) zusammengehörenden Ikonen das ganze Kirchenjahr vorstellen konnte, seit dem sechzehnten Jahrhundert Verbreitung. Neben den Heiligen, etwa dem nach seinem Aufenthalt auf einem Pfeiler Simeon Stylites genannten, erscheinen auch auf Christus bezogene Feste, so die Kreuzerhöhung (Auffindung des Kreuzes durch die Kaiserin Helena in Jerusalem) zu Beginn der dritten Zeile (Privatsammlung Frankfurt/Main).

und mit Lautformen und Silbenzahlen numerische Informationen vermittelte. In den verschiedensten Versionen – auch Philipp Melanchthon beteiligte sich an den Verbesserungen – fehlte er kaum in einem der frühen Kalenderdrucke. Im Übergang in die Gutenberg-Galaxie erschienen Schrift und Druck noch nicht als ein medialer Speicher, der den Speicher Gedächtnis ersetzen konnte. Schrift wurde noch immer als ein Hilfsmittel der Mnemotechnik gesehen. *Cisio Ianus* konnte so trefflicherweise auch als Titel des 1551 in Wittenberg von Lucas Lossius herausgegebenen Schulbuchs Verwendung finden, das in Frage-und-Antwort-Form technische wie inhaltliche Details des Kalenders und seiner Geschichte erhellte.[10] Dieses Schulbuch lieferte zugleich eine Auswahl von historischen Episoden mit, die einem anderen, unmittelbar zuvor publizierten Kalender, dem des Paul Eber, entnommen worden waren, jenem Mann, der in gewissem Sinne am Anfang aller modernen Kalendergeschichten steht und zugleich tief in der Antike wurzelt. Die Frage nach der «Geschichte im Kalender» muß um einen Blick auf die Kalendergeschichten erweitert werden. Und der führt zunächst wieder in die Antike zurück.

8 Kalendergeschichten

Der einzige aus der Antike erhaltene Kalenderkommentar ist ein dichterisches Werk. Ovid liefert uns die intensivste und persönlichste Lektüre des antiken römischen Kalenders – und zugleich bildete er die wichtigste Lektüre für frühneuzeitliche Interessenten am antiken Kalender.

Ein augusteischer Dichter

Unter den Werken Ovids nehmen die sechs «Bücher der Fasten» eine Sonderstellung ein. Wenn sich Publius Ovidius Naso (43 v. Chr. bis 17 n. Chr.) mit seinen fünf beziehungsweise (in der zweiten Auflage) drei Büchern *Amores* einen Namen als geistreicher und brillanter Liebesdichter gemacht und diesen in Lehrgedichten wie der *Ars amatoria* durch die didaktische Systematisierung des Frivolen unterstrichen hatte, tritt er uns in den Metamorphosen als seriöser Verfasser von «Weltliteratur» entgegen, der fundamentale Problemlagen menschlicher Psyche in den Rahmen einer auf Rom zielenden Geschichtsdarstellung stellt. Der Dichter der *Tristien* und *Epistulae ex Ponto* tauscht diese Seriosität gegen die persönliche Tragik des Exildichters, der vergeblich um Aufhebung seiner Relegation nach Tomis, an das Schwarze Meer, kämpft. Doch weder ließ sich Augustus († 14 n. Chr.) in seinen letzten Lebensjahren noch dessen Nachfolger Tiberius († 37 n. Chr.) erweichen, Ovid die Heimkehr zu gestatten.

Zwischen diesen Werken steht ein Kalendergedicht. Sechs umfangreiche Bücher in elegischen Distichen, einer Kombination aus je einem Hexameter und einem Pentameter, behandeln in jeweils einem Buch die ersten sechs Monate des Jahres. Auch wenn es an Liebesgeschichten und Mythologie nicht mangelt: Es ist die Struktur eines technischen Instruments, es ist antiquarische Forschung und Herrscherpanegyrik, es sind Ritualbeschreibung und astronomische Information, die das Werk prägen.

Rund einhundertsiebzig Handschriften zeugen von dem großen Interesse, das der Sachtext ausgelöst hat; der Ethnologe James George Frazer, Verfasser des berühmten religionsgeschichtlichen Buches «Der Goldene Zweig», widmete dem Werk einen fünfbändigen Kommentar.[1] Bücher zu den römischen Festen leben von langen Zitaten aus Ovid, und die Rekonstruktion des republikanischen und augusteischen Tempelbaus in der Stadt Rom lebt vielfach von der Ovid-Exegese. Auch heute bildet das Werk eine zentrale Quelle unserer Kenntnis römischer Religion: Wo die einen vor einem allzu unkritischen Gebrauch der Dichtung zu diesem Zweck warnen, erheben andere Ovid gerade aufgrund seiner kreativen Abweichung von der antiquarischen Tradition in den Rang eines selbständigen Theologen.[2]

Was heißt es, daß Ovid ein Kalendergedicht schrieb: Welche Erwartungen weckte er damit bei potentiellen Zuhörerinnen oder Lesern? Welche Attraktivität besaß ein solches Gedicht in spätaugusteischer Zeit, in den ersten Jahrzehnten des ersten Jahrhunderts n. Chr.? In welche intellektuellen Traditionen und Maßstäbe des Gelingens stellte sich Ovid damit?

Der Titel von Ovids Kalendergedicht steht zweifelsfrei fest: *Libri fastorum*.[3] Der Dichter selbst nennt ihn in den *Tristien* (2,549 f.):

> *Sechs und ebensoviel Fastenbücher*
> (fastorum ... libellos) *habe ich geschrieben;*
> *und jedes Buch hat mit seinem Monat ein Ende.*

So sicher dieser Titel ist – er wird auch in den meisten Ausgaben übernommen –, so geläufig ist die Verwendung der Kurzform: *fasti*. Ein solcher Gebrauch des genitivischen Titelbestandteils bereitet normalerweise keine Probleme, er kann aber dort zu Mißverständnissen führen, wo der genitivische Begriff selbst eine Textgattung bezeichnet. Wenn man von Ovids *fasti* anstelle von Ovids *Fastorum libri* spricht, kann man leicht unterstellen, Ovid habe «Fasten», habe einen Kalender geschrieben – und eine solche Identifizierung ist angesichts des Wertes, den sowohl das Ovidische Gedicht wie auch die inschriftlichen Kalender für die römische Religionsgeschichte besitzen, nicht ohne Bedeutung.[4]

In den «Fasten» selbst spricht Ovid häufig von *fasti* als seinen Quellen; auch nichtrömische Kalender werden mit diesem Begriff belegt.[5] Das ist keine Selbstbezeichnung. Die *fasti* geheißenen Kalender werden vielmehr in einem spezifischen Verhältnis als Gegenüber bestimmt, als eigene Quelle und als Texte, die dem Leser auch sonst begegnen und Ovids Ausführungen für ihn erst bedeutsam machen. Eine wichtige Stelle steht gleich am Ende der Vorstellung des 1. Januar:

> *Das aber kann ich aus den Fasten selbst lernen,*
> *daß die Väter zwei Tempel an diesem Tag geweiht haben.*
> Ovid, *Kalenderkommentar* 1,289 f. (siehe auch 1,11. 4,19).

«Lernen» ist ein für das gesamte Werk zentrales Wort, der Dichter lernt von den ihm Auskunft gebenden Göttern, Leserinnen und Leser können und sollen von den Ausführungen des Dichters lernen.[6] Hier wird gleich am Anfang die Aussagefähigkeit der *fasti* bestimmt, die – das erfährt der Leser auf diesem Wege – mit ihren Götternamen nicht etwa Opferanweisungen enthalten, sondern die Dedikationstage von Tempeln festhalten. Ovid bietet hier keinen Kalender, sondern lernt aus ihm. Es handelt sich aber, wie die Formulierungen zeigen, um eine Ausnahmesituation: Im Normalfall lernt der Dichter nicht *aus* den Fasten, sondern lernt (und lehrt wiederum) *über* sie.

Ovids Benutzung der Fasti

Wie sah Ovids Umgang mit diesen Instrumenten aus, die wir nur aus wenigen Prunkexemplaren, vor allem den Marmortafeln Augusteischer und Tiberianischer Zeit kennen, die aber in Rollenform oder als Holztafel verbreitet gewesen sein müssen? Die wichtigsten Informationen, die *fasti* zur Zeit Ovids den Benutzern boten, bestanden in den Nundinalbuchstaben *A* bis *H*, mit deren Hilfe man sich, wie bereits erläutert wurde, schnell einen Überblick verschaffen konnte, wann in Rom Markttag *(nundinae)* war. Sie bestanden zudem in den Tagescharakteren, die anzeigten, welche Tage für Volksversammlungen und Prozesse in Frage kommen, welcher Tag also mit der – für den ganzen Kalender namensgebenden – Notierung *fas* oder *nefas* markiert war. Ovid erläutert diese Kalenderbestandteile am Anfang summarisch (1,45–60), räumt aber selbst ein, daß sie in den *fasti* durchgängig auftreten (1,61 f.):

> *Ich werde diese Dinge, die die ganzen fasti durchziehen,*
> *nur einmal besprechen,*
> *damit ich nicht die sachliche Reihenfolge unterbrechen muß.*

Legte man den Anspruch zugrunde, einen gedichteten Kalender zu präsentieren, klänge diese Formulierung merkwürdig: Die entscheidenden Sachen wären ja gerade «diese Dinge». Ohne sie erhielte man einen Kalender, dem man – in unsere heutige Situation übertragen – keine Wochentage, auch keine Sonntage, entnehmen könnte; einige christliche Feste wären zwar vermerkt, aber wir wüßten nie, ob es sich um gesetzliche Feiertage handelte oder nicht – was auch für einen strengen Christen nicht ganz unwichtig wäre, solange er im Berufsleben steht.

Zurück zu Ovid: Wenn er von einer Unterbrechung spricht, die er vermeiden möchte, kann er nicht die fortlaufende Dokumentation der Tagescharaktere selbst meinen (die in den folgenden Büchern dann auch fehlt), sondern deren Erklärung, die an unterschiedlichen Tagen vorzunehmen wäre und die er deswegen voranstellt. Das aber heißt, daß er den Anspruch, die kalendarische Information zu bieten, gar nicht erhebt. In einer formelhaften Nennung dessen, was er übergehen will, bringt der Dichter in der Überleitung von der Behandlung des Festkomplexes des 11. Juni (Matralia, Fortuna, Concordia) zum 13. Juni (Iden) den Stellenwert der Tagescharaktere in seiner Darstellung sehr deutlich zum Ausdruck. So heißt es zum 12. Juni (6,649): «Der folgende Tag trägt kein Kürzel, das ich erläutern könnte.» Das ist die Aussage eines Kommentators.

Daß Ovid *fasti* im prägnanten Sinn verfassen wollte, ist also auszuschließen. Wenn er es vorgehabt hätte, warum dann der ständige Verweis auf solche *fasti*, die sein Werk doch ersetzen, ja überbieten müßten? Die genannten Verweise sprechen nicht für eine Identität, sondern für ein komplizierteres Verhältnis der Ovidischen Dichtung zu den seinen Lesern bekannten *fasti*.

Weiteren Aufschluß geben die Prooemien am Beginn des ersten und zweiten Buches. Ovid annonciert den Inhalt seines Werkes (1,1–2):

Die Zeiten mit ihren Gründen, wie sie durch das
in Latium geltende Jahr geordnet sind,
und die unter den Horizont gesunkenen und
ihm entstiegenen Sternzeichen werde ich besingen.

Von *fasti* wird hier nicht gesprochen. Dieser Begriff erscheint erst einige Verse später, steht dann aber nur in indirekter Beziehung zu Ovids Unternehmen: Kalendarische Ehrungen Caesars und Augustus', auf die Ovid in der sich anschließenden Dichtung immer wieder eingehen wird, stellt er Germanicus und Drusus in Aussicht (1,10–12).

Eine sehr viel deutlichere Verhältnisbestimmung erfolgt im Vorwort des zweiten Buches, in dem Ovid über die Verwendung des bisher der Liebesdichtung dienenden Versmaßes nachdenkt. Hier wird das erste Wort des Werkes – *tempora*, «Zeiten» – direkt neben *fasti* gestellt (2,7f.):

Als derselbe besinge ich die Opfer und
die in den Fasten bezeichneten Zeiten:
Wer hätte glauben können, daß es zu diesen Dingen
von dort einen Weg gibt?

Wie bei den bisher genannten Verweisen werden die *fasti* als Quelle für die eigene Dichtung, nicht als deren Gattungsmuster bezeichnet. Ovid schreibt *über* die *fasti*, er schreibt aber nicht selbst *fasti* – ein Sachverhalt, über den Ovid den Leser zu keinem Zeitpunkt hinwegtäuscht. Es entspricht diesem Sachverhalt, daß schon früh in der Überlieferung, vermutlich spätestens im vierten oder fünften Jahrhundert, auf den ersten Seiten ein regelrechter Kalender (*fasti*) dem Text Ovids vorangestellt wurde.[7] Nach dem Handschriftenkatalog, den E. H. Alton, D. E. W. Wormell, E. Courtney zusammengestellt haben, wurden 52 der 171 aufgeführten Handschriften – darunter sehr frühe und gute – mit einem voran- oder nachgestellten Kalender ausgestattet. Rudolf Merkel hat im Vorwort seiner großen Ausgabe (Berlin 1841) diese Fasten, deren Festbestand aus Ovid gewonnen ist, die aber Wochenbuchstaben liefern, vorangestellt; erst in den wissenschaftlichen Editionen der Folgezeit, angeführt durch Merkels kompaktere Ausgabe selbst, dringen sie in den Text Ovids selbst ein und produzieren so ein völlig falsches Bild des Werkes und seines Bezugstextes.

Der Befund muß Konsequenzen für die Interpretation des Titels haben: Der von Ovid vergebene Titel *Fastorum libri* darf nicht als «Kalender in sechs Büchern» mißverstanden werden. Den Weg zum Verständnis weisen andere Werke mit demselben oder ähnlichen Titeln, so Masurius Sabinus' *Fastorum libri* und Nisus' *Commentarii fastorum*. Bei beiden Werken handelt es sich eindeutig um Kommentare zu den Fasten, nicht um (buchförmige) Fasten selbst.[8] Kommentare meint auch der spätantike Grammatiker Agroecus, der *In libris fastorum* etwas über die Herkunft des Monats Juni liest (*Gramm. Latici latini* 7,124,9). Wenn demnach Ovid sein Werk *Fastorum libri* nennt, will er nicht die Komposition von *fasti*, sondern eines Werkes *de fastis* anzeigen. So lautet der Titel des Kalenderkommentars des spätrepublikanischen Antiquars Cincius, den Verrius Flaccus – der Verfasser der Fasti Praenestini sowie des von Festus exzerpierten Buches *Über die Bedeutung der Wörter* (und vermutlich eine wichtige Quelle Ovids) – mehrfach benutzt hat; auch einige frühe Drucke überschreiben so ihre Ovid-Edition.

Wann schreibt man Kalenderkommentare?

Aus der Bestimmung der Gattung ergibt sich, daß der Anspruch des Werkes nicht der einer normativen Gattung (Kalender) war, sondern in den Bereich kommentierender Gattungen (Kommentar) fiel. Das hat Konsequenzen für die Verankerung des Unternehmens Ovids im Horizont der römischen Religions- und Geistesgeschichte. Wenn in republikanischen Texten, in Reden oder Briefen, von *fasti* gehandelt wurde, meinte der Sprecher fast immer die Konsulliste, die vielfach den Kalenderdarstellungen hinzugefügt wurde. Das änderte sich durch die Julianische Kalenderreform des Jahres 46 v. Chr., die den Kalender ins Zentrum gesellschaftlicher Wahrnehmung und politischer Polemik rückte: Aus der schleichenden Modifikation der Tradition ist der explizite Eingriff in die Repräsentation von Zeit geworden. «Möchte Caesar denn auch noch den Sternen befehlen?» machte sich Cicero laut Plutarchs Caesarbiographie über die Reform lustig (59,3). Wenig später, in den Konflikten nach Caesars Tod, stellt er selbst in einen Brief an Brutus den Vorschlag zur Diskussion, den Namen des Brutus als Festbezeichnung in den Kalender einzuführen (23,8). Caesar soll nach Auskunft desselben Cicero an den Lupercalia nicht nur das Diadem zurückgewiesen, sondern auch angeordnet haben, diese Zurückweisung in den Kalendern zu vermerken.

Auch wenn sich beide Aussagen nicht an erhaltenen Kalendern verifizieren lassen, sondern vielleicht nur Imaginationen über den Kalender als Dokument fundamentaler historischer Entscheidungen liefern, stehen sie doch in den Jahren 44/43 v. Chr. am Beginn einer Zeit intensivster Arbeit am Kalender, der die gesellschaftliche Präsenz der *fasti* sprunghaft steigen läßt. In dichter Folge erheben Senatsbeschlüsse allein bis zum Ende der Augusteischen Herrschaft etwa dreißig Tage zu neuen *feriae* und verdoppeln so nahezu die Zahl der ‹Feiertage›. Soweit die antiken Überreste eine Beurteilung zulassen, beginnt erst jetzt die produktivste Phase in der Herstellung von Kalendern. Zwölf der sechsundzwanzig bekannten Steinkalender aus der Stadt Rom dürften noch in Augusteischer Zeit entstanden sein, nur einer der übrigen ist mit größerer Wahrscheinlichkeit nachtiberianisch, also nach 37 n. Chr. entstanden.[9] Von den zwanzig bekannten außerrömischen Steinkalendern dürften dreizehn noch in Augusteische Zeit (27 v. Chr. bis 14 n. Chr.) fallen, obwohl die Ausbreitung dieses Inschriftentyps erst dem letzten Jahrzehnt v. Chr. angehören dürfte.

Dem Aufschwung parallel ging die Abfassung kommentierender, antiquarischer Literatur. Dazu gehörten noch späte Varronische Schriften und die Abhandlung des Cincius. Die in-situ-Kommentierung eines leibhaftigen Fastenexemplars durch Verrius Flaccus in der benachbarten Stadt Praeneste auf großen Steinstelen, wohl zwischen 6 und 9 n. Chr. und damit gleichzeitig zu dem gedichteten Kommentar Ovids, läßt sich als Versuch verstehen, den engen Leserkreis antiquarischer Werke zu überwinden. Iulius Modestus und Masurius Sabinus setzten die Beschäftigung in Tiberianischer Zeit fort.

Zu der Alternative von Kalender und Kalenderkommentar gibt es rezeptionsgeschichtlich noch einen dritten Strang: das Verständnis des Ovidischen Textes als einer nach den Daten des Jahres geordneten Sammlung von historischem und volkskundlichem Material zu Zwekken der Unterhaltung oder Belehrung. Diese Sichtweise prägt etwa das Ovidverständnis des sechzehnten Jahrhunderts: Iohannes Baptista aus Mantua legte 1516 *Fastorum libri XII* vor, die zeitgenössische Bräuche referieren; wie noch im einzelnen zu zeigen sein wird, entwarf der Reformator und Wittenbergische Professor Paul Eber unter explizitem Rückgriff auf Ovid ein Gegenmodell zu den katholischen Heiligenlegenden (martyrologia) mit einer tageweise geordneten Sammlung historischer Geschichten. Diese Linie läßt sich bis in die Kalendergeschichte eines Johann Peter Hebel verfolgen.

Gattungsmöglichkeiten und -grenzen

Was kommentierte Ovid überhaupt? Nach dem schon erwähnten systematischen Teil zu Anfang entfaltet sich Ovids Darstellung streng chronologisch; einzig die Etymologie des Monatsnamens wird zu Beginn jeden Monats ausführlich diskutiert – ein Standardthema der Literatur über die Fasten und für Ovid jedesmal eine Gelegenheit, über seine eigene Dichtung, ihre Inspiration wie ihre Leser, nachzudenken. Angeregt durch den Wandkalender des M. Fulvius Nobilior aus dem ersten Drittel des zweiten Jahrhunderts v. Chr., hatte ein Iunius Gracchanus dieses Thema zum ersten Mal behandelt (Fragmente 1–2 Funaioli); ihm folgten im ersten vorchristlichen Jahrhundert Cincius (Fragemente 6–10) und Varro, dessen Überblick in seiner Geschichte der lateinischen Sprache *De lingua latina* (6,33 f.) erhalten ist, dessen Darstellung in den *Altertümern der menschlichen und göttlichen Dinge,* die in der Folgezeit vor allem gelesen und verarbeitet wurden, aber verloren ist. Verrius Flaccus stellte in seinen *Fasti Praenestini,* die als einzige Steinfasten die Gattungsgrenze zum Kommentar überschreiten, eine ähnliche Diskussion über jede Monatsspalte.[10]

Wie sehr Ovid dem technischen Anspruch eines Kalenderkommentars gerecht wird, zeigt sich darin, daß er den in großen Lettern geschriebenen Bestand der *fasti* in den Monaten Januar bis Juni vollständig erklärt. Selbst doppelt erscheinende Festkürzel (Carmentalia, Equirria, Tubilustrium) werden beim neuerlichen Auftauchen nochmals thematisiert, auf das dreifache Datum der Lemuria am 9., 11. und 13. Mai wird sorgfältig hingewiesen. Eine Ausnahme bildet das vierbuchstabige Kürzel *QRCF* – nach Varro *Quando rex comitiavit fas* (*Über die lateinische Sprache* 6,31) – am 24. März (3,876 f.), dessen Erklärung erst am 24. Mai erfolgt (5,727 f.). Immerhin enthält die hier angedeutete Alternativerklärung – *Quando rex ex comitio fugerit (fas)*[11] – einen impliziten Rückverweis auf die ausführliche Behandlung des Regifugiums (2,685–852).

Abseits dieser in großen Lettern ausgeführten Themen ergibt sich eine starke Tendenz zur Auswahl. Tempelstiftungstage und Unglücksdaten werden nur in Einzelfällen behandelt, aber erstere werden auch in den augusteischen *fasti* nur in immer wechselnder Auswahl verzeichnet, und Unglücksdaten fehlen in den Stein-*fasti* fast ganz. Selbstverständlich werden von Ovid aber Feste, *ludi* und Gedenktage verzeichnet, die sich nicht in Kalenderkürzeln, jedoch in (manchmal längeren) Kalendernotizen niedergeschlagen haben. Das Bild der tiberianischen *Fasti Amiterni* mit ihren großen eng beschriebenen Flächen zeigt, wie sehr die Fasti selbst die Tendenz haben, für die Kaiserfesttage eine erschöpfende Erklärung zu bieten und sie so noch einmal stärker ins Relief zu werfen.

Als Verfasser eines Kommentars kann Ovid den kommentierten Text, das heißt die *fasti* selbst, voraussetzen. Das zeigt sich etwa im spielerischen Umgang mit Namen von Göttern und Festen, die in den Fasten verzeichnet sind. Wer *Baccho* (3,713) im Kommentar zum Fastenkürzel *LIB* liest, wird in der Lage sein, dieses zu *Liberalia* aufzulösen und die Gleichsetzung von Bacchus und Liber als theologische Aussage zu bewerten. In der Darstellung der ersten Karmentalia im Januar wird der Name der Göttin Carmenta zunächst nur umschrieben (1,461–3), die Auflösung des Namens erfolgt wesentlich später (499). Auch bei der ausgedehnten Behandlung der Cerialia (4,679–712) fällt der entscheidende Name erst an sehr später Stelle (711). Mit Umschreibungen, die die Kenntnis des richtigen Begriffes oder zumindest der kalendarischen Abkürzung voraussetzen, arbeitet Ovid auch bei den Quinquatrus am 19. März (3,809 f.). Der Festname, der in den Fasten zumeist als *QVINQ* firmiert, wird mit «das Opfer für Minerva, das durch die fünf verbundenen Tage (*quinque diebus*) seinen Namen hat», umschrieben. Es ist aber keineswegs so, daß Ovid den Namen als solchen vermeiden möchte. Anläßlich der *Quinquatrus minusculae,* des an den Iden des Juni begangenen Festes der Tibicines, der Pfeifenspieler, dessen Name in keinem Kalender auftaucht, aber sicher durch literarische Quellen belegt ist, nennt Ovid den Begriff gleich zweimal und verweist auf den März zurück (6,651. 694 f.).

Daß Ovid bei seinen Lesern eine nicht nur vage Kenntnis des Kalenders unterstellt, sondern die parallele Benutzung eines Kalenders voraussetzt, zeigt sich bei seiner Behandlung des schon erwähnten *dies fissus,* des juristisch gespaltenen Tages, am 24. Mai:

> *Dann ist Platz für vier Buchstaben, die nacheinander gelesen*
> *entweder einen Opferbrauch oder eine Flucht des Königs enthalten.*

Daß die vier Buchstaben *QRCF* lauten, wohl aufzulösen als *quando rex comitiavit: fas,* kann niemand aus dieser Passage entnehmen. Der Hinweis auf den zu kommentierenden Text fällt aber noch deutlicher aus: Das einleitende «dann» ist keine Bewegung in der Zeit, sondern ein Lesefortschritt in den *fasti*. Für Ovids Leser ergibt der Kommentarcharakter des Werkes die Notwendigkeit, einen Kalender parat zu haben – eine Notwendigkeit, die schon im Archetypus, dem hypothetischen Stammvater aller erhaltenen Ovidhandschriften, gesehen worden sein muß und, wie gesagt, im größten Teil der handschriftlichen Überlieferung sowie in zahlreichen frühen Ovidausgaben Berücksichtigung fand.

Da Ovids Bücher selbst keine *fasti* bilden, deren Informationen Leserinnen und Leser *Tag für Tag* folgen könnten, stellte die Notwendigkeit absoluter Datierungen eines der größten formalen Probleme der Werkkonzeption dar. Die in Kommentaren übliche Lemmabildung, das verkürzte oder gar abgekürzte Zitat dessen, was erläutert werden soll, schied aus, wollte der Verfasser nicht seine Dichtung durch Abkürzungen und Daten in der Weise zergliedern, wie es die modernen Ausgaben unternehmen. Ovid hat das Problem gelöst, und zwar in einer Weise, die sowohl dem Anspruch der Variation wie dem der Klarheit Genüge tat. In einem abwechslungsreichen, aber durchweg einfach nachzuvollziehenden System von fortschreitenden Nächten, Tagen, Morgenröten, Morgensternen sowie Sonnenaufgängen und Sonnenuntergängen führt er durch die Daten jedes Monats. Dabei bieten die Nonen und Iden am 5. (7.) und 13. (15.) jedes Monats Fixpunkte (deren Datierung er, weil er selbst nicht *fasti* schreibt, voraussetzen kann), von denen er die Vorwärtsrechnung erneut beginnen lassen und so übersichtlich halten kann. Dieses System funktioniert für die maximal fünftägige Periode zwischen Kalenden und Nonen und die siebentägige Periode zwischen Nonen und Iden ohne Probleme, wird aber in der zweiten Monatshälfte, die bis zu achtzehn Tage umfassen kann, leicht zu unübersichtlich. Um die Zahlen klein zu halten, ergänzt Ovid hier die üblichen Abstandszählungen vom Monatsende beziehungsweise von den nächsten Kalenden durch die Vorwärtszählung von den Iden her.[12]

Ovids poetisches Projekt

Wenn Ovid in der Wahl seines Gegenstandes eine zentrale Gattung öffentlicher Repräsentation kaiserlicher Größe und Bedeutung aufgreift, stellt er sich mit der Wahl der metrischen Form in weitere Bezugsfelder. Ihnen nachzugehen führt nur scheinbar vom Thema Kalender weg: Gerade darin wird aber deutlich, wie vielfältige Anschlußmöglichkeiten das Zeitrechnungsinstrument bot, wie produktiv es in unterschiedlichen kulturellen Kontexten werden konnte und kann. Kalendergeschichte ist auch Literaturgeschichte.

Die wichtigsten Hinweise zur literaturgeschichtlichen Positionierung liefert das ursprüngliche Prooemium des Kalenderkommentars. Nach der These von Hermann Peter aus dem Jahr 1874 verschob Ovid diese Fassung des Vorwortes an den Beginn der Darstellung des Februar, als er den Text des Werkes während seiner Relegation nach Tomis überarbeitete. Demnach waren die heutigen Eröffnungsverse 1 bis 26 des ersten Buches Teil einer zweiten Fassung des Werkes, in denen Materialien vom Anfang des vierten Buches verwendet wurden.

Damit klärt sich das Problem des Fehlens jeglichen Verweises auf den Vorgänger in lateinischer elegischer Aitiologie, auf Properz' viertes Buch auf: Was für ein Vorwort einer Zweitauflage mit Widmung an einen neuen Adressaten (Germanicus statt des inzwischen verstorbenen Augustus) verständlich ist, wäre nämlich unverständlich für die programmatische Einleitung in ein Werk, das fünfzehn Jahre nach diesem ersten buchfüllenden poetischen Projekt einer Dichtung über «Ursprünge» von Tempeln und Ritualen begonnen wurde: Jeder kritische Blick auf den Vorgänger fehlt jetzt in den Eröffnungsversen, aber entsprechende Anspielungen stechen am Beginn des zweiten Buches (Verse 3–18) heraus. Genau in diesen Versen beschreibt Ovid seinen Übergang von der Liebeselegie zu «höheren» Themen. Genau hier definiert Ovid sein Projekt dem gleichfalls augusteischen Dichter Properz (gestorben nach 16 v. Chr.) gegenüber. In einem modifizierenden Properzzitat bestimmt er sein Werk als versifizierten Kommentar zum römischen Kalender in seiner Form der Fasten und als Fortsetzung seiner früheren Liebesdichtungen (2,7): «Derselbe bin ich, der jetzt Kulte besingt und die in den Fasti bezeichneten Zeitpunkte» (*idem sacra cano signataque tempora fastis*).[13]

Die Aufnahme von Properzens *sacra diesque canam et cognomina prisca locorum* – «die Riten und Tage werde ich besingen und die alten Beinamen der Örtlichkeiten» (4,1,69) – ist unbestreitbar und immer gesehen worden.

Bereits im Selbstzeugnis Ovids über seine Vorgänger in der Exildichtung der *Tristien* (4,10,53 f.) nimmt Properz eine zentrale Stellung unter jenen ein.[14] Die nähere Untersuchung der ganzen Einleitungspassage des zweiten Buches legt die Komplexität der Bezüge offen:

Jetzt fahrt ihr zum ersten Mal mit größern Segeln, meine Elegien,
früher wart ihr leichte Kunst, ich weiß es noch recht gut.
Mir selber habt ihr in der Liebe gern gedient,
als frühe Jugend spielend ihre ersten Weisen formte.
Jetzt besinge ich die heiligen Bräuche und die Feste, die im Kalender ihre (eigenen) Zeichen tragen.
Wer hätte wohl geglaubt, daß von dort ein Weg nach hier führt?
Das ist mein Felddienst, ich trage nur die Waffen, die ich tragen kann,
und meine Rechte ist nicht frei von aller Pflicht und Tätigkeit:
Wenn ich auch nicht mit starkem Arm die Speere zwinge
und nicht den Rücken eines Kriegspferdes besteige
und kein Helm mich schirmt, kein scharfes Schwert mich gürtet
– für die *Waffen kann ein jeder tauglich sein –*
so widme ich, *ergebenen Sinns, mein Streben deinen (Ehren-) Namen, Caesar, und wandle durch den Wald Deiner Siegesnennungen.*
Darum steh mir bei und schaue gnädigen Angesichts für einen Augenblick auf mein Gedicht,
wenn dir der Kampf gegen die Feinde ein wenig Zeit läßt.

Ovid, *Kalenderkommentar* 2,3–18 (Übers. nach Franz Bömer).

Die wörtlichen Anspielungen und dichtungstheoretischen Bezüge konzentrieren sich auf Ovids eigenes vorangehendes Werk, die *Liebeskunst*, und Properz, und hier noch einmal auf das Eröffnungsgedicht des vierten Buches. Auf die eigene Liebesdichtung wird mit dem Bild der größeren Segel verwiesen – kleinere waren genug für jene Art der Dichtung gewesen (*Liebeskunst* 3,26). Dem Lehrmeister (*magister*) der Liebe dienten die elegischen Verse. Wie für Properz ist die Diskrepanz von Maß und Gegenstand ein wichtiges Thema. «Leichte Kunst» erinnert an Properz' Ausruf «Weh mir, wie schwach ist der Klang in meinem Mund» und das folgende «mit enger Brust» (4,1,58 f.). Dieses Thema ist zentral und wird im Prooemium des sechsten Ovidischen Buches wieder aufgegriffen, wenn Iuno den Dichter anspricht: «Der Du wagst, in kleinen Versmaßen große Dinge darzustellen» (6,22).

Das hier verhandelte Problem der Angemessenheit von Gattung und Thema betrifft alle Dichter der Augusteischen Zeit, die sich wie etwa auch Horaz der kleineren Gattungen bedienen, in gleicher Weise. Interessant für den späten Properz des vierten Buches und dann für Ovid ist, daß es nicht mehr um ein Augustus gewidmetes Heldenepos geht, dem die Elegie nicht angemessen wäre, sondern daß religiöse Sachverhalte und die Kommentierung des stadtrömischen Kalenders diese Position eingenommen haben. Es geht nicht um Exotika, Banalitäten oder Frivolitäten der eigenen Kultur, sondern um ein kulturelles Produkt höchsten Ranges im Mittelpunkt öffentlicher Aufmerksamkeit.

Die explizite Diskussion bei Ovid zeigt, daß er sich primär mit Properz als Vorgänger auseinandersetzt und ihn übertreffen will. Für Properz war die Verwendung des «kleinen» Versmaßes in der Erläuterung religiöser Sachverhalte durch den Dienst an seiner Heimat *(patria)* motiviert (4,1,60). In seiner Zeichnung des Augustus, des *pater patriae,* im zweiten Buch (Verse 119–127) legt Ovid in seinem Kalenderkommentar diese Diskrepanz in einer anderen Nuancierung offen:

Nun wünschte ich, daß tausend Stimmen in mir wären und die Kraft, mit der Homer Achill besang, wenn ich im Wechselvers die geweihten Nonen besinge: Dieses ist die höchste Ehre, die im Kalender vermerkt wird. Mir fehlt es an geistiger Kraft, es bedrängt mich, was über meine Kräfte geht; mit besonderer Stimme muß ich diesen Tag besingen. Was wollte ich, Wahnsinniger, eine solche Last den Elegien aufladen? Das ist eine Angelegenheit für das heroische Versmaß.

Die politische Rolle des Gedichtes und das Verhältnis des Dichters zum Imperator waren bereits Themen der früheren Fassung und waren Themen des Properz. Behandelt werden sie im zweiten Teil des ursprünglichen Prooemiums. Selbst wenn die militärische Metapher schon zuvor von Ovid benutzt worden war,[15] erinnert doch der spezifische Wortlaut «das ist mein Militärdienst» an die Rede Apollos an Properz mit dem Verweis «das ist Dein Dienstort!» (4,1,135). Auch die Übertragung des Bedeutungsfeldes von den Liebeskämpfen zur Dichtung verweist auf Properz. Weitere Bilder und Formulierungen unterstreichen die Verbindung. Die abschließende Festlegung von Ovids Sujet – Augustus – wird mit «aber Deine» eingeleitet (2,15), was deutlich Apollos Einführung der schließenden Definition von Properz' Sujet, «aber Du» (4,1,135), in Erinnerung ruft.

Der Versinhalt ist dagegen nicht identisch. Während der Vorgänger in den Gestalten des Propertius und Horos unterschiedliche Positionen aufeinanderprallen läßt, wird bei Ovid aus Zweifel und Konflikt ein offensiv vertretenes neues Konzept. Wo Properz auf die Waffen des Liebeskampfes zurückgeworfen wird, lehnt Ovid alle Waffen außer patriotischer Dichtung selbst ab. Seine Aufgabe, sein *munus* ist nicht vergebliche Arbeit, er ist kein «nützlicher Feind» (so Properz im Vers 138 f. der Einleitungselegie): Normale Waffen kann jeder tragen. Obwohl selbst Mitglied des Ritterstandes,[16] lehnt Ovid es ab, auf dem Rücken eines Kriegspferdes zu sitzen. Hier spielt Ovid auf die Schlußverse der beiden Hälften des Properzischen Gedichtes an, in dem dem schwitzendem Pferd der Rücken eines Krebses entgegengehalten wird, eine nur scheinbar astrologische Warnung des Gottes Apollo: «Hüte Dich vor dem unglückbringenden Rücken des achtfüßigen Krebses» (Vers 150).

Der Bezug auf Properz zeitigt noch eine weitere, strukturelle Entscheidung Ovids. Trotz des Titels und der programmatischen Formulierung *sacra cano signataque tempora fastis*, «heilige und in den Fasten vermerkte Daten besinge ich», beschränkt sich Ovid nicht darauf, die *fasti* zu kommentieren. Er schließt die Daten und Inhalte eines Parapegma ein, einer Liste von Sternauf- und -untergängen und meteorologischen Prognostika. Es handelt sich hier um eine seit hellenistischer Zeit überaus populäre kalendarische Gattung,[17] die zum Teil eher von spekulativem und divinatorischem als empirischem und praktischem Interesse ist. Da es auch unter dem republikanischen Sonnenkalender keine stabilen Äquivalente von bürgerlichen Daten und jahreszeitlichen Ereignissen gab, liefen beide Gattungen – Parapegmata und Prognostika einerseits, Kalender andererseits – völlig getrennt voneinander. Als Nachfolger hellenistischer Sternen- und Wetterdichtung, das heißt als «römischer Aratus», hätte Ovid keinen Kalender kommentieren müssen. Caesars Kalenderreform ermöglichte den Römern, nun Julianische Äquivalente für alle die Gestirne betreffenden Daten anzugeben. Eine solche Liste war Teil des im Zusammenhang mit der Reform von Caesar beziehungsweise Sosigenes publizierten Materials. Gleichwohl liefen die beiden Gattungstraditionen nicht vor dem Ende der eigentlichen Kalender in Fastenform, das heißt in den *fasti* des Galliers Polemius Silvius in der Mitte des fünften nachchristlichen Jahrhunderts zusammen.[18] Formal ganz in der Nachfolge der *fasti* bot Polemius im wesentlichen Prognostika. Vielleicht verzichtete er auf eine größere

Anzahl von Daten von Sternaufgängen und Sternuntergängen, um sich selbst deutlich von astrologischer Literatur abzugrenzen – genau das nämlich gibt er als Grund an, weshalb er auf Nundinal- und Lunarbuchstaben verzichtet.[19]

Zur Zeit Ovids unterscheiden sich nicht nur die beiden Typen chronographischer Listen, sondern auch ihre Behandlung bei Ovid. Wie die modernen Ausgaben mit ihrem Einbringen von Daten in den Ovidtext demonstrieren[20] und schon kurz gezeigt wurde, ist eine vernünftige Lektüre des Kommentars ohne Einblick in den Grundtext, also die *fasti*, nicht möglich. Einige Passagen lassen sich anders überhaupt nicht verstehen. Die bereits erwähnten Verse im fünften Buch (5,727 f.) ergeben nur Sinn, wenn man die Buchstaben *QRCF* in der eigenen «Papyrus-Edition» der *fasti* unter dem Datum des 24. Mai mitlesen kann. Ovid setzt an keiner Stelle explizit ein schriftliches Parapegma in derselben Weise voraus, aber ein gleicherweise nachvollzogener Bezug darauf und Vergleich damit würde das Lesevergnügen deutlich steigern. In jedem Fall würde ein Leser, der nur über *fasti* und Ovids *Libri fastorum* verfügte, ständig irritiert. Immer wieder hätte er erläuternde Kommentare zu Sachverhalten gefunden, die sein Grundtext überhaupt nicht bot.

Ovids Entscheidung läßt sich als Antwort auf das in der Einleitungselegie des vierten Buches des Properz behandelte Problem einer Engführung aitiologischer Dichtung im Sinne «nationaler» Geschichte sehen, wie Ovids Formulierungen an der Stelle zeigen, als er das zweite Stoffgebiet – oder den zweiten Bezugstext – seines Gedichtes einführt:[21]

Wer verbietet, daß ich auch die Sterne nenne, wie ein jeder auf- und untergeht? Auch dies soll ein Teil dessen sein, was ich versprochen habe. Glücklich die Menschen, die als erste diese Dinge zu erkennen und (mit ihrem Geiste) in die himmlischen Bezirke aufzusteigen sich bemühten! ... Auch ich will unter ihrer Anleitung den Himmelsraum durchmessen und den flüchtigen (Himmels)zeichen ihre Tage weisen. Sobald also die dritte Nacht vor den nächsten Nonen eintritt und, besprengt vom Tau, der von dem Himmel fiel, die Erde feucht ist, (dann) wird man umsonst die Scheren des achtfüßigen Krebses suchen, denn er wird sich im Westen steil in die Fluten stürzen. Wenn die Nonen da sind, geben Regengüsse, die aus schwarzen Wolken kommen, dir (dafür) ein Zeichen; an dem gleichen Tage geht die Lyra auf.

Ovid, *Kalenderkommentar* 1,295–316 (Übers. Franz Bömer).

«Wer verbietet» (*quis ueta*) weist auf den Einwurf des Kritikers, des Astrologen Horos, der in der dialogischen Einleitungselegie des vierten Elegienbuches des Properz sich dem dichterischen Vorhaben des ersten Sprechers mit den Worten *quo ruis*, «wohin stürzt Du» entgegentritt (Vers 71). Dem tritt Ovid nun seinerseits entgegen: Weder Astrologie noch der unveränderliche Lauf der Gestirne bilden den archimedischen Punkt, sondern die Julianischen Kalenderdaten: Ovids astronomischer Empirismus siegt über Horos' Bücherweisheit.

Erst in dieser Rezeption wird Horos zu jener lächerlichen Figur, als die ihn viele Properzforscher gesehen haben. Seine Prophezeiungen mögen für Properz wahr sein, für Ovid und sein Projekt des «Fastenkommentars» sind sie definitiv falsch. Der Kern der Warnung des Horos hatte aus zwei Bildern bestanden, die nicht als astrologische Verschlüsselungen mißverstanden werden sollten: «... Apollo hat sich abgewandt, Du forderst von einer unwilligen Leier Worte, die Du bedauern wirst.» Und «hüte Dich vor dem unglückbringenden Rücken des achtfüßigen Krebses» (Vers 74 und 150). Die widerwillige Leier und der gefährliche Krebs – Ovid deutet die nichtastronomischen Bilder des Astrologen in Sternkonstellationen um. Indem er zwei caesarische, aber sicherlich falsche Daten (eines davon hatte schon Cicero zur Zeit der Julianischen Reform kritisiert)[22] als seine ersten Beispiele des zweiten generischen Fadens nimmt, zeigt Ovid, wie falsch[23] Horos liegt: Der Krebs, den der Astrologe angedroht hatte – das ungewöhnliche Attribut «achtfüßig» weist ihn als den Properzischen aus –, verschwindet und die Lyra, die Apollo verweigerte, erscheint: Horos ist widerlegt, aber in einer Art und Weise, die zeigt, daß die unter seinem Namen vorgetragenen Überlegungen des Properz zur Problematik der Gattungen richtig sind: Die Kombination der offiziellen *fasti* und des populären *parapegma* dient Ovid dazu, jene Eindeutigkeiten zu vermeiden, die aus der Elegie, dem Versmaß der Trauer und der Liebesdichtung, eine auf Geschichtsdeutung und Herrscherlob fixierte Gattung machen würden. Ovid läßt selbst Göttinnen konkurrierende Erklärungen vortragen. Gerade diese Häufungen von Deutungsangeboten schaffen in dieser Gattung Distanz. Sie reklamieren die Vielschichtigkeit der Traditionen gegen einheitliche Deutungen, wie sie in offizieller Propaganda und architektonischen oder Bild-Programmen, etwa des stadtrömischen Augustus-Forums mit seinem Tempel für «Mars, den Rächer», zeitgleich monumentalisiert wurden. Letzteres mag für die zeitgenössische Rezeption entsprechende Erfolgsunterschiede bedeutet haben. Aber die Dichtung Augusteischer Zeit lebt aus der Überzeugung *aere perennius*, dauerhafter als die Bronzestatuen[24] berühmterer und mächtigerer Zeitgenossen zu sein.

Für die Leserschaft hat das Verbinden der Fasti und der Parapegmata als Vorlagen handgreifliche Folgen: Mit sechs bis dreizehn Einträgen pro Monat[25] zwingt Ovid seine Zuhörer oder Leserinnen, den Text, dem der Kommentar gilt, fast doppelt so häufig zu wechseln! Die offensichtliche Spannung von jenen geschriebenen, jedermann zugänglichen Texten, die Ovid kommentiert, und seinem vorgetragenen Kommentar verschaffte seiner Zuhörerschaft das deutliche Gefühl intellektueller und sozialer Überlegenheit.[26] Auch in anderen Punkten lotet Ovid in seinem Kommentar vorsichtig die Grenzen der Gattung *fasti* aus. Das Argeeritual am 16. und 17. März, das in keinem erhaltenen Kalender überliefert ist, vermerkt er mit der Angabe: «An diesem und dem vorangegangenen Tag geht man zu den Argeern, *wenn ich mich (richtig) erinnere*» (3,791 f.). Ähnlich steht es mit der Behandlung der *feriae conceptivae*, jener Feiertage, die zwar jährlich abgehalten, aber zeitlich je neu festgesetzt wurden. Wie bei der kultischen Notiz zu den Argeern wird auch ein Fest dieser Kategorie nur einmal, und zwar anläßlich der *feriae sementivae* im Januar behandelt. Wiederum wird das Problem des Fehlens in den Fasten vor der eigentlichen Sachinformation thematisiert (1,657–660):

Drei, ja viermal habe ich die die Zeiten anzeigenden Fasti gewälzt
und den «Saattag» nirgends gefunden,
als mir die Muse (sie sah mein Problem) sagte:
«Dieser Tag wird einzeln angesetzt,
was forderst Du denn von den Fasti die Angabe
nicht kalendarisch fixierter Rituale?»

Lektüren von Kalenderlektüren

Blättern wir in Ovids *Libri fastorum*, stellen wir eine viel größere Lükke fest: Obwohl Ovid in der eingangs zitierten Tristienpassage von zweimal sechs Büchern spricht, kennt weder die handschriftliche Überlieferung noch die antike Sekundärüberlieferung in Form von Verweisen oder Zitaten die Bücher für die Monate Juli bis Dezember. Das dürfte für diejenigen, denen die erste wie zweite Fassung gewidmet war, Augustus und Germanicus, insofern besonders ärgerlich gewesen sein, als die im Prooemium angekündigte Konzentration auf die kalendarischen Ehren des Kaisers und der kaiserlichen Familie gerade in den entsprechend benannten Monaten *Iulius* und *Augustus* sowie im Geburtsmonat des Augustus, dem September, Platz gegriffen hätten. Hier zeigt sich, daß immanente Deutungen des Werkes, ob sie nun die Exaltierung oder Kritik des Kaisers oder die Mythologisierung römischer Religion im Zentrum sehen, an der zentralen Entscheidung über die publizierte Gestalt des Werkes scheitern: Das Eigentliche hält der Stadtrömer wie der Religierte zurück. So muß der Blick noch einmal dem Erhaltenen gelten.

Jan Assmann hat in seinen Arbeiten über das kulturelle Gedächtnis das Ritual, und namentlich die zumeist jährliche Abfolge komplexer öffentlicher Feste als ausgezeichneten Träger der langfristigen Wissensbestände einer Gesellschaft, eben des kulturellen Gedächtnisses, vorgestellt.[27] Ovids Werk scheint ihm recht zu geben. Aber der Schein trügt. Ovid schreibt nicht das, was die typischen römischen Festteilnehmer oder Festteilnehmerinnen im Ritual «wissen» und denken.[28] Wenn das Fest gut war, waren sie und die typische römische Festteilnehmerin vermutlich betrunken – das dürfte für die Matronalia nicht anders als für die Saturnalia gegolten haben, für das Fest der Anna Perenna am 15. März macht Ovid das sogar explizit (3,526–542).

Ovid beschreibt, wie große Festrituale ablaufen. Aber er schreibt nicht *De festis Romanorum*, «über römische Feste», sondern *De fastis*, «über die Fasten», schreibt *Libri fastorum*. Er kommentiert einen Text, der selbst die Rituale der Stadt Rom nur unter einer besonderen Perspektive verschriftlicht: Von seiner Entstehung am Ende des vierten vorchristlichen Jahrhunderts her als Begründungen für die rechtliche Qualität des Tages, seit dem Anfang des zweiten Jahrhunderts auch als Erinnerung an die geschichtlichen, vor allem militärischen Großtaten, die sich in der Weihe von Tempeln für alte und neue Gottheiten niedergeschlagen haben, seit spätjulianischer und vor allem Augusteischer Zeit schließlich als ein Propagandainstrument, das die religiöse Thematisierung der Siege und biographischen Daten des Herrscherhauses – Feiertage anläßlich der Eroberung Alexandrias wie der Geburt des Augustus – über die Teilnehmer der jeweiligen Spiele hinaus bekannt macht. Erst damit wurden die römischen *fasti* zu einem Sujet prachtvoller Marmorinschriften. Zuvor hatte die historisch-kommemorative Wende des zweiten Jahrhunderts v. Chr. diese Kalenderform zu einem Sujet von Wandmalereien gemacht.

Ovids Werk spiegelt in den Monaten Januar bis Juni einen Kalender wider, der allgemein in das Blickfeld rückt. Die Vielzahl neuer kaiserlicher Feste und die Verschiebung von Tempelstiftungstagen nach zeitgenössischen Restaurierungen brachte Veränderungen und erzeugte damit Aufmerksamkeit – nicht nur im Vorwort der Zweitauflage streicht der Dichter das heraus. Aber Ovid versifiziert diese *fasti* nicht, sondern kommentiert sie. Damit gewinnt er einen weiteren Freiheitsgrad: Er wählt aus, die Länge seiner Kommentare spiegelt die Größe der Buchstaben der Marmorkalender nicht wider. Die scheinbare Eindeutigkeit der religiös-kalendarischen Argumentation, die den Festcharakter (*NP*) eines Tages durch einen Festnamen oder ein historisches Datum zu begründen sucht, wird durch die Kommentierung auch des «Kleingedruckten», wird durch das Angebot unterschiedlicher Deutungen unterschnitten.

An der These Assmanns gemessen, schreibt Ovid nicht, was er selbst über die Feste denkt, mit ihnen assoziiert, ja nicht einmal das, was er über die im verschriftlichten Kalender enthaltenen Feste, was er über die *fasti* denkt. Mit der Heranziehung der parapegmatischen Tradition, jener «Steckkalender», die für die Verfolgung astronomischer Phasen genutzt wurden, und der Berücksichtigung beweglicher Feiertage gewinnt er gegenüber den *fasti* einen weiteren Freiheitsgrad. Aber das zielt nicht auf Totalität, auf enzyklopädische Vollständigkeit. Vielmehr ermöglicht es Distanz zum kommentierten Objekt, eine Distanz, die nicht notwendigerweise Kritik sein muß.

Die Behandlung der «Iden des März» zeigt den Handlungsspielraum des Kommentators, die Armut des Mediums Kalender und den Reichtum des Mediums Fest. Bevor sich Ovid – wie er selbst sagt: von Vesta an die Kandarre genommen – in vierzehn Versen der Ermordung Caesars zuwendet (3,697–710), befaßt er sich mit Anna Perenna, einem Namen, der schon in den vorjulianischen *Fasti Antiates maiores* als Zusatz zu den Iden erscheint, in den augusteischen *Fasti Maffeiani* und *Ostienses*, die kaum «kleingedruckte» Einträge aufweisen, aber fehlt. Immerhin scheinen die *Fasti Praenestini* den Eintrag enthalten und kommentiert zu haben, die *Fasti Vaticani* präzisieren sogar den Ort: «*Feriae* für Anna Perenna an der Via Flaminia bei ersten Meilenstein.» Das ist nach allen Regeln der Gattung die Ortsangabe für ein an diesem Tag dediziertes Heiligtum, mithin die Angabe eines Stiftungstages. Doch was schildert Ovid? Ein ausgelassenes Fest am Tiberufer, bei dem man, wie schon angedeutet, zu intensiv auf das neue Jahr trank. Und dann folgen über einhundertfünfzig Verse, die von verschiedenen Anna-Deutungen handeln. Die erste und längste deutet sie als Schwester der Dido: Verse, die in der Begleitung von Didos Weg von Karthago nach Latium eine intensive Vergilkritik bieten.

Was hat die religionsgeschichtliche Ovid-Interpretation daraus gemacht? Zwei Stimmen mögen genügen. Georg Wissowa, Verfasser des 1902 in erster Auflage erschienenen und noch immer gültigen Standardwerkes zu «Religion und Kultus der Römer» schreibt mit Verweis auf die seiner Meinung nach richtige Deutung Hermann Useners als Jahresgöttin: «Was alte und neue Gelehrte im Anschlusse an eine falsche Etymologie des Namens (von *amnis perennis*) [also nie versiegender Fluß] oder unter Heranziehung der phoenicischen Anna, der Schwester der Dido, über Anna Perenna zusammengefabelt haben, ist in diesem Falle glücklicherweise nicht imstande gewesen, die Erkenntnis ihrer wirklichen Bedeutung dauernd zu trüben.»[29] Im großen Kommentar von Franz Bömer heißt es: «Die Antike kannte von der Göttin nicht viel mehr als den Namen, an den sich mannigfache Kombinationen knüpften, und einige sakrale Daten.»[30] Beide räumen zumindest die Korrektheit der Ritualbeschreibung ein. Was alle übersehen haben: Ovid schreibt einen Kommentar zu den *fasti*. Dort steht ein Dedikationstag. Ovid wiederholt ihn nicht, sondern setzt ihn voraus. Den zugehörigen Tempel haben im Jahr 1996 Archäologen ans Licht gebracht. Er liegt dicht am Tiber. Schon im vierten Jahrhundert v. Chr. handelte es sich um einen monumentalen Tuffsteinbau, kein geringes Zeichen für die Bedeutung und Wertschätzung des Kultes. Dicht in der Nähe lagen an der Flanke einer kleinen bewaldeten Geländehebung gefaßte Brunnen mit kontinuierlichen Spuren kultischer Benutzung bis in die Spätantike hinein. Münzen und Fluchtäfelchen wurden versenkt. Eine kaiserzeitliche Inschrift spricht von einem Gelübde an Anna Perenna und wird *Nymphis sacratis* («den geweihten Nymphen»?) überschrieben.[31]

Ovid besaß in seiner Dichtung, das wird hier deutlich, viele Freiheitsgrade. Eine Grenze bildete das selbstgestellte Programm, einen Kommentar zu den *fasti* zu verfassen. Am 15. März kommentiert der Dichter eine Kalenderzeile. Diese nennt den Stiftungstag eines bedeutenden und populären stadtnahen Heiligtums. Caesars Ermordung nennt nicht der Kalender, das nennen nur Vesta und die historische Erinnerung. Aber es ist der Kalender, der diese Erinnerung zu strukturieren vermag – nicht nur in der Antike.

Historisches im und um den Kalender

Bereits Ovids Kalenderkommentar besaß die Tendenz, über die Aufnahme astronomischer Daten ein volleres Gerüst von Daten zu gewinnen. Dennoch – und das zu betonen ist mir für das Verständnis der folgenden Entwicklungen wichtig – handelt es sich nicht um einen Kalender. Die strukturierende Funktion des Kalenders wurde (und wird) in der Regel additiv genutzt: Weitere Materialien wurden an den Kalender angehängt, nicht in ihn integriert. Das gilt schon zu einem sehr frühen Zeitpunkt für die Listen römischer Oberbeamten, Listen die spätestens im ersten Jahrhundert v. Chr. selbst als *fasti* bezeichnet wurden. Das gilt schon im ersten Jahrhundert v. Chr. auch für Listen von Kollegiumsbeamten und schließlich Listen aller Art bis hin zu Nachfolgereihen christlicher Bischöfe und Datumslisten von Märtyrern.

Für die Antike bilden der «Chronograph von 354» und die durch die Monatsblätter des Kalendariums zusammengehaltenen «Fasti» des Polemius Silvius (448/449) die erkennbaren Endpunkte dieser Nutzung der alten *fasti*.[32] Das hier zusammengetragene Material ist eindrucksvoll. Aus den frühneuzeitlichen Abschriften des Buchkalenders des Jahres 354 n. Chr., der selbst titellos ist, aber seit Theodor Mommsen mit dem Namen «Chronograph des Jahres 354» angesprochen wird, läßt sich der antike Bestand im wesentlichen rekonstruieren.[33]

Der Codex beginnt mit dem Dedikationsblatt. Ihm folgen Darstellungen von vier Stadtgottheiten, eine Dedikation an den regierenden Kaiser im Namen des Eigentümers Valentinus und eine kalendarisch geordnete, zweispaltige Liste von Kaisergeburtstagen. Sie nennt jeweils den Kaisernamen und das Datum. Es folgen Darstellungen der Planetengötter, geordnet in der Reihenfolge der Wochentage mit Saturn an der Spitze. Astrologische Informationen werden in Listen mit dem Charakter und der relevanten Gottheit der vierundzwanzig Tagesstunden und Nachtstunden des jeweiligen Wochentages und einer kurzen allgemeinen Beschreibung geliefert. Ähnliche Informationen zu den zwölf Zodiakalzeichen folgen; sie geben an, welche Aktivitäten zu bevorzugen sind, wenn der Mond im jeweiligen Zeichen steht. Die entsprechenden Illustrationen sind in der Überlieferung verlorengegangen. Hierauf folgt der eigentliche Kalender. Er besteht aus zwölf Doppelseiten. Auf der linken Seite findet sich eine ganzseitige Darstellung des Monats vermittels einer Person, die eine jahreszeitlich typische Handlung ausübt; verschiedene Motive waren im vorangehenden Kapitel bereits betrachtet worden. Rechts steht der Kalendertext. Eine wirkliche Integration beider Teile ist selbst hier nicht zu erkennen. Bezüge, die die Darstellung eindeutig als summierende oder akzentuierende Illustration des Kalendertextes auswiesen, fehlen. Mitsamt ihren auf die Monate bezogenen Verslein sind die Monatsporträts durchaus selbständig.

Es folgen nach Porträts der beiden Konsuln (wohl des Jahres 354) in einem nun durchweg nicht mehr illustrierten Teil: eine Liste von Konsuln für die Zeit seit Gründung der Republik, mit einigen wenigen chronikartigen Notizen, die auch Ereignisse christlicher Geschichte einschließen (so das Martyrium von Peter und Paul); eine Darstellung der Osterdaten für die Jahre 312 bis 411 sowie eine Liste der römischen Stadtpräfekten für die Zeit von 254 bis zum Jahr 354; eine chronologische Liste der Bestattungsdaten (*depositiones*) der römischen Bischöfe von 255 bis zum Jahr 352 sowie die bereits behandelte kalendarisch geordnete Liste von Märtyrertagen – ebenfalls *depositiones* oder *dies natales.* Schließlich folgt noch eine chronologische Liste der stadtrömischen Bischöfe, beginnend mit Petrus; der Hinweis auf den Kreuzestod Jesu unter Tiberius geht voraus. Der Codex des Valentinus könnte mit einer knappen Chronik der Stadt Rom geschlossen haben; später wurde hier eine Beschreibung der Regionen der Stadt Rom und eine universalgeschichtliche Chronik eingeschoben. Das Material legt insgesamt nahe, daß auch schon zur Zeit des Valentinus die Zusammenstellung eine gewisse Beliebigkeit aufwies und mit zeitgenössischen Zusammenstellungen vergleichbaren Charakters, aber im Detail unterschiedlichen Materialien gerechnet werden muß.[34]

Ein Blick auf das Werk des Polemius Silvius, das ein Jahrhundert später entstand, illustriert die unterstellte Bandbreite. In seinem *laterculus* («Zeittafel») bilden Seiten mit dem Kalendertext der einzelnen Monate das Gesamtgerüst. Jeweils zwischen die Monate eingeschoben – das unterstreicht die zentrale und integrierende Rolle des eigentlichen Kalenders – finden sich Listen römischer «Kaiser und Tyrannen» seit Caesar, der römischen Provinzen, ein zweigeteiltes Verzeichnis von Tieren, eine Osterberechnung, eine Liste stadtrömischer Sehenswürdigkeiten, «erdichtete Geschichten» (dieser Teil fehlt nach dem Monat Juli), eine kurze Universalgeschichte sowie Darstellungen von Tierstimmen, Fragen der Metrik und Philosophenschulen (allesamt fehlend). Eine Übersicht über Maße und Gewichte schloß sich dem Monat Dezember an.

Der Kalender als Schema, das vielfältigen, zeitlich *anders* organisierten Informationen einen Rahmen gibt, bleibt die gesamte Antike hindurch selbst stereotyp. Die innere Erweiterung des Kalendertextes ist auf wenige Experimente der frühen Prinzipatszeit (etwa die *Fasti Praenestini* des Verrius Flaccus) und die subantiken Fasten des Polemius Silvius beschränkt, der einige der Feste, die er noch nennt, bereits als der Vergangenheit zugehörig kennzeichnet und somit den auch antiquarischen Charakter seines Kalendertextes unterstreicht. Die Stereotypie des Kalenders bleibt aber auch über das Ende des römischen Reiches erhalten. In den sakralen Texten des Hoch- und Spätmittelalters weist die die Fasten fortführende Kalenderform zumeist folgende Spalten auf: Goldene Zahl (zur Osterfestbestimmung), Sonntagsbuchstabe, die numerische Position des Tages im Monat, die römische Datumsangabe, dann die Heiligenfeste; gegebenenfalls noch liturgische Hinweise. Die Datierungsform der Durchzählung der Tage des Monats tritt seit dem sechsten Jahrhundert auf; im Spätmittelalter dominiert sie bereits.[35]

Die Darstellungsform insgesamt konnte wie schon in der Antike um astronomische (Eintritt in Tierkreiszeichen) und prognostische Informationen (Wettervoraussagen) ergänzt werden – zum Tragen kam dies mit dem enormen Aufstieg der Astrologie seit der Renaissance.[36] Handschriftliche «Praktiken» oder «Allmanache» in Buchform, die die Monatsspalte zur Doppelseite ausbauten, informierten seit dem fünfzehnten Jahrhundert in zahlreichen Spalten über Mond- und Sonnenaufgänge wie Untergänge dieser Gestirne sowie Planetenbewegungen. Führend waren dabei die Produkte der Wiener Astronomen:[37] die *Practica* des Johann Schindel von Gmunden, die für eine Nutzung über einen neunzehnjährigen Zyklus hinweg bestimmt sind (1410, 1429 …), und die Kalender des Johannes Regiomontanus, der mit seinen Drukken ab 1475 für Deutschland den Anfang einer überreichen Produktion markierte.

In den Buchkalendern – Einblattkalender, auch noch im Holzblock-Verfahren, blieben lange auf dem Markt – war die Anordnung, daß jeder Monat je eine Seite oder Doppelseite einnimmt, nicht zwingend. Häufig finden sich auch durchlaufende, den Seitenumbruch auf einen beliebigen Tag setzende Gestaltungen. Wo die Anordnung des Monats auf Einzelseiten durchgehalten wurde, fand sich schon in aufwendigeren Handschriften die Aufnahme der antiken Tradition der Monatsdarstellungen. Letztere kennen wir wiederum vor allem aus den Abschriften des Chronographen von 354, dem ältesten überlieferten Buchkalender. Das großformatige, unter Santa Maria Maggiore gefundene Kalendergemälde mit Monatsfeldern von 45 Zentimetern (Textspalte) und 280 Zentimetern Breite bei etwa 170 Zentimetern Höhe tritt hinzu.[38] Mosaiken vertreten ähnliche (und ältere) Gestaltungen.[39] Daß der Chronograph vermehrt seit dem späten fünfzehnten Jahrhundert kopiert wurde, zeigt, wie die Antikenrezeption sich in eine breitere Strömung einfügt.

Schon seit dem Beginn dieses Jahrhunderts breitete sich das Schema auch in profane Gattungen aus und bildete im siebzehnten Jahrhundert eine verbreitete Praxis,[40] die sich in der Form von Wandkalendern auch heute noch größter Beliebtheit erfreut. Für Gebildete profitierte auch Ovid von dem um 1500 stark gestiegenem Interesse am Kalender. Davon zeugen eine Reihe von Handschriften in diesem Zeitraum. Im Jahr 1513 versah Philipp Gundelius eine Ausgabe des Ovidschen Kalenderkommentars mit einem vorangestellten Kalender, der aus dem in Wien verfügbaren Chronographen von 354 gezogen wurde.[41] Im Jahr 1516 schrieb Johannes Baptista Mantuanus (Giovanni Battista Spagnoli) zwölf *Libri fastorum*. Diese lieferten ein ethnographisches Aggiornamento Ovids und berücksichtigten auch die zweite Hälfte des Jahres, die von Ovid nie versifiziert worden war. Das Werk hinterließ bleibenden Eindruck: Während der zweiten Hälfte des sechzehnten Jahrhunderts wurden verbesserte, wie es im folgenden Titel heißt, «von der Überzahl der bisher entstellenden Fehler gereinigte» Neuauflagen herausgebracht, so 1561/1562 in Köln *Fastorum libri XII. A mendis permultis, quibus hactenus scatebant, repurgati.* 1576 erschien ein weiterer Druck (*Opera 2*), nun in Antwerpen.[42]

Ein Wittenberger Professor

Ovid war auch dem Wittenberger Professor für Grammatik Paul Eber, später Theologieprofessor und Stadtprediger im selben Ort, bekannt, einem Freund des Reformators Martin Luther.[43] Eber kannte auch die stadtrömischen *Fasti triumphales*, die 1548 gefunden worden waren, eine wohl aus Augusteischer Zeit stammende, chronologisch geordnete Zusammenstellung der republikanischen Triumphe und ihrer Tagesdaten. Eber nennt sie unter dem 1. Januar und wertet sie vielfach aus. Bereits im Jahr 1550 nämlich publizierte Eber ein *Calendarium historicum* von nicht weniger als vierhundertzweiundachtzig Seiten, einen Kalender, der historische Ereignisse berichtete und für jeden der dreihundertfünfundsechzig Tage des Jahres entsprechende Erzählungen bot.[44]

Den Einfluß Ovids läßt das Vorwort klar erkennen: *Sic cernimus in fastis Ouidianis*, «so haben wir es in den Ovidianischen Fasti gelesen», schreibt er auf der vierten Seite. Bezeichnend ist auch, daß er das Vorwort mit einer Elegie abschließt, die Ovid imitiert und mit dem Vers schließt: *Cumque tuis forsan Naso mea scripta legentur* – «und mit Deinen, Naso, werden vielleicht meine Schriften gelesen». Das Programm, auf den Seiten 20 und folgenden der Ausgabe von 1551 formuliert, nennt «Tage, Geburtstage herausragender Personen, heidnische (*ethica*) Feste, Sternenaufgänge» und «Schicksale von Privatleuten». Die Notwendigkeit, über griechische und römische Geschichte Bescheid zu wissen, wird betont (S. 16). Als Appendix wird gegeben ein *Calendarium Romanum vetus*, ein «alter römischer Kalender, der in Rom auf den Marmortafeln im Hause der Vallae beim Circus Flaminius und im Gärtchen des Colotius, auf dem Marsfeld gelesen werden kann». Es handelt sich hier um die heute als *Menologia rustica*, «Bauernkalender» (Menologium rusticum Colotianum und Vallense) bekannten Steine, monatsweise Zusammenstellungen der Tageslängen, Tierkreiszeichen, Schutzgottheiten, landwirtschaftlichen Aktivitäten und wichtigen Feste jeden Monats (*Inscriptiones Italiae* 13,2,286–298). Diese Texte werden erstmals 1527 beziehungsweise 1513 beschrieben.

Daten aus der Antike sind wichtig, ebenso Daten der frühneuzeitlichen und insbesondere der Reformationsgeschichte. Das Verhältnis dieser Daten unterlag der Veränderung: Von Auflage zu Auflage, und besonders seit der deutschen Übersetzung von 1582 – das Jahr der Gregorianischen Kalenderreform! – trat die Antike mehr und mehr in den Hintergrund.

Der Titel des Werkes von J. und M. Eber, Sohn und Vater, lautete nun in der Wittenberger Ausgabe von 1582:

Calendarium historicum, Das ist Ein allgemein Calender / in welcem uff ein jeden tag durchs gantze Jar / eine namhaffte Geschicht oder Historien / aus heiliger Schrifft und sonsten / so sich voriger oder neulicher zeit hin und wider in der Welt zugetragen / kürtzlich vermeldet und gezeigt wird: Vor XXX Jaren in das latein zusammen getragen / von dem Ehrwirdigen Herrn Paulo Ebero der heiligen Schrifft D., Itzt aber von seinen Sönen / dem gemeinen Vaterland zum besten verdeutschet / und mit vielen newen Historien vermehret worden. Der Text konzentriert sich auf die Geschichte der unmittelbar vergangenen Jahrhunderte, die Antike ist praktisch nicht mehr präsent. Gleichwohl gibt es für den 1. Januar die Notiz: «*An diesem Tage haben die Römer vorzeiten jre Reichstage gehalten und Bürgermeister gewehlet.* Ovid ./. Fast.» (S. 2). Dies ist das letzte Zitat von Ovid.

Die inhaltliche Entfernung stellt den zentralen Bezug hinsichtlich der Form aber nicht in Frage. Diese Form gewann zunehmend an Popularität. Neben historischen Notizen in Kalendern und der Beifügung historischer Listen zu Kalendern ist für eine kalendarisch geordnete Sammlung von Erzählungen neben Ovid noch eine näheres Vorbild zu nennen. Das ganze Mittelalter hindurch genossen Heiligenleben und Passionen von Heiligen große Nachfrage, die Heiligenlegende ist der mittelalterliche Serienroman par excellence. Eine unmittelbare liturgische Notwendigkeit für solche Sammlungen fehlte.

Die am weitesten verbreiteten Martyrologien lassen sich auf eine Zusammenstellung zurückführen, die Usuard aus Saint-Germain-des-Près nach dem Jahr 858 verfaßt hatte: ein Martyrologium, daß für jeden einzelnen Tag Texte bot.[45] Daneben existiert eine ganze Anzahl mittelalterlicher liturgischer Bücher, die für den lokalen rituellen Gebrauch Kalender boten, die im wesentlichen Zusammenfassungen, eine Art Inhaltsverzeichnis des Usuardschen Martyrologiums darstellten.[46] Das schon einmal erwähnte *Calendarium marmoreum* aus Neapel, ein Kalender, der Heiligennamen für jeden Tag auflistete, ist ein Zeitgenosse des Usuard.[47]

Mit seiner Wendung zur Antike, zu Ovid, über diese Tradition hinweg, erfand Eber die Form neu und veränderte die Inhalte völlig. Er blieb nicht allein. Schon im Jahr 1559 verfaßte Caspar Goltwurm, der kurz zuvor einen profanen historischen Kalender hergestellt hatte, einen «Kirchen Calender», der für jeden Tag «Heiligenleben» bot. Natürlich nahm er damit auf die mittelalterliche Tradition Bezug. Aber diese Bezugnahme erfolgt in Reaktion auf und in Adaptation von Ebers historischem Kalender. Goltwurm selbst war ebenfalls Protestant.[48] Auch seinem Unternehmen waren Erfolg und neue Auflagen (1570: «Kirchen-Kalender») beschieden.

Kalendergeschichten

Für die deutsche Literaturgeschichte können diese historischen Kalender und ihre zahlreichen Varianten für unterschiedliche Leserschaften als Ausgangspunkt der berühmten «Kalendergeschichten» und der weit verbreiteten Kalender und Hauskalender des siebzehnten bis zwanzigsten Jahrhunderts gesehen werden, eine Linie zu Grimmelshausen und weiter Johann Peter Hebel und Bertolt Brecht.[49]

Im einzelnen verlaufen die Entwicklungen verzweigt und kompliziert. In gewisser Weise wiederholt sich das im Zusammenhang Ovids beobachtete Muster.[50] Erfolgreich war nicht die Integration der Texte in die Monatsdarstellungen, sondern die Beifügung. Den formalen Ansatzpunkt dafür boten die «Praktiken», die astrologischen Informationen, die bis zum Ende des achtzehnten Jahrhunderts (und vielfach darüber hinaus) den zentralen Bestandteil der auflagenstarken Kalender bildeten. Hier wurden astrologisch bestimmte Termine für eine ganze Reihe von Aktivitäten geboten, beginnend mit dem Aderlaß, aber auch für das Schröpfen, das Abstillen und Reinigungen; schließlich auch für ländliche Aktivitäten. Diese Informationen gab es als Einblattdrucke mit Symbolen – letztere sogar zur Angabe von Heiligenfesten durch entsprechende Figuren: «Mandl-(Männchen-)Kalender» – zum Gebrauch für nur wenig oder nicht alphabetisierte Gruppen, die sogenannten «Bauernkalender». Hohe Popularität genossen aber auch die Kombinationen aus Schreibkalender – Kalenderdarstellungen, die Raum für eigene Einträge, gegebenenfalls sogar auf eingeschossenen Seiten boten – und angehängter Praktik.

Es war der zuletzt genannte Teil, der Raum auch für darstellende Texte bot, medizinische Ratschläge, aber auch Unterhaltendes und – in der Folge von Eber – seit dem Ende des sechzehnten Jahrhunderts gerade auch Historisches. Der seit 1658 in Nürnberg erschienene *Zeit- und Wunder-Calender* des Kalendermachers Marcus Freund (1603–1662), der erst 1807 eingestellt wurde, illustriert eine verbreitete Anordnung.[51] Der Kalender erhob zunächst den Anspruch, ‹alle Schlachten und Belagerungen› zwischen Engländern und Holländern von 1588 bis 1656 sowie ‹etliche FeuersBrunsten› ‹wahrhaft [zu] beschreiben›, und setzte das mit Stadtbeschreibungen fort. Diese thematische Konzentration wurde in Fortsetzungsform im kalendarischen Teil abgehandelt. Im sich anschließenden Teil der Praktik wurden dagegen abgeschlossene Geschichten geboten, vielfach unter Datumsangabe des Ereignisses einem bestimmten Monat zugeordnet. So findet sich als Beispiel für all die Wunder-, Helden- und Mordtaten, die hier dominieren, im Juli 1670 folgender Text:

Nachfolgendes hat sich in diesem Monat begeben und zugetragen. Anno 1556 ist am Tag Mariae Heimsuchung das jüngste Gericht am Himmel gesehen worden / wie mans pflegt zumahlen. Anfänglich der HErr Christus / wie er für uns am Creutz gehangen. Bald ist er gesehen worden / sitzend auff einem Stuhl mit einem blossen von sich gestreckten Schwerdte in der Hand / umb ihn herumb eine grosse menge Engel mit Posaunen /als bliesen sie jetzt zum Gericht / hinter dem Richterstul ist hergezogen die menge der Altvätter / mit auffgehobenen beyden Händen. Auff der lincken Seiten war der Teuffel in grausamer erschräcklicher Gestalt / zog mit einem grossen Hauffen daher / darunter viel schwartze Reuter zu Roß / wolgerüstet / auch etliche Teuffel selbst mitgeritten hinter diesen eine gewaltige Glut Feuers. Zwischen diesen beiden Hauffen eine menge Volcks / so kläglich gesehen / und einander bey der Hand geführet in dasselbige sind die Teuffel hinein geritten / etliche beym Haaren erwischt / auff die Pferd geworffen / und in der Teuffel Haufen geführet. Diß haben neben andern Personen gesehen vier vom Adel / Caspar von Forchheim zu Cötzgrim / ein viertel Meilwegs von Elferberg / und seine Gäste / Albin Rab zu Scholditz / Christoph Doß zu Adorff / und Friederich von Dobineck / als sie gen Abend spatziren gangen.

Die Verbreitung solcher Kalender darf nicht unterschätzt werden. Wenn auch in größeren Städten die Auflagen sich nur zwischen eintausend und sechstausend Exemplaren bewegten, so herrschte doch hier eine lebhafte Konkurrenz: Für das Jahr 1678 lassen sich für Nürnberg dreiundvierzig verschiedene Kalender nachweisen, die Zahl dürfte

14 Bauernkalender aus dem Jahr 1530. Der in Regensburg farbig gedruckte Kalender bietet eine Jahresübersicht mit vielfältigen Informationen. Neben dem Wochenrhythmus, der durch die zwölf Zeilen mit schwarzen Dreiecken für jeden Werktag des Monats durchläuft, erscheinen kirchliche Feste, Herren- wie Heiligenfeste. Der Fisch im März wie Dezember signalisiert den Beginn von Fastenzeiten. Darüber hinaus werden Wetterprognosen und – als typische «Praktik» – günstige Tage für medizinische Handlungen (Aderlaß, Schröpfen, Medikamenteneinnahme bis hin zum Bart- und Haarschnitt) angezeigt. Die linke Spalte charakterisiert die Monate durch Tierkreiszeichen und Personifikationen oder landwirtschaftliche Aktivitäten. Noch ein Jahrhundert später sehen Einblattdrucke von Almanachen nahezu unverändert aus (Bayerische Staatsbibliothek, Sign. Xy21, Nr. 651).

auch im folgenden Jahrhundert kaum einmal zwanzig unterschritten haben.[52] Der schon erwähnte Kalendermacher Freund, Pfarrer aus Oberstetten bei Rothenburg, verfaßte mehr als sechs verschiedene Kalender im Nürnberger Verlag Endter, der insgesamt sechzehn Titel Mitte des siebzehnten Jahrhunderts vertrieb.[53] Viele Verlage fanden allein in der Kalenderproduktion ein Auskommen. In kleineren Städten erzielten Kalender in Monopolstellung auch fünfstellige Auflagen.

Aber nicht die Zahl – und der so realisierbare günstige Preis – ist entscheidend. In Haushalten, die neben der Bibel und einem oder zwei Haus- oder «Volksbüchern» keine weiteren Titel boten, lud der für ein Jahr gekaufte Kalender zur «intensiven Lektüre» ein, war er in seiner Mischung als Instrument der Zeitgestaltung und Arbeitsplanung, als Schreibmaterial für eigene Aufzeichnungen, Nachschlagewerk und Unterhaltungsspender ein immer wieder und im einzelnen auch wiederholt gelesenes und vorgelesenes Buch. Kein Wunder, daß sich schon die Frühaufklärung seiner annahm und das Projekt verfolgte, daraus ein Instrument der Volksaufklärung und Volksbildung zu machen – neben den Funktionen der Information, Orientierung für Verhalten und Unterhaltung.[54] Zu den vielfältigen Ansätzen gehören nicht nur die Versuche, den astrologischen Teil der Praktiken zu beseitigen, die besonders seit 1790 zu beobachten sind. In diesen Zusammenhang lassen sich auch die Bemühungen um eine Literarisierung der gebotenen Geschichten verstehen, die sich ein Grimmelshausen schon ein Jahrhundert früher zum Ziel gesetzt hatte.[55] Auf die Breite der Kalendertypen und Bildungsansätze gesehen, stellen die berühmten Namen, die eingangs genannt worden sind, Hebel etwa, nur Einzelfälle dar.

Saturn'.
Mars.
seind herrē dis jars
Wind
Warm
Feücht
Newmon
Ander viertail
Güt schrepfen
Erst viertail
Güt lassen
Güt Artzneyen
Volmon
Mitellassen
Güt seen vñ pflantzē.
Böß aderlassen Artzneynemen
1530
Getruckt zü Regenspurg.

Erzählen im Rhythmus des Kalenders

Kalendarische Zeit wird in den zuletzt vorgestellten «Kalendern» zu einem geläufigen, ebenso verinnerlichten wie verfremdeten Organisationsrahmen von Wissensbeständen, die nicht in *eine* kohärente Erzählung gepackt, vielleicht auch nicht nur *einem* Interesse zugeordnet werden können. Das kalendarische Raster signalisiert nicht die Auflösung linearer Geschichte in einen zyklischen Ablauf, wie es die Kalendergeschichtenforschung vielfach unterstellt: Chronologische Distanzierung – jedes Ereignis des Eberschen Kalenders trägt eine Jahreszahl – geht vielmehr mit einer Erhöhung der Verfügbarkeit von Vergangenheit einher. Teil dieser Vergangenheit ist auch die Antike, zunächst jedenfalls. Die Vergangenheit besitzt eine Bedeutung als eine protestantische und humanistische Vergangenheit, sie wird schnell sehr spezifischen Auswahlkriterien unterworfen, in denen die Antike deutlich zurücktritt. Aber nicht dieser Spezifik, sondern der Offenheit der Wissensorganisation hat der Kalender, der Wandkalender, Bauernkalender, «Hausfreund» oder «Armer Konrad», Taschen-, Buch-, Abreiß- und Kunstkalender seine Popularität, ja Monopolstellung im Bildungshaushalt breiter Schichten bis in das zwanzigste Jahrhundert hinein zu verdanken. Noch die «Deutsche Arbeitsfront» Robert Leys suchte das Medium eines «Deutschen Bauernkalenders» in der Auflage von vier Millionen Exemplaren, um neopagane Traditionen zu etablieren.[56]

Die Popularität der «Lesestoffe der kleinen Leute»[57] ist nicht zu bestreiten, nicht zu bestreiten ist aber auch, daß es gebildete Kreise sind, die die Texte produzieren. Antike Muster waren bekannt und wurden tradiert: in den illustrierten Abschriften des Filocalus-Kalenders, in der kontinuierlichen Tradition von Monatsmosaiken, Monatsbildern und -versen, in Abschriften und Nachbildungen antiker Fasti mit ihrer Kombination von Kalender und unterschiedlichen Listen, in der Tradition, Übersetzung und Nachahmung von Ovids *Libri fastorum.* Schon von daher ist eine fortlaufende Befruchtung auch jenseits der von Paul Eber begründeten Tradition anzunehmen.

9 Kalender und Politik

Mediale Zirkel

Den Kalender kann man mit allem aufladen, er kann jedem Zweck dienlich gemacht werden – so scheint das Fazit des vorangegangenen Kapitels zu lauten. Wieder ist es die Mehrdeutigkeit des Wortes «Kalender», das diesen Schluß zuläßt und seine Grenzen bestimmt. Die inhaltliche Beliebigkeit *der* Kalender betrifft vor allem die Anhänge *zum* Kalender. Hier konnten sich Spezialinteressen und Gruppenbedürfnisse ausleben, zumindest in den ökonomischen Grenzen des Verlagswesens und in einem lokal jeweils engen politischen Rahmen, der in dieser Gattung typischerweise nicht in Frage gestellt wurde: Buchkalender waren konservativ.

Für den eigentlichen Kalendertext gilt die beschriebene Variationsbreite nicht. Er war traditionell, ein ortskirchlich geprägtes Instrument. Versuche im sechzehnten Jahrhundert, die kalendarische Information selbst um eine Spalte «Historien» zu bereichern, hatten keine langfristige Wirkung. Vielfach, besonders vor der Gregorianischen Kalenderreform, die die Produktion von jährlichen, im Unterschied zu ewigen Kalendern intensivierte (nicht zuletzt, um das Verhältnis zum Julianischen Kalender abzubilden), waren astrologische «Praktiken» auch ohne eigentlichen Kalender zu haben: Der Kalender war das stabile Instrument, das in anderen Medien verbreitet wurde. Auch in der Kirche war die mündliche Ankündigung von Festdaten zu Jahresbeginn, die eine Kalenderdarstellung nicht ersetzte, sondern voraussetzte, gängige Praxis.

Wenn man unter Politik die bewußte Selbststeuerung einer Gesellschaft versteht, jenen Teil gesellschaftlicher Kommunikation, in dem das Entscheidbare, das nicht von der Natur oder dem Schicksal Gegebene zur Verhandlung kommt, dann konzentriert sich die Politisierung des Kalendarischen auf diesen engeren Teil des Kalenders, auf die dauerhaft mit Tagen, Wochen oder Monaten verbundenen Einträge. Sie bleibt aber nicht beim Kalendertext stehen.

Eine Unterscheidung der mittelalterlichen Philosophie aufgreifend, könnten wir nominalistische von realistischer Kalenderpolitik abheben. Es gibt und gab in der Tat politische Eingriffe, die nur auf Namen zielten. Die völlig unzeitgemäße Übereinstimmung der heute geläufigen Monatsnamen mit denen des republikanischen und Augusteisch-Julianischen römischen Kalenders – mit Namen, die bis zu sechs römischen Göttern, zwei römischen Kaisern und schließlich der römischen Zählung eines vor fast zweieinhalbtausend Jahren abgeschafften Kalenders gelten –, dieser Anachronismus läßt uns leicht vergessen, wie beweglich die Monatsnamen in der Zwischenzeit gewesen sind. Gerade diese Beweglichkeit legt es aber nahe, die nominalistische Politisierung des Kalenders nicht zu überschätzen.

Wie sieht realistische Politisierung aus? Hier liegt die Ansicht zugrunde, daß den Veränderungen des Kalendertextes, der «Namen», Veränderungen in der Realität vorausgehen müssen. Die Rede ist vom Fest. Nur das große rituelle Ereignis verdient einen Kalendereintrag. Dieser Kalendereintrag wiederum weist auf das Fest hin und lädt dazu ein. Damit ist klar: Es geht um das auf Dauer gestellte jährliche Fest, die Solemnität, das «in allen Jahren Wiederholte», wie es antike Etymologen verstanden (Festus 384,36–386,1 Lindsay).

Eine solche Politik, ob sie in Diskussion gewonnen oder von oben verordnet ist, verlangt deutlich mehr Mittel, deutlich höheren Aufwand als der Nominalismus. Sie entfaltet aber auch mehr Wirkung. Die Zusammenkünfte einer lokalen Gesellschaft – oder wenigstens signifikanter Teile von ihr – eröffnen eigene Kommunikationsräume, eröffnen die Möglichkeit der Performanz, der Vorführung von Hierarchien, der Formulierung von Sichtweisen und Handlungsoptionen (und sei es in Gebetsform), der Zustimmung der Anwesenden im Jubel oder im Begleiten einer Prozession.

Die Details dieser Prozesse sind in hohem Maße von der politischen und sozialen Struktur der jeweiligen Gesellschaft abhängig, unterliegen aber auch mediengeschichtlichem Wandel. Das betrifft den Kalender und seine Verbreitung: Steintafeln und Bronzetafeln unterscheiden sich in Auflagenhöhe, Verbreitungsgeschwindigkeit und Ersetzbarkeit deutlich von Einblatt-Drucken von Holzblöcken oder gar dem Druck mit beweglichen Lettern. Dem historischen Wandel unterliegt aber auch das Medium des Festes. Der architektonische Rahmen, die Mobilität der Teilnehmerinnen und Teilnehmer, die Beschallung oder Bewirtung von Teilnehmermassen – all das kann variieren. Ein vormodernes überregionales Wallfahrtsfest kann allenfalls wenige Male im Jahr stattfinden, Hoffeste unter denselben technischen Bedingungen weitaus häufiger. Und schließlich ist die mediale Repräsentation des Festes nicht auf den Kalender beschränkt: Reliefs oder Medaillen, Gemälde oder Zeitungen, Rundfunk, Film und Fernsehen können das Ereignis in ganz unterschiedlicher Detailfülle und Geschwindigkeit darstellen und die Grenze von Erinnerung und Information zu Formen überregionaler zeitgleicher Beteiligung verschieben.

Die geschilderten Zusammenhänge sind für den Kalender nicht sekundär. Der Blick auf die Geschichte der frühen Kaiserzeit in Rom zeigt, daß die Existenz jener Quellen, die uns den besten Einblick in die antike Geschichte des heutigen Gregorianischen Kalenders geben – die fünfzig zumeist in Stein gefertigten Kalender beziehungsweise deren Fragmente, die bekannt geworden sind –, ihr Entstehen den angesprochenen Prozessen verdanken. Dabei ist schon vorab zu betonen, daß die auf großen Stein-, zumeist Marmortafeln repräsentativ gestalteten Kalender (oft unter Beifügung von Magistratslisten) keiner zentralen Kalender-Offizin entstammten, sondern sich allein privater beziehungsweise lokaler Initiative verdankten, den jeweils aktuellen Kalenderzustand (oder das, was man dafür hielt) öffentlich auszustellen. Der Vergleich mit dem China der Qing-Dynastie macht dieses Charakteristikum deutlich. Dort besaß der Kalender als wichtigstes Symbol und Legitimationsinstrument der kosmologischen Rolle des Kaisers eine überragende Bedeutung. Entsprechend wurde der Kalender des neuen Jahres jährlich feierlich promulgiert und in über zwei Millionen Kopien an alle öffentlichen Stellen des Reiches verteilt.[1] Diese Zahlen für das sechzehnte Jahrhundert und die Folgezeit setzen natürlich entsprechende Drucktechniken voraus, belegen aber vor allem einen Grad an Zentralisierung, der in Rom nicht erreicht, ja, nicht einmal erstrebt wurde.

Bewegung im Kalender

Der Blick in die römische Geschichte fällt zunächst auf zwei Fälle von Kalendernominalismus in der späten Republik. Während des Luperkalienfestes im Februar des Jahres 44 v. Chr. bot Marcus Antonius, der spätere Triumvir, Cäsar, zu diesem Zeitpunkt schon Diktator auf

Lebenszeit, die Königswürde an, indem er ihm ein Diadem aufsetzte. Cäsar nahm es wieder ab und befahl, in die Kalender unter dem Datum der Lupercalia, das heißt, am 15. Februar den Eintrag vornehmen zu lassen, «daß dem Gaius Cäsar, dem Diktator auf Lebenszeit, Marcus Antonius, der Konsul, auf Geheiß des Volkes die Königsherrschaft angeboten habe, Cäsar sie aber habe nicht gebrauchen wollen» (Cicero, *Philippische Reden* 2,87).[2]

Ein solches Vorgehen lag nicht nur dem Diktator nahe. Cicero selbst, der die Episode dem Antonius in einer späteren Rede vorwirft und uns so überliefert, schlägt das Instrument für den Gegenspieler des Antonius, Decimus Iunius Brutus Albinus, vor und berichtet darüber in einem Brief an den Tyrannenmörder Marcus Brutus:

Ich habe nämlich nach der Entsetzung des Decimus Brutus, als jener für unsere Bürgerschaft so freudenreiche Tag begann, der durch Zufall auch der Geburtstag des Brutus ist, beschlossen, daß im Kalender zu diesem Tag der Name des Brutus hinzugeschrieben werden solle. Dabei bin ich dem Beispiel der Vorfahren gefolgt, die diese Ehre der Frau Larentia zuteil werden ließen, der Ihr Pontifices am Altar auf dem Velabrum zu opfern pflegt. Als ich das Brutus gab, wollte ich, daß der Kalender einen ewigen Vermerk des hochwillkommenen Sieges aufweist.

Cicero, *Briefe an Brutus* 23,8.

Der zweite Fall macht mit seinem Verweis auf eine bestimmte Aitiologie der Larentalia des 23. Dezember deutlich, daß Cicero einerseits den Zusammenhang zwischen Kalendereintrag und Fest sieht, er aber andererseits die Eigenleistung des Mediums Kalender zu schätzen weiß und sie – wie vor ihm Cäsar – ohne Rücksicht auf Traditionen nutzt.

Beide überschätzten die Innovationsbereitschaft ihrer Zeitgenossen. Während neue Tempelstiftungstage und Spiele – die Siegesspiele für Sulla vom 26. Oktober bis zum 1. November, die wohl schon 45 v. Chr. gefeierten, der Göttin Venus Genetrix geweihten Spiele für die Siege Cäsars vom 20. bis 30. Juli – laufend in die Kalender übernommen wurden, fehlt von den genannten Vermerken jede weitere Spur. Die Julianische Kalenderreform des Jahres 46, die einen kompletten Austausch aller vorhandenen Kalenderexemplare notwendig gemacht hatte, ließ den Kalender zwar in einer ganz neuen Plastizität erscheinen, beschränkte diese Offenheit für Modifikationen aber doch auf bekannte Formen. Im Einzelfall ist oft nicht mehr klar, ob diese Bekanntheit auf historischen oder fiktiven Präzedenzfällen beruhte – Cicero zeigt mit seiner Argumentation immerhin den Weg, der einzuschlagen war.

Ein Senatsbeschluß des Jahres 45 v. Chr. erhob die Jahrestage der wichtigsten Siege Cäsars zu *feriae*, er galt wohl auch für zukünftige Siege.[3] Das betraf den 27. März mit der Einnahme Alexandrias, den 6. April mit dem Sieg über Iuba in Africa, den Sieg in Spanien wie über den König Pharnaces in Pontus an der Schwarzmeerküste am 2. August und schließlich am 9. August den Sieg bei Pharsalus über Pompeius – der Bürgerkriegsgegner wird natürlich nicht namentlich genannt. Für alle diese Feiertage ist von der Existenz jährlicher Rituale auszugehen, mögen sie auch, zumal nach Cäsars Tod, vielleicht in kleinerem rituellen Rahmen begangen worden sein.

Der Nominalismus gewann sich ein anderes Feld. Noch im Jahr 44 v. Chr. wurde auf Antrag des amtierenden Konsuls Marcus Antonius der Monat *Quintilis* als Geburtsmonat Cäsars in *Iulius* umbenannt.[4] Daß eine solche Ehre einem noch Lebenden angetragen wurde, war in Rom neu und stellte einen Rückgriff auf gleichartige hellenistische Praktiken dar.[5] Aber auch in Rom wurden Vorbilder konstruiert. Die Interpretation des Monats *Iunius* auf den Befreier von der Königsherrschaft, auf den ersten Konsul Marcus Iunius Brutus hin, dürfte in diesem Umfeld entstanden sein.[6] Die Parallelen zum Juli sind deutlich. Zur Wahl des Monats, dem Cäsar den Namen verleihen sollte, wie zur Bestimmung des einzelnen Brutus-Festtages diente das Geburtsdatum als ausschlaggebendes Kriterium. Der Geburtstag Cäsars selbst wurde – ebenfalls ohne römische Präzedenzfälle – mit staatlichen Opfern begangen[7] – der «realistische» Zwang schlägt hier durch.

An den Erfolg der Umbenennung in Juli schloß sich im Jahre 8 v. Chr. der August an. Die Dauerhaftigkeit dieser Umbenennungen kann nicht nur am geringen Eigengewicht der älteren Zahlennamen dieser Monate, *Quintilis* und *Sextilis*, liegen. Es war vor allem der Exzeptionalität der politischen Umstände und der schon angesprochenen Plastizität des Kalenders nach der Julianischen Reform sowie der Stabilität des Gründungsmythos des Prinzipats zu verdanken, daß sich die Änderungen halten konnten. Auch sie waren prekär: Im Roman des Petronius, der in Neronischer Zeit verfaßt wurde, aber noch in Claudischer Zeit spielt, wurde vereinzelt noch immer *Sextilis* verwandt (53,2).

Im Unterschied zur Verabschiedung von Herrscherfeiertagen wurden Monatsumbenennungen nicht routinisiert. Tiberius lehnte das entsprechende Ansinnen, September und Oktober nach ihm und seiner Mutter zu benennen, ab. Caligula benannte den Monat September zu Ehren seines Vaters Germanicus in *Germanicus* um, doch hinterließ das keine erkennbaren Spuren. Neros Versuche, in den Bestand der ersten sechs, nach Göttern benannten oder darauf etymologisierten Monate einzugreifen, führten nicht zum Erfolg. Das gleiche galt für Domitians Umbenennung des September in *Germanicus* (unter Bezug auf seinen Siegerbeinamen nach dem Chattenfeldzug) und des Oktober in *Domitianus;* sie haben sich wie viele andere – deren Realisierung erst gar nicht in Angriff genommen wurde – langfristig nicht durchsetzen können.[8] Die Geschichtsschreibung der Kaiserzeit kennt eine ganze Reihe solcher Versuche, teilweise umfassenden Zuschnitts; sie bereichern die Tyrannentopik gerade in ihrer Maßlosigkeit. Commodus griff am Ende des zweiten Jahrhunderts n. Chr. die in Verruf geratene Tradition wieder auf und verteilte seine Namen auf das römische Jahr von Mai bis April: Lucius, Aelius, Aurelius, Commodus, Augustus (= September), Hercules, Romanus, Exsuperatorius, Amazonius, Invictus, Pius, Felix. Dabei darf aber nicht vergessen werden, daß Monatsumbenennungen in den nichtrömischen Kalendern des Mittelmeerraums – ähnlich wie die adulatorische Verlegung des Jahresanfangs – leicht zu realisieren waren und auch durchaus realisiert wurden.[9] Entscheidend für die breite Rezeption und den Nachweis der propagandistischen Wirkung war dann schlicht, ob die Monatsnamen in Datierungen Verwendung fanden.

Eine traditionelle Form der historischen Erinnerung und zeitgenössischen Ehrung durch den Kalender, die im Kapitel 6 schon ausführlich in den Blick geriet, wurde nicht vergessen: die *dies natales,* die Tempelstiftungstage. Nach wie vor symbolisierten Tempel und andere Bauprojekte den kriegerischen Erfolg des Stifters. Die Vielzahl der Neubauten und mit neuen Daten versehenen Restaurierungen stellte die neue Aufmerksamkeit für den Kalender auf Dauer. Der *Tatenbericht* des Augustus zeigt die Dimension auf. Nicht nur im fortlaufenden Text, sondern auch in der Zusammenfassung am Ende wurden die diesbezüglichen Leistungen aufgeführt: Tempel für Mars, Juppiter Tonans, Juppiter Feretrius, Apollo, Divus Julius, Quirinus, Minerva, Juno Regina, Juppiter Libertas, die Laren, die Di Penates, Juventas, Mater Magna, das Lupercal, ein *pulvinar* beim Circus maximus, weitere Bauwerke, dazu zweiundachtzig Restaurationen von Sakralgebäuden, unter ihnen das Kapitol. Insgesamt können für die Augusteische Zeit mindestens einundzwanzig neue Daten aufgrund von Neubauten oder Restaurationen nachgewiesen werden.[10] Die bereits von dem Triumvirn Octavian in den dreißiger Jahren des ersten Jahrhunderts v. Chr. angestoßenen Aktivitäten anderer, von denen Sueton in seiner Augustusbiographie berichtet (29,4), verstärkten den Effekt.

Trotz ihrer großen Zahl stellen die Augusteischen Tempelbauten nicht einfach Elemente eines großen Architekturprogramms dar. Der Mechanismus der republikanischen Zeit blieb erhalten. Bei vielen und gerade den bedeutendsten Kultanlagen handelte es sich um Bauten, die aus spezifischen historischen Ereignissen, vielfach kriegerischen Erfolgen, resultierten. In ihrem Dekorationsprogramm nahmen sie auf diese Ereignisse Bezug. Mit ihrer Aufnahme gewann der Kalender somit eine historische, wenn auch weitgehend zeitgeschichtliche Dimension. Unter diesem Aspekt war er niemals aktueller als in spätaugusteischer Zeit.

Die Augusteische Zeit führte das Vermächtnis Cäsars auch in anderer Hinsicht fort. In dichter Folge erhoben Senatsbeschlüsse allein bis zum Ende der Augusteischen Herrschaft etwa dreißig Tage zu neuen *feriae* und verdoppelten so nahezu die Zahl der «Feiertage». Insgesamt lassen sich an Kalendereintragungen oder Kultvermerken in Festlisten wie dem *Feriale Cumanum* folgende Festdaten rekonstruieren:

7. Januar:	Erster Amtsantritt als Konsul.
11. Januar:	Schließung des Ianus-Tempels.
13. Januar:	Verleihung des Eichenlaubkranzes.
16. Januar:	Verleihung des Augustus-Titels.
17. Januar:	Heirat mit Livia.
29. Januar:	Ein Seesieg?
30. Januar:	Geburtstag der Livia; Dedikation der Ara Pacis.
5. Februar:	Ehrentitel «Vater des Vaterlandes».
6. März:	Pontifex maximus.
15. April:	Sieg von Mutina.
28. April:	Dedikation des Vesta-Altars im eigenen Hause.
4. Mai:	Dedikation des Marcellus-Theaters.
12. Mai:	Dedikation des Mars-Ultor-Tempels.
26. Juni:	Adoption des Tiberius.
4. Juli:	Errichtung der Ara Pacis.

1. August: Eroberung Alexandrias; Mars Ultor.
10. August: Ceres-Mater- und Ops-Augusta-Altar.
13.–15. August: Dreitägiger Triumph.
18. August: Dedikation des Divus-Caesar-Tempels.
28. August: Dedikation des Victoria-Altars in der Kurie.
2. September: Sieg bei Aktium.
3. September: Sieg in Sizilien.
17. September: Divinisierung.
23. September: Geburtstag.
9. Oktober: Dedikation des Apollo-Tempels.
12. Oktober: Errichtung des Fortuna-Redux-Altars.
23. Oktober: Sieg bei Philippi.
15. Dezember: Dedikation des Fortuna-Redux-Altars.[11]

Auch wenn manche dieser Daten nur aus nichtkalendarischen Quellen bekannt sind und vielleicht nicht rituell begangen wurden: Diese Massierung verändert den alten Fest-Bestand der *fasti* und veränderte damit ebenso den Kalender wie die rituelle Gestalt der stadtrömischen Religion. In der Systematik der Feiertage galt es dabei ein Problem zu lösen: Wie ließ sich das Instrument der *feriae,* das den Besitz eines Tages durch eine Gottheit signalisierte, zu Gedenktagen für die Taten eines Lebenden umbauen?[12]

Hier wurde zunächst, das heißt für Gedenktage Cäsars, die Lösung gefunden, *feriae* «zu Ehren einer Person» mit «Gebeten bei allen Tempeln» zu verbinden, eine Lösung, die für Dankfeste nach Eintreffen einer Siegesmeldung in Rom praktiziert worden war. Der unbestimmte Plural der göttlichen Eigentümer wurde dann aber durch eine Formel, die das Verfahren beschrieb, ersetzt, und auf den Kalendern in der Form: *F EX SC QED* erschien: «Feiertag auf Senatsbeschluß, weil an diesem Tage ...» (*Feriae ex senatus consulto quod eo die ...*). Zumindest in der Stadt Rom blieb das kultische Repertoire der neuen Feste (wie des Kaiserkultes insgesamt) in den Grenzen des Vorhandenen und des üblichen Spielraums für Modifikationen: Priesterschaften verrichteten Opfer oder Bittprozessionen; Gelübde wurden abgelegt und durch die Schlachtung und den Verzehr entsprechender Opfertiere eingelöst. Die Orientierung auf das Kaiserhaus konnte durch Einfügen von Gebetsformeln wie «zum Wohl des Kaisers» oder das Verleihen des Beinamen *Augusta* oder *Augustus* an die angesprochenen Gottheiten erfolgen.[13]

Zumal der durch den Erhalt der *Fasti Praenestini* reich belegte Januar demonstriert die Dichte des Datengerüsts. Zugleich zeigt er Abstufungen. Nicht jedes Datum wird zu *feriae* erklärt, von diesen werden nicht alle zu Volksfesten. Der populäre Charakter eines Festes ist fast immer an die Existenz von Spielen gebunden. Diese Bedingung trifft nur auf den Geburtstag mit Spielen am 23. September, die dem Dedikationstag der Ara Fortunae Reducis vorangehenden Augustalia und die *ludi Martiales* zu; die letztgenannten wurden bis in das vierte Jahrhundert am 12. Mai gefeiert, wenigstens vorübergehend aber auch am zentralen augusteischen Siegestag, dem 1. August; beide Daten scheinen mit dem Errichtungsbeschluß (*constitutio*) und der Weihe (*dedicatio*) des Mars-Ultor-Tempels in Beziehung zu stehen.

Augustus' Ziel bestand nicht in einer möglichst breit angelegten Usurpation des Kalenders. Die Strategien der Plazierung sind erhellend. Zahlreiche Tempeldedikationen erfolgten am 23. September, Augustus' Geburtstag, andere Weihungen und Triumphe fanden im August statt. Der Geburtstag der Livia am 30. Januar wurde im Jahr 9 v. Chr. durch die Dedikation der Ara Pacis Augustae indirekt zu *feriae* aufgewertet.[14]

Das Verleihen zusätzlicher Bedeutungen an bestimmte Tage wie die Überhöhung von Ereignissen durch entsprechendes ‹Timing› war nicht neu. Als Prinzip läßt es sich schon in der Organisation des hellenistischen Herrscherkults nachweisen.[15] Für Rom hatte Cäsar in den Auseinandersetzungen des Bürgerkriegs ein Vorbild geliefert. Er scheint die Ankunft seiner Boten in Rom, die die Meldungen über den Sieg bei Munda vom 15. Februar 45 v. Chr. überbrachten, nicht dem Zufall überlassen zu haben. Sie trafen mit der Nachricht, die das Ende des Bürgerkriegs bedeutete, am Vorabend der Parilia, unmittelbar vor dem «Geburtstag Roms», ein. Cäsars Person und sein Sieg wurden so dem mythischen Stadtgründer Romulus angenähert.[16] Mit denselben Assoziationen nannte nach der Biographie Suetons fast ein Jahrhundert später der Kaiser Caligula seinen Thronbesteigungstag «Parilia» (16,4). In der Folgezeit waren es die augusteischen Daten selbst, die als Gründungsphase des Kaiserreichs Anknüpfungspunkte lieferten.

Es fällt schwer, sich die Öffentlichkeit dieser Feiern konkret vorzustellen. Nicht alle Tage wurden in dieser Hinsicht «günstig» gewählt. Ein breiter Teilnahmezwang war nicht gegeben, wäre auch in größeren Orten nicht durchsetzbar gewesen. Neben der Attraktivität von Spielen dürfte eine aufwendige rituelle Inszenierung den wichtigsten Anreiz dargestellt haben. Für Caligula wurde eine jährliche Prozession beschlossen, an der sich alle priesterlichen Kollegien, der Senat sowie Chöre adliger Jungen und Mädchen beteiligen mußten (Sueton, *Caligula* 16,4). Hier wurde eine Lücke gefüllt: Waren die ursprünglichen Feiern und Dedikationen auch sorgfältig und aufwendig geplant – der Fries der Ara Pacis Augustae gibt davon einen Eindruck –, so gibt es doch kaum Nachrichten über Folgefeiern. Das schließt ein kultisches Gedächtnis wenigstens bis zum Tod Augustus' nicht aus, ermutigt aber nicht, sich aufwendige jährliche Feiern vorzustellen. Routinerituale konnten im Zweifelsfall auch durch Tempelhüter oder Sklaven in öffentlichem Besitz (*servi publici*) aufrechterhalten werden. Hier trat wiederum – neben die seltenen Fälle von Münzprägungen zur Kommemoration einmaliger Rituale[17] – der Kalender ein.

Auf der rituellen Ebene, der Ebene des Feierns, gab es Alternativen. Mit der rasanten Vermehrung der Feiertage dringt in Rom auch eine geläufige Praxis der hellenistischen Welt ein: Feste in mehrjährigem Abstand. Die ersten Zeugnisse erscheinen wieder in den Traditionen über die exzeptionellen Ehrungen Cäsars in seinem letzten Lebensjahr. Während der eine Gewährsmann von fünfjährigen Gelübden spricht, die Cäsar öffentlich von Priestern und Priesterinnen (wohl den Vestalischen Jungfrauen) darzubringen seien, nennt ein anderer Spiele in fünfjährigem Abstand.[18] Beides bezieht sich wahrscheinlich auf dieselbe Institution, einmal vom Gelübde, das andere Mal von der fünf Jahre später anstehenden Einlösung der Gelübde her betrachtet. Römische Vorbilder lassen sich in den auf fünf und zehn Jahre angelegten Gelübden der Krisenzeit des Zweiten Punischen Krieges ausmachen, die dem Gemeinwesen insgesamt galten, aber nicht lange fortgesetzt wurden. Zeitlich nähere und bereits auf die Person des römischen Herrschers bezogene Modelle können aufgrund augusteischer Zeugnisse schon für Cäsar im griechischen Bereich vermutet werden.[19]

Während die Iden des März die Einlösung der Gelübde für Cäsar gegenstandslos machten, wurden entsprechende rituelle Rhythmen für Gebete um das Wohl des Herrschers mit zehnjährigen, in den Zeiten der kurzlebigen Soldatenkaiser mit fünfjährigen Intervallen realisiert. Welche Position nahm Augustus in dieser Entwicklung ein? Eine Serie von *vota quinquennalia* und *ludi quinquennales* für Octavian, dann Augustus, die im Wechsel von den Konsuln und den vier höchsten Priesterkollegien ausgerichtet wurden, war im Jahr 30 v. Chr. Gegenstand eines Beschlusses gewesen, von dem Augustus in seinem *Tatenbericht* erzählt (9). Es waren diese exzeptionellen Ereignisse und noch längerfristigere Rhythmen – die Jahrhundertspiele (*ludi saeculares*), die, wenn politischer Bedarf bestand, nicht immer ein *saeculum* auseinanderlagen –, welche mit großem kultischen Aufwand und möglichst umfassender Mobilisierung der Öffentlichkeit begangen wurden.[20]

Die rituelle Inszenierung des Prinzipats war Gegenstand sorgfältiger Planung; trotz der Vielzahl der Ereignisse, derer gedacht wurde, scheint sie sich auf die Schaffung denkwürdiger Höhepunkte konzentriert zu haben. Gegenüber einem großen Publikum verlor sie sich nicht in zahllosen Ritualen, die eine regelmäßig breite Öffentlichkeit doch nie erreicht hätten. Alltägliche Momente im kleinsten Kreis, vor allem der in den Larenkult integrierte Kult des Genius des Kaisers, versahen eine solche ständige Erinnerung viel besser. Das darf aber eine Zwischenebene nicht vergessen lassen: Eine Vielzahl von Kollegien und Vereinen, eine Vielzahl von Priesterschaften kommemorierten und feierten die genannte Vielzahl der Ereignisse und Rituale: zentraler Bestandteil der Religion des Prinzipats, selbstverständlicher und angestrebter Bestandteil des Lebens der lokalen oder reichsweiten Oberschicht und wichtiger Faktor ihres Zusammenhalts.

Marmorkalender

Soweit die antiken Überreste eine Beurteilung zulassen, begann erst in der bislang behandelten Augusteischen Zeit die produktivste Phase in der Herstellung von Kalendern. Dem Aufschwung parallel ging die Abfassung kommentierender, antiquarischer Literatur: Die Kommentierung eines leibhaftigen Fastenexemplars auf den Steinen dieses Kalenders in Praeneste durch Verrius Flaccus und der gedichtete Kommentar Ovids gehören in diesen zeitlichen Kontext und lassen sich als Versuche verstehen, den bis dahin engen Leserkreis antiquarischer Werke auszuweiten. Der augusteische Siegeszug des Kalenders setzte sich aber nicht ungebrochen fort.

Auch wenn einzelne, gerade auch in jüngerer Zeit gefundene Inschriften ein Fortleben der Gattung über die erste Prinzipatszeit hinaus bezeugen, auch wenn gemalte und in Buchform verfaßte Kalender selbst im dritten und vierten Jahrhundert noch römische Häuser schmückten, so ist ein deutlicher Einbruch schon nach der Regierungszeit des Tiberius (14 bis 37 n. Chr.) zu verzeichnen. Während die übrigen Inschriftengattungen ein kontinuierliches Ansteigen der Produktivität bis in die Mitte des dritten Jahrhunderts verzeichnen (aber auch hier nicht das Niveau der tiberianischen Zeit unterschritten),[21] fiel die Zahl der Kalender rapide ab. Repräsentative Marmorkalender lassen sich über die frühe Prinzipatszeit hinaus nicht mehr sicher belegen.

In Rom markieren die nur in Abschriften überlieferten *Fasti Pighiani* aus der Zeit des Caligula (37 bis 41 n. Chr.), außerhalb Roms die kaum wesentlich späteren *Fasti Sorrinenses minores* das Ende dieser Tradition; beide weisen bereits deutliche Abweichungen in der formalen Gestaltung auf. Die späteren *Fasti Lanuvini* und *Fasti Guidizzolenses* stehen nach Inhalt und Größe bereits auf einer neuen Stufe.[22] Andererseits entstanden noch Ende des zweiten Jahrhunderts mit den *Fasti porticus* und in der Mitte des vierten Jahrhunderts mit dem Kalender des *Chronographen von 354* gemalte Wandkalender beziehungsweise Buchkalender, die in der formalen Gestaltung eine lineare Weiterentwicklung der frühkaiserzeitlichen *fasti* belegen und mit ihren zahlreichen zeitgenössischen Änderungen jede Idee eines sekundären «klassizistischen» Rückgriffs auf jene klassische Zeit der Fasten ausschließen. Warum aber verschwinden dann – gegen die Entwicklung anderer Inschriftengattungen – die marmornen Kalender so früh?

Ein wichtiger Grund lag sicherlich in den nur eingeschränkten Gestaltungsmöglichkeiten einer mit einigen Tausend Buchstaben und dem Bedarf an großen Marmorplatten doch teuren Inschrift. Die Komplexität der symbolischen Sprache verwehrte ihre innovative Benutzung, für den Gebrauch des Kalenders als visuellen Symbols in der Form der *fasti* war Treue zur Vorlage konstitutiv. Somit blieb nur die materielle Gestaltung um eine Überbietung möglicher Konkurrenten zu ermöglichen: Marmor stellt für repräsentative Zwecke ohnehin die einzige Wahl dar, dekorative Rahmen und schließlich die Größe bilden die alleinigen Variablen. Mit Flächen von etwa viereinhalb bis sechseinhalb Quadratmetern in den *Fasti Verulani* und *Fasti Allifani* wurde diese Grenze in spätaugusteisch-Tiberianischer Zeit erreicht. Mit etwa zwölf Quadratmetern führen die *Fasti Praenestini* die Rangliste zwar an, doch laufen sie als Kalender mit integriertem Kommentar außer Konkurrenz.

Eine Steigerung wäre nur noch durch die Beschriftung ganzer Gebäudeflächen möglich gewesen. Die «Königin der Inschriften», das Monumentum Ancyranum mit dem Text der *Res gestae divi Augusti*, «der Taten des göttlichen Augustus», weist diesen Weg. Der lateinische Text bedeckt die beiden Innenwände des Tempelvorraumes in jeweils 2,70 Meter Höhe und 4 Meter Breite, der griechische Text bedeckt die Außenwand in neunzehn Spalten von eineinviertel Meter Höhe, die sich über insgesamt mehr als neunzehn Meter erstrecken.[23] Für die *fasti*, vor allem den kalendarischen Teil, dessen Text nicht beliebig angeordnet oder gefüllt werden konnte, wäre eine weitere Steigerung der Größe nur mit riesigen freien Flächen zu erkaufen gewesen.

Ein weiteres Problem ergab sich nicht bei, sondern nach der Aufstellung. Die Liste der Kaiserfeste erfreute sich nicht nur ständigen Zuwachses, sondern auch häufiger Streichungen. Das gravierendste Problem, die Monatsnamen, scheint nach dem Zeugnis datierter Inschriften auf einer grundsätzlicheren Ebene durch allgemeine Mißachtung, das heißt Weiterverwendung der alten Monatsnamen, gelöst worden zu sein. Fehler im Bereich der Kaiserfesttage waren zwar ebenfalls häufig, sollten aber wenigstens prinzipiell, wie zahlreiche Korrekturen und Nachträge zeigen, vermieden werden. Es ist hier nicht nötig, eine detaillierte Geschichte der Schaffung und Abschaffung der Kaiserfeste nachzuzeichnen.[24] Die selten im Einvernehmen mit dem Vorgänger erfolgende Nachfolge führte oft über eine bloß faktische Vernachlässigung der Festdaten des früheren Kaisers hinaus zur offenen kritischen Auseinandersetzung mit seinen Institutionen und ihrer Einschränkung. So griffen noch innerhalb der julisch-claudischen Dynastie Caligula und Claudius in die Festlisten ihrer Vorgänger ein, der dynastische Bruch nach Neros Tod provozierte eine neue Reinigung durch den Senat im Januar des Jahres 70; ähnliches geschah nach der Ermordung Domitians unter Nerva im Jahre 96 n. Chr.[25]

Derartige Revisionen hatten, wie die Quellen zeigen, nicht nur persönliche Gründe; die Beschränkung der staatlichen Ausgaben für Spiele und die Beseitigung von Blockaden des Gerichtswesens durch überlange «Ferien» bildeten ein mindestens gleichrangiges Motiv – das galt schon für die augusteische Zeit, wurde als Kritik gegenüber Nero geäußert und berührte noch Mark Aurel in der zweiten Hälfte des zweiten Jahrhunderts.[26] Unter Kaiser Tiberius illustriert der Aufstieg des mächtigen Sejan, der die öffentliche Feier seines Geburtstages mit sich brachte, und sein steiler Fall, der in der Ansetzung von *feriae* anläßlich seiner Hinrichtung, die als Festtag für «Juppiter den Befreier» am 18. Oktober noch im vierten Jahrhundert begangen wurden, mündete,[27] die Geschwindigkeit, in der die Kalender korrigiert werden mußten, wollte man sie auf dem laufenden halten. Über die einmalige Stiftung hinaus bedurfte es also einer ständigen Pflege – etwas, das nur von wenigen gut organisierten Kollegien geleistet werden konnte: auch dies ein möglicher Beweggrund, auf die Stiftung einer teuren, aber vielleicht schnell obsoleten Inschrift zu verzichten, zumal sich immer mehr Alternativen in einer sich kontinuierlich entfaltenden epigraphischen und bildnerischen Kultur boten.[28]

Es gab noch weitere Gründe. Die faktische Monopolisierung der Kalendergestaltung durch den Kaiser besaß Nachteile. Auf das erste ‹Handicap› macht der Geschichtsschreiber und senatorisch gesinnte Exkonsul Tacitus in seinen kurz nach 100 n. Chr. entstandenen *Historien* mit der Rede von den durch die Speichelleckerei der vergangenen Epochen verunstalteten Fasten aufmerksam, die bei passender Gelegenheit «abgeschmückt» werden sollten (4,40,2). Sachlich entspricht das der laut Tacitus im Jahr 58 n. Chr. geäußerten Kritik des Gaius Cassius, der davor gewarnt hatte, aus jedem Aspekt eines Sieges, dem Tag der Schlacht, dem Tag der Meldung, dem Tag des Berichtes im Senat, und ähnlichem einen Feiertag zu machen (*Annalen* 13,41,5). Zu schnell erblickt der zum Lob Bereite in der kleinsten militärischen Aktion oder dem geringsten innenpolitischen oder familiären Ereignis einen historischen Wendepunkt, den der Senat zu *feriae* erhebt: Die Rettung der Republik, wie sie noch Cäsar und Cicero durch Kalendereinträge proklamieren wollten, bildete längst nicht mehr den Maßstab. Indem sich durch die jeweilige Kritik des Nachfolgers am Vorgänger dieser Prozeß selbst entlarvte, gerieten auch die Kalender – als Dokumente jenes übermäßigen Eifers oder peinlicher Selbstüberschätzung des Princeps – in ein Zwielicht, das sich unter den letzten julisch-claudischen Herrschern über den Kreis der sich als «republikanisch» verstehenden senatorischen Elite – Männern wie Tacitus – hinaus verbreitet haben muß.

Der zweite Nachteil ergab sich aus der gesellschaftlichen Hierarchie in den kaiserzeitlichen Städten und Orten. Wer einen Kalender aufstellte, der die vielen wichtigen Errungenschaften des regierenden Herrscherhauses präsentierte, erwartete nicht, daß der Kaiser diesen Kalender – und ihn als loyalen Untertanen – wahrnahm. Die Botschaft richtete sich vielmehr an die, die ihn wahrscheinlich lesen oder wenigstens sehen würden, die Mitbürger, die Vereinsgenossen. Gerade der Kaiserkult, dem hier die Aufstellung eines Kalenders im weitesten Sinne zugerechnet werden soll, bot ein Medium, das scheinbar an einen gemeinsamen übergeordneten, abwesenden Dritten adressiert war und sich dadurch um so unprätentiöser an die Anwesenden richten konnte. Hier aber fehlte jene Möglichkeit angemessener Selbstdarstellung, die typischerweise antike Eliten zu Ausgaben für die Allgemeinheit motivierte.[29] Die *fasti* boten kein Formular, das der Selbstdarstellung des Stifters einen adäquaten, mehr als marginalen Platz einräumte. Nur auf Marginalien beschränkten sich die Freiräume des Kalenders: Überschriften, die keine innere Verbindung mit dem stets gleichen Fastentext aufwiesen und im Vergleich zur Kalenderfläche, die ohnehin in erster Linie als optischer Gesamteindruck aufgenommen wurde, nicht zu groß geraten durften. So ist es kein Wunder, daß man sich der Aufstellung von *fasti* nicht auf denselben, sondern in einer eigenen Inschrift rühmte (*Corpus Inscriptionum Latinarum* 10,6679). Wenn man nach einer Erklärung für das frühe Verschwinden der so großartigen Inschriftengattung «Kalender» der augusteischen und tiberianischen Zeit suchen will, muß man sie in der Gemengelage dieser Gründe suchen.

Überbietung

Kehren wir im «medialen Zirkel» wieder zu dem zurück, was der Kalender zu repräsentieren vorgab, zu den Festen. Die wichtigste antike Strategie, die Bedeutung eines Festes anzuheben, bestand in seiner Verlängerung: Der Faktor Zeit ist in der Markierung von Zeit zentral. Die großen römischen Triumphe wurden schon in den letzten beiden Jahrhunderten der Republik in dreitägigen Zügen gefeiert, die ein nicht enden wollendes Band von Beute, Gefangenen und Siegesnachrichten vorführten. Den endgültigen Sieg über die Gallier nach dem gescheiterten Aufstand des Vercingetorix ließ Cäsar in einem zwanzigtägigen Dankfest (*supplicatio*) in Rom feiern.[30] Niemand weiß, wie sich eine solche Periode noch vom Alltag unterscheiden konnte. Sollte hier eine Festatmosphäre geschaffen werden, die erheblichen Teilen der Bevölkerung ungewohnte Unterhaltung verschaffen, vor allem aber die

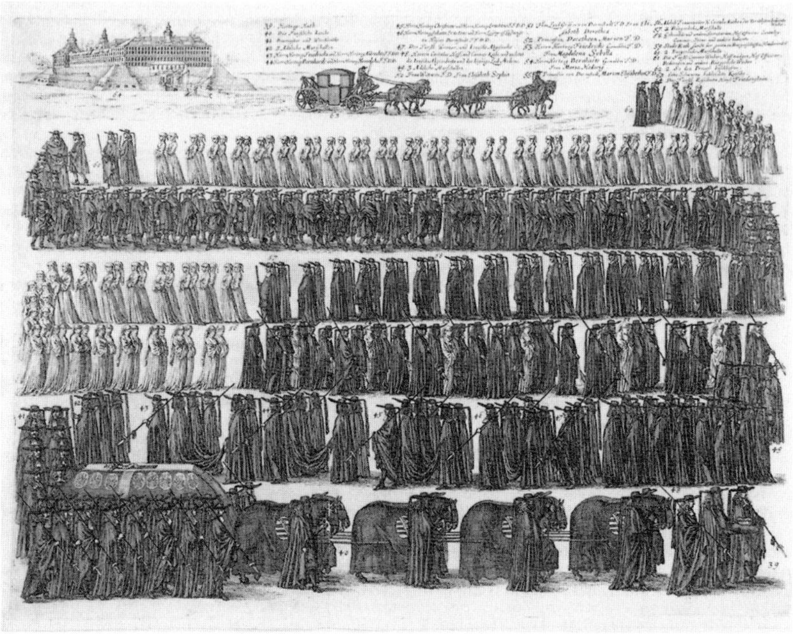

15 Der Leichenzug Herzog Ernsts I. von Sachsen-Gotha-Altenburg am 4. Juni 1675 führte die Leiche vom Residenzschloß Friedenstein (oben links) zur Margarethenkirche. Die auf drei Kupferstichen von jeweils 47 mal 59 Zentimeter beruhende Graphik stellt die Gruppen der Beteiligten in Form einer langen Prozession detailliert vor; durch die obenstehende Legende werden sie identifiziert. Der hier wiedergegebene Teil zeigt das Zentrum der Prozession mit dem Sarg des Herzogs und dem ihm folgenden Nachfolger, Friedrich I. Ihm folgen männliche Verwandte, hohe Würdenträger, die weiblichen Verwandten, niedere Hofbeamte und am Schluß deren Frauen sowie Bürgerinnen. Der Aufbau mit dem Beginn der Prozession links oben orientiert sich am Aufbau einer Buchseite, doch dienen die Größenverhältnisse nicht nur einer räumlichen Perspektivierung, sondern betonen auch die Prozessionshierarchie und legen eine Leserichtung von unten nach oben nahe (Forschungsbibliothek Gotha, Theol 2° 367/4a).

Basisnöte des Alltags – wie werde ich satt? – verdrängen wollte, müssen dafür gigantische Ausgaben getätigt worden sein.

Mit wem konkurriert Cäsar hier? Es sind Amtskollegen und Mit-Senatoren wie Pompeius, Mitglieder der römischen Nobilität, die der Galliensieger hier im Auge hat. Das Publikum bildet die Einwohnerschaft Roms, die sich jenseits aller Standards antiker Städte der Millionengrenze nähert. Großartige Spektakel bereiten die Grundlage zukünftiger Wahlsiege und produzieren Schuldenberge, die die Wahl in Ämter mit Einkommen aus Kriegszügen und Provinzen notwendig machen, deren Erringung mit noch größeren Spektakeln gefeiert werden – ein weiterer medialer wie finanzieller Zirkel.

Die Wettbewerbsbedingungen der frühneuzeitlichen Feste sind andere. Auch die Einwohnerschaften der Residenzstädte und -städtchen sind Zuschauer, sie sind aber auch Akteure oder werden durch Gruppen von Akteuren in feiner Differenzierung repräsentiert. Die wichtigsten Mitglieder des Publikums stammen nicht aus dem Ort. In einem engen Netz von Verwandtschaft, rechtlichen Abhängigkeiten von Lehen oder Bündnissen, wirtschaftlichen und militärischen Verflechtungen stehen lokale Herrscherlinien in steter Kommunikation und Konkurrenz miteinander und mit dem im «Hof» versammelten ländlichen Adel. Vor der Kulisse dauerhafter oder improvisierter Architektur demonstrieren Herrscher ästhetische Kompetenz in der Anstellung von Sängern oder Theatertrupps, ihre technische Überlegenheit in Feuerwerken und Überraschungseffekten, die Rationalität ihrer Staatsführung in der Choreographie und Uniformierung ihrer Untertanen.[31]

Diese Form der festlichen Kommunikation setzte der zeitlichen Ausdehnung Grenzen, noch ärgerlicher war aber die räumliche Beschränkung.

Wie konnte man diese Inszenierungen auch Abwesenden vermitteln? Bildmedien wie Gemälde wurden intensiv genutzt, boten aber noch keine wirkliche Verbreitung. Dafür dienten die leicht (wenn auch nicht billig) zu vervielfältigenden Münzen, genauer: auf ein solches, oft dynastisches Ereignis – Eheschließungen, Thronbesteigungen, Bestattungsfeiern – geschlagene Medaillen. Entsprechende großformatige Prägungen ließen den Glanz des Ereignisses wenigstens erahnen. Daneben trat die Vervielfältigung durch Druck, durch Texte und Stiche, die eine wesentlich detailliertere Dokumentation ermöglichte, freilich in der Kolorierung von Stichen und dem Zusammenbinden verschiedener Darstellungen wiederum mit erheblichem Aufwand verbunden waren. Um so klarer ließ sich dann aber die eigene Überbietung früherer Inszenierungen dauerhaft festhalten.

Was im Hinblick auf die Frühe Neuzeit noch als «Sekundärkommunikation» erscheinen mag, als unwesentlicher Zusatzaspekt, scheint für politische Feste der Gegenwart fundamental. Zwar ermöglicht die Mobilität im Eisenbahn-, Automobil- und Flugzeugzeitalter Teilnehmerzahlen, von denen die fünfhundert Studenten auf der Wartburg zu Beginn des neunzehnten Jahrhunderts nur träumen konnten. Die globale Anziehungskraft des Papstbegräbnisses Johannes Pauls II. im Jahr 2005 illustrierte mit Millionen von Anwesenden diese Möglichkeiten auf das eindrucksvollste. Aber erst in der massenmedialen Verbreitung entfalten solche Ereignisse ihre volle kommunikative Kraft: Auch die älteste Tradition, ob in Rom oder London, gewann erst durch die überlegt plazierte Fernsehkamera ihre volle Wirkung. Dennoch bleiben Teilnehmerzahlen nicht unwichtig. In der globalen Konkurrenz der Ereignisse bestimmt die Zahl der Anwesenden mit über den Wert, der dem Ereignis in der Aufmerksamkeitsökonomie der Massenmedien zukommt.

Das Politische des neuzeitlichen Festes darf nicht auf Zahlen Anwesender reduziert werden. Der Blick auf die «Festkultur» des Nationalsozialismus in Deutschland, beginnend mit den Fackelzügen am «Tag der Machtergreifung», am 30. Januar 1933, dem Tag von Potsdam, dem 1. Mai 1933, legt die Fülle der Gestaltungsbereiche bloß.[32] Die Mobilisierung beginnt nicht bei der Teilnahme, sondern beim Schmuck der Hausfassaden mit Lichtern oder Fahnen – die monumentale Gestaltung von Festplätzen wie auf dem Nürnberger Reichsparteitagsgelände bleibt die Ausnahme, betrifft allenfalls Ziele oder Kundgebungsplätze von Prozessionen («Umzügen»), die den größten Teil der Zeit einnehmen. Wie der Schmuck muß auch die Teilnahme im Zug nicht freiwillig sein; gerade sozialdemokratisch geprägte Belegschaften werden zum Mitmarschieren im Erster-Mai-Zug vielerorts gezwungen. Akteure sind aber auch die Zuschauer am Straßenrand, die mit Rufen oder Fähnchen in den Austausch mit den Marschierern eintreten, ihnen Zustimmung signalisieren oder durch Fernbleiben Prestige entziehen. Auch im massenmedial aufbereiteten Fest bleibt wichtig, wer eingeladen ist, wer kommen darf, wer kommen muß und wer ausgeschlossen bleibt.

Gerade in standardisierten Formen von Umzug und Kundgebung an kalendarisch fixierten Daten werden Unterschiede in Gestaltung und Mobilisierung augenfällig. Das kann – wie am 1. Mai 1933 in Deutschland – das Neue der Revolution zum Ausdruck bringen, es kann aber auch Stimmungsindikatoren schaffen, die man mit normativer Aufladung (und Sanktionen) absichern muß. So heißt es in einem Aufruf der Hagener Zeitung vom 4. Oktober 1935 zum Erntedankfest:

Es ist selbstverständlich, *daß sich jeder Hagener* Volksgenosse *an diesen Veranstaltungen beteiligt, damit auf diese Weise die Verbundenheit von* Stadt und Land *in schönster Weise zum Ausdruck gebracht wird. Auch* müssen *die Häuser geschmückt werden, und Flaggenschmuck ist überall anzubringen; denn Erntedankfest ist Fest des* ganzen deutschen Volkes.[33]

Die Identifizierung von Daten, die entsprechend zu begehen sind, ihre Auswahl aus traditionellen Festdaten und Ergänzung durch spezifische Daten der nationalsozialistischen «Bewegung» (oder anderer politischer Organisationen) ist Teil des politischen Umgangs mit Festen. Das bleibt hinter der Etablierung eigener «Kalender» – Ansätze dazu, etwa aus dem Kreis der SS, gewannen keine große Breitenwirkung – zurück, beschleunigt aber den steten Wandel von Festkalendern und kann ihnen insgesamt ein neues Gepräge geben. Es waren dann erneut die Massenmedien, Zeitungen und Rundfunk vor allem, aber auch Briefmarken und Wochenschauen in den Kinos, die unabhängig von lokalen Variationen und Mißerfolgen ideale Gestaltungen und zentrale Feiern mit normativem Anspruch vorführen, und so das eigene Festerleben auf eine politische kalendarische Sinnstruktur abstrahieren lassen konnten.

Jahrestage

Der Festkalender der Nationalsozialisten umfaßte nicht nur den umgedeuteten 1. Mai und das als Julfest re-paganisierte Weihnachtsfest, traditionelle Daten in neuerem Gewande. Neue Daten boten gesteigerte Möglichkeiten, das Besondere der neuen Zeit ins Licht zu heben. Die Feier des «Heldengedenktages», die an den in München blutig gescheiterten Putschversuch der Nationalsozialisten im Jahr 1923 erinnerte, bietet ein gutes Beispiel dafür: Erinnert wird an die öffentlich sichtbaren Anfänge der Bewegung, an die sogenannten ersten Märtyrer. Die Konfrontation von Alt und Neu wird betont. Der organisatorische und personelle Kern der nationalsozialistischen Bewegung wird herausgestellt. Das ist prinzipiell polarisierend; so demonstriert die öffentliche Feier des partiellen Gedächtnisses, demonstriert das Ausbleiben von Gegendemonstrationen Macht.

Das Phänomen solcher «Gedenktage» oder «Jahrestage» ist alt, es betrifft den christlichen Heiligenkalender nicht anders als die zuvor behandelten römischen Kaiserfeste. Beliebiges historisches Wissen nach der Zufälligkeit des Tagesdatums angeordnet zu präsentieren, gehörte bereits dem sechzehnten Jahrhundert an – erinnert sei nur an Paul Eber – und griff auch dort auf antike Muster – erinnert sei an Ovid – zurück. Damit wird die Spannweite dieser kalendarischen Technik deutlich. Auf der Grundlage jahreszeitlich wiederkehrender Phänomene und ihrer Systematisierung und Abstraktion in Kalendern wird der Gedenk- oder Jahrestag zu einer wichtigen Institution für das Bild, das sich eine Gesellschaft von sich selbst und ihrer Geschichte macht und immer wieder in Feiern aktualisiert. Die Inhalte des kommunikativen Gedächtnisses – das, worüber man redet – werden in das kulturelle Gedächtnis – das, was man als Wissen langfristig sichern möchte – überführt, um Begriffe der jüngeren Diskussion über das Gedächtnis aufzugreifen.[34]

Diese Prozesse bewegen sich nicht im Unverbindlichen. Wo es um gesellschaftlich Verbindliches geht, gilt: «Die Geschichte des Kalenders ist eine Geschichte der Macht»[35] – oder der Ohnmacht administrativer Macht, wo sie die kalendarisch formulierten Ansprüche nicht sichtbar umsetzen kann, wo Teilnahmedekrete und die Einbindung widerstrebend Anwesender durch Gruppendynamik und Begehungstechniken wie Auftreten von Schulgruppen oder Belegschaften – etwa im Kontext des 1. Mai in der DDR – nicht den gewünschten Erfolg bringen. In der Vielzahl der Jahrestage genügt die bloße Existenz kalendarischer Notizen nicht. Eine Jahrestagsliste wie die folgende, die die Monate Mai und Juni des «Männer-Kalender von 1991» umfaßt, läßt sich als öffentliches rituelles Geschehen nicht nachweisen:

1.5.	ArbeiterInnenkampftag
5.5.	Muttertag / *1818 Karl Marx / 1989 Memminger Frauenarzt Horst Theissen zu 2,5 Jahren verurteilt
9.5.	Himmelfahrt / 1955 NATO-Beitritt der BRD
15.5.	Sheffield: 95 Todesopfer des Fußballfan-«Sicherheits»-Systems
30.5.	Häppi Kadaver
31.5.	1990 Duisburg: Totalverweigerer freigesprochen
2.6.	1967 Benno Ohnesorg niedergestreckt
4.6.	1989 Massaker in Peking
6.6.	1989 WAA Wackersdorf †
8.6.	1986 Hamburger Kessel

9.6. 1989 Ingrid Strobl verurteilt (seit Mai '90 wieder frei)
17.6. EIN VOLK EIN REICH ZWEI WELTKRIEGE
23.6. 1990 Erste Schwulen- u. Lesben-Demo in der DDR
27.6. *1869 Emma Goldman
28.6. Christopher Street Day / 1985 Vermummungsverbot[36]

Der organisatorische Aufwand, Jahrestage in einer komplexen, hoch arbeitsteiligen Gesellschaft öffentlich sichtbar zu begehen, müßte die Liste auf wenige Ereignisse beschränken. Listen von Jahrestagen, wie die vorgeführte, haben aber eine Präsenz über reale Feiern hinaus. Die Leistung von Jahrestagen reicht von der Speicherung und Artikulation identitätssichernden Wissens einer Gruppe oder Gesellschaft bis hin zur bloßen Administration von Wissensbeständen und dem unverbindlichen Angebot rein kalendarisch geordneten Wissens an jedem Tag des Jahres. Hier kommen die Medien ins Spiel. Die Tischlesung während der nach der *Regel des heiligen Benedikt* (38) schweigend eingenommenen Mahlzeit in benediktinischen Klöstern etwa kann sich auf den Tagesheiligen beziehen. Hinweise in morgendlichen Rundfunksendungen greifen Jahrestage auf. Sinnigerweise heißen solche Formate oft «Kalenderblatt». Sie verweisen damit auf den wichtigsten medialen Ort, die differenzierten, oft bis zur Kurzerzählung ausgebauten Angaben in Abreißkalendern oder Buchkalendern. Auch jenseits öffentlicher Begehungen und Rituale schafft das Medium des verschriftlichten, des gedruckten Kalenders einen Erinnerungsraum, der nach Bedarf intensiviert und in Kommunikation zwischen einzelnen oder in Gruppen umgesetzt werden kann.

Für die Intensivierung bietet dann das Medium Zeit wiederum Ansätze in «runden Daten», in Abständen von zehn, fünfundzwanzig oder hundert Jahren und Vielfachen dieser Zahlen. Die Geschichte des 17. Juni als eines deutschen Jahrestages bietet dafür ein gutes Beispiel. Als Haupttag des sich spontan seit dem 16. Juni sprunghaft entwickelnden ostdeutschen Aufstandes[37] wurde der Tag von der westdeutschen Politik, nicht zuletzt in einer Kompensation des nahezu völligen Verweigerns von Unterstützung, schnell als Tag des Protestes gegen das sowjetisch gestützte ostdeutsche Regime instrumentalisiert und als «Tag der deutschen Einheit» begangen. Diese Entscheidung fiel nur zwei Wochen nach den Ereignissen durch Beschluß des Deutschen Bundestages am 2. Juli 1953. Mit der zunehmenden faktischen Anerkennung der deutschen Teilung trat die Bedeutung des arbeitsfreien staatlichen Feiertages zunehmend zurück, nach der Wiedervereinigung wurde der Tag auf einen nicht mehr arbeitsfreien nationalen Gedenktag zurückgestuft. Das blieb in der DDR anders: Bis ins Jahr 1989 blieb der 17. Juni für die Staatssicherheit ein Tag höchster Aufmerksamkeit, beginnend im Jahr 1954 mit der Aktion «Bollwerk». Was das Staatssekretariat für Staatssicherheit am 12. Juni 1954 als Zentrale Anweisung formulierte, bildet gleichsam das Negativ eines Jahrestages:

Es ist besonders darauf zu achten, daß an diesem Tage alle arbeiten … Besondere Beachtung ist auch den Massenorganisationen und solchen gesellschaftlichen Organisationen wie Hundezüchtern, Kleingartenhilfe, Wandergruppen usw. sowohl in der Stadt als auch auf dem Lande zu schenken, daß nicht durch getarnte Versammlungen am 17. 6. diese zur Tribüne für Provokateure gemacht werden können.[38]

Das galt bis ins Jahr 1989, danach entfiel die Notwendigkeit wie Möglichkeit. Es war dann der fünfzigste Jahrestag, der zu einer Reaktualisierung – positiv – führte, wenn auch nicht mehr primär im Medium des Festes: Filme und Bücher (und Bücherlesungen) traten an seine Stelle.

10 Kalender im Kopf

Ein Experiment

Stellen Sie sich vor, Sie erwachen in einem fremden Bett in einer fremden Stadt, räumlich wie zeitlich ohne Orientierung. Die entscheidende Frage wird lauten: Welchen Wochentag haben wir heute? Es ist diese Frage, die über den Tagesablauf entscheidet. Fehlgehen hier zerstört den guten Ruf – einen Termin, einen eigenen Auftritt, die Abholung eines Gastes verpaßt –, kann wirtschaftliche Konsequenzen haben: Fehltag, ein verpaßter Vertragsabschluß. Zu Hause wäre das alles kein Problem. Wenige Minuten intensiven Lauschens nach draußen würden Sie darüber aufklären, wo Sie in der Woche stehen: Der frühe Posteinwurf am Montag, das Rumpeln der Müllabfuhr am Dienstag, das Auto der Nachbarin mit Frühdienst am Mittwoch, das Husten des Herrn von Gegenüber auf dem Weg zum Kiosk und das Wochenmagazin am Donnerstag, Altpapier-Abholung am Freitag – selbst für einen Single reicht die Geräuschkulisse zur Orientierung. Aber andernorts? Es ist so auffällig still, daß Sie nach kurzer Zeit zum Schluß kommen, es müsse Sonntag sein: kein Briefkastenklappern, keine Müllabfuhr, Straßenlärm erst am hellen Tage. Dann klopft es an der Tür. «Essen Sie koscher?» lautet die Frage. Sie lagen falsch, haben die jüdische Sabbatruhe mit dem Sonntag verwechselt.

Jahre, Monate, Wochen, Tage: Strukturen des Zeitbewußtseins

Der Kalender funktioniert vielfach ohne Kalender – das «Teekesselchen» Kalender ermöglicht schöne Sentenzen. Ethnographische Befunde von Nordafrika bis zu den Philippinen unterstreichen immer wieder, daß ohne den Rückgriff auf gedruckte Kalender das Jahr durch eine Abfolge insbesondere landwirtschaftlicher Aktivitäten strukturiert werden kann. Kalendarische Zeit stellt sich hier als soziale Zeit vor.

Dieser soziale Charakter der Zeit gilt aber weit darüber hinaus. Auch Kalender sind soziale Produkte, gehören zu den wichtigsten Instrumenten für die zeitliche Selbstorganisation einer Gesellschaft. Die Metapher der Zeit*messung* ist für das «objektive» Selbstverständnis von Kalendern und Kalendernutzern zwar bedeutsam, stellt aber nur eine Chiffre für die soziale Konstruktion von Zeit – und entsprechend Kalendern – dar.[1]

Wo ein solcher Bedarf an «präzisen» Kalendern zur Abstimmung vielfältiger und arbeitsteiliger gesellschaftlicher Aktivitäten besteht, ist eine gewisse technische und organisatorische Qualität der Instrumente Voraussetzung für die Handhabbarkeit und die Akzeptanz von Kalendern.[2] In den meisten Kulturen, wenigstens nördlich und südlich der Wendekreise, sollten kalendarische Konstrukte mit dem Sonnenjahr in Übereinstimmung stehen, das heißt, kalendarisch fixierte Daten sollten in wechselnden Jahren einen im Hinblick auf die Jahreszeit identischen Platz einnehmen. Das rein lunare, aus zwölf Mondmonaten ohne Schaltregelung bestehende Jahr des islamischen Kalenders stellt eine drastische Polemik gegen die astronomischen Komponenten der vorislamischen arabischen Religion dar[3] und bildet eine Ausnahme. Technisch primitiv, war es überall leicht zu reproduzieren und gerade so ein attraktives Instrument für ein expandierendes Weltreich. Für agrarische Zwecke ist ein solcher Kalender dagegen nur mühsam zu benutzen, verschiebt sich der konventionelle Kalender doch in kürzester Zeit – mit etwa elf Tagen pro Jahr – schon sichtbar gegen das Sonnenjahr. Im altägyptischen Kalender dagegen führte das fixe 365-Tage-Jahr selbst im Zeitraum einer Generation kaum zu spürbaren Veränderungen – dennoch blieb hier für religiöse Zwecke ein lunarer Kalender in Gebrauch.[4]

Sieht man vom Julianisch-Gregorianischen Kalender ab, stellen lunisolare Kalender die verbreitetste Kalenderform dar: Die Anknüpfung des Kalenders – in Form von Mondmonaten – an den sichtbaren Rhythmus des Mondes scheint hohe Attraktivität zu besitzen; die Übereinstimmung mit den jahreszeitlichen Rhythmen des Sonnenjahrs wird dann durch «Einschalten» eines dreizehnten Mondmonats alle zwei oder drei Jahre bewerkstelligt. Die Elaboration von Schaltregeln ist dabei eher das Spiel von Experten als ein Gegenstand von alltäglicher Bedeutung oder gar Interesse.

Aber nicht der Monat bildet die wichtigste Einheit des Kalenders, er scheint eher auf die Organisation gesellschaftsübergreifender, großräumiger oder zentraler Aktivitäten beschränkt zu sein. Das Gedankenexperiment macht klar, daß es in unserer und vergleichbaren Gesellschaften die Wochenrhythmen sind, die unseren Umgang mit dem Kalender am stärksten prägen. Natürlich kommen wir längst schon nicht mehr ohne Uhr aus, um den komplizierten Anforderungen der alltäglichen Lebenswelt zu genügen, um mit Zeitkonten und öffentlichen Verkehrsmitteln, Stundenplänen und Kulturprogramm angemessen umzugehen. Die Geschichte der Uhr ist die Fortsetzung der Geschichte des Kalenders, die Geschichte der Zeit wird durch die Geschichte der Beschleunigung ergänzt.[5]

Es handelt sich dabei nicht erst um neuzeitliche Phänomene. Die Rationalisierung der Lebensführung im könobitischen, vor allem abendländischen Mönchtum prägte eine hohe Zeitdisziplin aus, die den Einsatz von Uhren, Wasseruhren und ähnlichem vor allem erforderlich machte. Glocken riefen die Mönche von der Arbeit zu den im dritten Kapitel vorgestellten «Tageszeiten», den Gebetsversammlungen. Die Rechenhaftigkeit des überregionalen Handels, Zins- wie Arbeits- und Transportzeiten trieb in den städtischen Zentren des Hoch- und Spätmittelalters die Verbreitung dieses Instrumentes voran, Uhrentürme wurden zu Instrumenten wie Prestigezeichen städtischer Konkurrenz, Uhren zu Vorzeigeobjekten bürgerlicher Kultur und zur omnipräsenten Banalität des einundzwanzigsten Jahrhunderts. Und doch blieben die Uhren externe Zeitzeichengeber, werden mit Weckeinrichtungen, akustischen und optischen Alarm-Systemen verbunden, die die Zeit in Erinnerung rufen, die wir nicht internalisiert haben. Das ist mit der Woche anders. Auch im Zeitalter von Billiguhren ohne signifikante Gangabweichung bleibt es der Wochentag, der die Stunde am Donnerstag und Sonntag, die Nachmittagsstunde am Freitag und am Dienstag unterschiedlich qualifiziert.[6] Noch jedenfalls.

Eine kurze Geschichte des Sonntags

Die Einführung der durchlaufenden Woche im republikanischen Rom ist bereits im zweiten Kapitel erzählt worden. Im Ergebnis hatte dieser Prozeß zu einer Koexistenz zweier Wochenmodelle geführt: der durchlaufenden Achttagewoche und dem monatlich neu beginnenden Rhythmus von Kalenden, Nonen und Iden sowie, zumindest auf der

Ebene der öffentlichen Festpraxis, dem «Tubilustrium». Für eine Historisierung solcher Wochen- oder Marktrhythmen, wie sie sich mit Perioden von vier bis zehn Tagen in vielen Gesellschaften fanden und finden, ist es interessant, einen Blick auf die praktische Nutzung und das Zueinander beider Wochentypen in Rom zu werfen.[7]

Da nur wenige verstreute Zeugnisse den Blick auf die Alltagsgestaltung freigeben, bleibt ein Resümee schwierig. Was bedeutet es, wenn einzelne Autoren von Nägelschneiden und Rasur an den Markttagen (*nundinae*) sprechen, in einer Komödie des Plautus von einem eigens für diesen Tag angeheuerten Koch gesprochen wird?[8] Geburtstagsfeiern und Zinstermine jedenfalls verbinden sich eher mit dem alten Monatsrhythmus, für die Nundinen dominiert die Marktfunktion in kaiserzeitlichen Quellen völlig. Auch religiös stellt sich die Gewichtsverteilung ähnlich dar.

Mit geringem zeitlichem Vorlauf hatte ein ähnlicher Prozeß der Ausbildung eines *durchlaufenden* wöchentlichen Rhythmus in Mesopotamien stattgefunden: die Definition des alle sieben Tage wiederkehrenden Sabbats. Es gibt Spuren einer vorangegangenen Verbindung von Sabbat mit Neu- und Vollmond im Tenach (der zum ‹Alten Testament› der Christen wurde), aber über Details des Wechsels wurde bislang keine Einigkeit erzielt.[9] Der Koordinationsaufwand (wie er später in den Regeln für den Wochentag des Jahresbeginns deutlich wird) und das Fehlen ethnographischer Parallelen machen es unwahrscheinlich, daß die älteren vereinzelten Hinweise auf einen Siebenerrhythmus von Arbeit und Ruhe als ein streng durchlaufender Wochenrhythmus verstanden werden dürfen. In der Ausnahmesituation des Exils könnten dann allerdings kulturelle und religiöse Identität die entscheidenden Faktoren für die Einführung eines solchen Rhythmus gewesen sein: Im Unterschied zu Rom wurde gerade der neue Rhythmus religiös legitimiert und blieb in einer entsprechend ausgerichteten Gesellschaft frei von grundsätzlichen Beeinträchtigungen. Sichergestellt wurde das nicht zuletzt durch einen gewaltigen Apparat an mythischen Präzedenzen, zum Beispiel in der priesterschriftlichen Fassung des Schöpfungsberichtes, und rechtlichen wie rituellen Sanktionen.[10] Es ist deutlich, daß hier, im Unterschied zu Rom, der wöchentliche Rhythmus eines der wichtigsten Instrumente zur Durchsetzung des Monotheismus darstellt.

Nach Rom selbst gelangte die babylonische Woche auf zwei Wegen, einmal in Gestalt des als Ruhetag begangenen jüdischen Sabbats und zum anderen über den Umweg der griechischen Planetenwoche. Vermutlich erst in hellenistischer Zeit entstanden, stellte letztere sich als ein ausschließlich astrologisches Konzept dar. Indem es die nach Entfernung geordneten sieben «Planetengötter» – Saturnus, Juppiter, Mars, Sol, Venus, Mercurius und Luna – fortlaufend den 24 Stunden des Tages beziehungsweise den 168 Stunden der Woche zuordnete, gewann es mit den Zuordnungen der Anfangsstunde jeden Tages auch die jeweiligen Tagesgötter.[11] Vorausgesetzt wurde hier eine Ordnung, die zwischen den Fixsternen und der Erde eine nach Abständen geordnete Reihe mit der Sonne im Zentrum annahm.

Inhalt und Rezeption der beiden Formen legen nahe, daß es die Planetenwoche war, die schnell populär wurde und der langfristig die entscheidende Rolle für die Rezeption der christlichen Woche mit ihrer Betonung des *dies Solis*, des «Tages der Sonne» zukam. Es handelte sich um ein astrologisches Muster, das einfachste Zeiteinteilungen mit hoher inhaltlicher Trennschärfe und einer theologisch plausiblen Motivierung – Planetengötter als Akteure – verband. Auch in östliche Richtung lassen sich ähnliche Übernahmen beobachten: Die Planetenwoche fand in Indien seit dem Ende des fünften Jahrhunderts, verstärkt seit dem zehnten Jahrhundert Eingang.[12] Auch die jüdische Sabbatpraxis[13] wurde in Rom als Form, den *dies Saturni*, den ‹Tag des Saturn› zu begehen, verstanden.[14] Die hohe Verbindlichkeit wurde jedoch wahrgenommen. Fiel die Ausgabe von Getreidespenden auf einen Sabbat, konnten Juden ihren Teil noch am Folgetag bekommen, vermerkte der in Alexandria schreibende jüdische Denker Philo (*Legatio ad Gaium* 158).

Die Verbreitung der Planetenwoche bezeugen christliche Inschriften, vor allem des vierten Jahrhunderts, die trotz der Kritik der kirchlichen Hierarchie und der Theologen an dem Konzept festhalten und nicht auf die in Analogie zur jüdischen Sabbatzählung formulierte christliche Wochentagsrechnung mit *feria secunda, feria tertia, feria quarta* für die Tage ab Montag zurückgreifen.[15] Der Begriff *feria* läßt sich nur erklären, wenn man unterliegende theologische Spekulationen annimmt: Unter der angebrochenen Herrschaft Christi wird jeder Tag zum Feiertag. Eine solche explizit christliche Begriffsbildung dürfte aber für die Mehrheit der Römer, auch wenn sie getauft waren, keine große Attraktivität für die Alltagsnutzung besessen haben.

Seine Brisanz gewann der wöchentliche Rhythmus dadurch, daß er zum Grundrhythmus einer religiösen Vergesellschaftung wurde. Das galt in erster Linie für die Juden, aber dann auch für die aus ihren Reihen hervorgegangenen Christianer. Deren allmähliche Absetzung von der jüdischen Mehrheit wurde auch auf der zeitlichen Ebene abgebildet. Der Versammlungstag wurde vom siebten Tag der Woche, dem Sabbat, auf den ersten verschoben, den Sonntag. Inhaltlich spielt nicht mehr die durchgehende Gestaltung des Tages, sondern der gemeinsame Kult in den arbeitsfreien Randstunden des Tages, am Morgen und am Abend, die entscheidende Rolle.[16] Als bloßer Gottesdiensttermin kam dem Sonntag bis zur konstantinischen Sonntagsgesetzgebung keine dem Sabbat vergleichbare symbolische, identitätsstiftende Funktion oder heilsgeschichtliche Erhöhung zu.[17]

Wie kam es zur Wahl des Sonntages? Zum einen wollte man sich von dem anfangs noch mitgefeierten Sabbat absetzen, zum anderen auf das mit dem ersten Tag der Woche verbundene Ereignis der Auferweckung des Gekreuzigten hinweisen. Da der Sonntag vom gesamten antiken Christentum geteilt wurde, dürfte er schon sehr früh, noch im palästinischen Judenchristentum entstanden sein; eine unmittelbar nachösterliche Kontinuität läßt sich nicht beweisen.[18] Zunehmend trat die bewußt polemische Gestaltung des Sabbats durch Praktiken hinzu, die den jüdischen Intentionen gerade zuwiderliefen, so etwa das Fasten. Mit dem «Tag des Herrn» wurde gerade keine Arbeitsruhe verbunden.[19]

Die weitere Entwicklung des Sonntags entschied ein Gesetz, das Konstantin im Jahr 321 erließ. In diesem Text wurde der «Tag der Sonne» – in römischer Tradition, wie in Kapitel 4 gezeigt werden konnte – als gerichtsfreier Tag normiert. Eine ganze Reihe weiterer kommerzieller Aktivitäten wurde gleichfalls unterbunden. Ausgenommen wurde die Landwirtschaft. Die Darstellung des Konstantin-Biographen Eusebius bettet das Sonntagsgesetz – Euseb spricht noch weitergehend von Freitagsobservanzen (4,18,2), die allerdings keine weiteren Spuren in der Gesetzgebung hinterlassen haben – in Maßnahmen ein, die zeigen, wo Konstantin Durchsetzungschancen besaß: im eigenen Palast und in der umfassend regelnden Organisation des Heeres. Um eine generelle Arbeitsruhe oder Dienstunterbrechung geht es dabei nicht: Am Sonntag war ein gemeinsames Gebet angesetzt; darüber hinaus erhielten christliche Soldaten für die Zeit des Gottesdienstbesuches eine Dienstbefreiung (18,3). Auch diese Regelungen zeigen, wie sehr Konstantin in traditionellen Bahnen dachte: Das Militär kannte zwar keine Dienstunterbrechung als Folge von *feriae publicae*, an ihnen fanden laut dem kaiserzeitlichen Juristen Ulpian (*Digesten* 2,12,9) sogar Prozesse statt, die die Militärdisziplin betrafen, aber es respektierte bei Einberufungen Verzögerungen, die sich aus der Einhaltung unabdingbarer kultischer Verpflichtungen und Familienfeiertagen *(feriae familiares)* ergaben.[20]

Die Anlehnung an bestehende Institutionen zeigte sich auch in der durch eine Inschrift für Pannonien bezeugten Erlaubnis Konstantins, am Sonntag einen Markt abzuhalten (*Corpus Inscriptionum Latinarum* 3,4121). Sonntag und *nundinae* übernehmen vergleichbare Funktionen, so läßt der erste den letzteren überflüssig werden.

Das Gebot der Sonntagsruhe verband den Sonntag mit einer Zwangsfreizeit, die entsprechende Dienstleistungen, Arbeit anderer also, verlangte. Aber nicht unter arbeitsrechtlichem, sondern moralischem Blickwinkel wurde das zum Problem. Immer wieder wurden «obszöne Belustigungen», wurden Spiele in all ihren Ausprägungen verboten.[21] Eine deutsche Gewerbeordnung, die in einer positiven Füllung des «Verfassungsprinzips» Sonntag «Lustbarkeiten» in der Gewerbeordnung ausdrücklich erlaubt, fehlt hier noch.[22]

Der Kampf gegen die christliche Woche

Es sei hier darauf verzichtet, die zunehmende Identifizierung von christlichem und gesellschaftlichem Rhythmus in Europa nachzuzeichnen. Statt dessen skizziere ich zwei neuzeitliche Revolutionen, die – aus unterschiedlichen Gründen – den gesellschaftlichen Rhythmus ändern und dadurch – wenigstens sekundär – den christlichen bekämpfen wollten. Sie zeigen – gescheiterte – Alternativen auf, sei es aus der Perspektive des bürokratischen Idealstaats, sei es aus der Perspektive der totalen Industrialisierung. Es waren die Produzenten des französischen Revolutionskalenders, die die historisch gewachsene Rolle des christlichen Sonntags voll erfaßten. Die primären Motive der ersten Reformstufe von 1793 waren Rationalität und – letztlich damit identisch – Natürlichkeit.[23] Ein neuer Jahresanfang – Tagundnachtgleiche im Zeichen der Waage, die Gleichheit im Zeichen der Gerechtigkeit –, Monate gleicher Länge und mit neuen, weniger anachronistischen Namen, ja selbst die neuen Dezimalstunden und Dezimalsekunden: Das alles hätte das tägliche Leben nicht deutlich geändert.

Die Diskussion der ideologischen Implikationen der neuen Republik und des neuen Kalenders führte daher bald zu der Erkenntnis, daß der neue Kalender wie der neue Staat auch einer neuen Reihe eigener Feste bedürften und eine konsequente Bekämpfung des christlichen Oktroys der Struktur der Zeit notwendig wäre.[24] Es war daher die Einrichtung einer neuen Zehntagewoche mit einem sonntagsartigen Tag, der *décadi* genannt wurde, der die traditionellen Lebensrhythmen verändern sollte – was in einem gewissen Umfang sogar gelang; nicht der Wochenrhythmus als solcher, sondern seine Länge und ideologische Besetzung waren Ziel der Reform. Es waren erst die Änderungen der politischen Großwetterlage, die hinsichtlich der Kalenderreform (die auf weitverbreitete intellektuelle und bürgerliche Zustimmung gestoßen war) zu einer allmählichen Rücknahme führte. Daß dabei mit der Modifikation, dann Abschaffung des *décadi* begonnen wurde, identifiziert die Spitzenstellung gerade dieses Elementes in der Kritik seit 1802. Vor allem die in der ländlichen Bevölkerung verbreitete Kritik an der Veränderung des wöchentlichen Lebensrhythmus ermöglichte es der katholischen Kirche, sich auf diesen Punkt erfolgreich zu konzentrieren.

Nicht nur durch die Länge, sondern durch die völlige Aufgabe eines einheitlichen gesamtgesellschaftlichen Rhythmus unterscheiden sich die sowjetischen Experimente mit kontinuierlichen Arbeitswochen von fünf oder sechs Tagen seit den späten zwanziger Jahren (1929/1932). Ursprünglich dominierten ökonomische Motive.[25] Durch eine Produktion, die von keinem allgemeinen Ruhetag mehr unterbrochen wurde, sollte eine extensivere Ausnutzung der Maschinen erreicht werden: Der Ruhetag war zu einer individuellen Angelegenheit geworden, den jeweils nur ein Fünftel der jeweiligen Belegschaft am selben Tag, und zwar im Abstand von fünf Tagen, genoß. Der antichristliche Effekt der Regelung wurde schnell bemerkt und als weiteres Motiv aufgenommen. Gerade unter den Bedingungen der Frühphase der Industrialisierung, mit langen, schweren Arbeitstagen und einer hohen Beschäftigung aller Familienmitglieder oder Personen eines Ortes, waren die Nachteile des Fehlens eines *gemeinsamen* Erholungstages aber besonders gravierend. Der Versuch konnte sich nicht durchsetzen und wurde schließlich unter dem gesteigerten Effizienzdruck des Krieges gegen Deutschland im Jahr 1941 abgebrochen. Eine detaillierte Studie der Folgen für das religiöse Leben fehlt nach wie vor.

Gegenwärtige Entwicklungen

Die religiöse Besetzung des Wochenrhythmus ist, das ergab der Blick in die Geschichte, nicht zwangsläufig. Sie stellt eine Sonderentwicklung der Religionsgeschichte der drei großen Traditionen von Judentum, Christentum und Islam und der von ihnen geprägten Gesellschaften dar, die auf deren gemeinsamer Geschichte und bestimmten Entscheidungen in dieser Geschichte beruht. Entsprechend scheinen die zeitlichen Strukturen der hier angesprochenen religiösen Aktivitäten in der Hauptsache wöchentliche Rhythmen darzustellen. Das gilt ebenso für den jüdischen Sabbat wie für den christlichen Sonntag. Für Muslime stellt der Freitag einen besonderen Tag für gemeinschaftliches Gebet und Predigt dar. Diese wöchentlichen Rhythmen werden durch einige jährliche Feste ergänzt, Passah, Weihnachten, Id al-Adha, den Opfertag, um nur einige wenige aus den drei genannten Religionen zu nennen. Aber selbst wenn einige dieser Daten sehr populär sind und unter großer Beteiligung gefeiert werden: Der Kern der jeweiligen religiösen Gemeinschaft – so die Innen- wie Außensicht – wird durch die regelmäßigen, wöchentlichen Zusammenkünfte charakterisiert.

Wie sieht es nun aus mit der Teilnahme an Sonntagsgottesdiensten – um einen Moment beim Christentum zu verweilen? Ohne Zweifel erlebt Deutschland trotz ausgebauter religiöser Infrastruktur einen dramatischen Rückgang in der Zahl der Kirchenbesucher, der selbst in kleinsten Zeiträumen spürbar ist. Nach kircheneigener Zählung registrierte die «Evangelische Landeskirche in Württemberg» einen Rückgang von 8,56 Prozent Gottesdienstbesucher im Jahr 1989 auf 7,84 Prozent im Jahr 1992.[26] Diese Zahlen errechnen sich aus Zählungen an vier Sonntagen und schließen die Besucher von Kindergottesdiensten mit ein; die Gesamtmitgliederzahl betrug in dem betreffenden Zeitraum etwa 2 470 000.

Der bundesdeutsche Durchschnitt im Gottesdienstbesuch liegt für die evangelischen Kirchen bei etwa 5 Prozent. Für die katholische Kirche liegt er höher, zeigt aber dieselben Tendenzen. Von 1987 bis 1992 sank der Besuch in Westdeutschland von 23,6 auf 20,1 Prozent; das ist weniger als die Hälfte des Wertes von 1967, nämlich 40,4 Prozent.[27] Diese in einer längerfristigen historischen Perspektive dramatischen Zahlen gefährden die Identität der genannten Kirchen, und das um so mehr, wenn man nicht auf die gleichfalls hohen Austrittsraten, sondern auf die fortbestehende Mitgliedschaft der 80 bis 95 Prozent nicht erscheinender Christen blickt: das Fünf- bis Zwanzigfache der regelmäßigen Besucher.

Die gegenwärtige deutsche Situation wird noch weiter verschärft durch die wachsenden Angriffe auf den Charakter von Sonn- und Feiertagen als Tage mit verpflichtender Arbeitsruhe: Hier haben sich Kirchen und Gewerkschaften wenigstens punktuell verbündet gegen die Forderungen, diese Tage zugunsten einer höheren wirtschaftlichen Effizienz und gesteigerten internationalen Wettbewerbsfähigkeit zu «normalisieren». Noch immer schützen eine Reihe von Gesetzen und Verordnungen den Sonntag oder zumindest den Sonntagvormittag durch das Verbot oder die Einschränkung bestimmter Aktivitäten im Arbeits- wie Freizeitbereich,[28] aber eine zunehmende Zahl von Ausnahmegenehmigungen und staatliche Eingriffe wie die Abschaffung des Buß-und-Bettages lassen diesen Schutz als prekär erscheinen.

Gerade für den christlichen Bereich existiert ein auffälliger Indikator für die Komplexität individueller Rhythmen und die Überschreitung der Wochengrenze. Die Resultate des Umfragepunktes «Besuchen Sie regelmäßig Gottesdienste?» liegt regelmäßig über den tatsächlichen Besuchsraten. Dieser Unterschied weist nicht nur auf eine Diskrepanz zwischen Intention und ihrer Realisierung.[29] Sie zeigt vielmehr eine unbewußte Aufweichung einer internalisierten Norm an, die ihrerseits, wenn auch in den Kirchen unterschiedlich, formuliert ist: Bewußt oder offiziell geäußert heißt die Norm, «jeden Sonntag» zur Kirche zu gehen. Vor diesem Hintergrund sind auch Besucherzahlen zu bewerten.

Auf der Basis eines statistischen Wertes von dreizehn Prozent für die Jahre 1986 bis 1989 wurde die Zahl der – in neuem Sinne – «regelmäßigen» Gottesdienstbesucher in katholischen Kirchen Frankfurts auf fünfundzwanzig Prozent geschätzt.[30] Viele Umfragen zeigen, daß die unregelmäßigen Besucher die tatsächlich wöchentlichen um den Faktor zwei bis vier übersteigen.[31] Nach der «Allgemeinen Bevölkerungsumfrage der Sozialwissenschaften» (ALLBUS) von 1992 standen den mindestens wöchentlichen Kirchgängern (23 Prozent katholische,

3,9 Prozent evangelische Landeskirchen) eine – konfessionsübergreifend gerechnet – gleichgroße Gruppe von Personen mit ein- bis dreimaliger Teilnahme im Monat gegenüber (13,6 bzw. 8,4 Prozent); einen Gottesdienstbesuch «mehrmals im Jahr» gab noch einmal eine doppelt so große Gruppe an (22,9 Prozent katholische, 26 Prozent evangelische Landeskirchen).[32] Diesen Beobachtungen verleiht eine Umfrage des Jahres 1977 aus den Niederlanden weiteres Gewicht: Auf einer monatlichen Basis überstieg der Besuch von Gottesdiensten mit 34 Prozent den Besuch von Sportveranstaltungen (22 Prozent), Klubs (14 Prozent) und von Veranstaltungen politischer Parteien (9 Prozent). Allein der Besuch der freien oder «eingeparkten» Natur lag noch höher.

Bereits die komplexen Teilnahmemuster der sonntäglichen Rituale verbieten also, die kirchlichen Normen über die Gestaltung des wöchentlichen Rhythmus, die religiöse Binnensicht, als einziges Interpretament zuzulassen, Säkularisierung oder Entkirchlichung festzustellen.

Leider fehlen Daten über religiöse Zeitbudgets von Individuen. *Time-budget*-Forschung, die Untersuchung der alltäglichen Verwendung von Zeit, die von Alexander Szalai mit einer großen Studie 1972 eröffnet wurde,[33] gibt es in der Religionswissenschaft noch nicht. Die Gewinnung solcher Daten stößt auf schwerwiegende Probleme, wollte man dem üblichen Verfahren, der Verwendung von Umfragen und der Auswertung von eigens angelegten Tagebüchern, folgen. Auf der einen Seite dürften die individuelle Klassifikation von Tätigkeiten als «religiös» extrem unterschiedlich sein. Auf der anderen Seite könnten starke Differenzen zwischen den bekannten oder auch nur unterstellten Normen – tägliches Gebet, Bibellektüre, Gottesdienstbesuch – und durchschnittlichem Verhalten zu Verzerrungen führen: Befragte wollen ungern als Abweichler erscheinen. Datensammlung sollte daher eher mit organisierten, leicht meßbaren Aktivitäten beginnen.

Am Schluß eines Kapitels, das die internalisierten Rhythmen in den Vordergrund gestellt hat, will ich aber nun über diese Wochenrhythmen hinausgehen und nach jährlichen und nichtzyklischen Aktivitäten fragen.[34]

Zeitliche Muster jenseits der Woche

Eine komplexe Beziehung zwischen jährlichen und wöchentlichen Rhythmen ist bereits Teil der Geschichte des christianisierten römischen Kalenders. Zur selben Zeit, als in der Spätantike die Siebentagewoche als allgemeiner, aber religiös fundierter Rhythmus etabliert wurde, avancierte der – vom Standpunkt einer jüdisch-christlichen Tradition und Theologie her – fremde Julianische Kalender zum kalendarischen Rahmen christlichen Kults (Kapitel 5).

Die Komplexität des jährlichen Schemas hängt vor allem von der Professionalisierung der religiösen Gemeinschaft und ihrer Protagonisten ab. Für das Christentum werden die Details der jährlichen Liturgie in erster Linie von religiösen Spezialisten, professionellen Priestern und Mönchen vor allem katholischer und orthodoxer Kirchen realisiert. Für die breite Bevölkerung gewinnt gegenwärtig in Deutschland nur Weihnachten eine eigenständige Rolle gegenüber dem Sonntagsrhythmus. Die Teilnahmequote erreicht in der Protestantischen Württembergischen Landeskirche etwa das Vierfache der normalen Sonntagszahlen: 31,2 Prozent im Jahr 1992. Allgemeine gesellschaftliche Verankerung (bis hin zur Kommerzialisierung des Festes) und Teilnahmerate am Gottesdienst korrelieren. Währenddessen ist die Teilnahme an Karfreitagsgottesdiensten – also am theologisch bedeutsamsten Fest und zugleich staatlichem Feiertag – auf das sonntägliche Durchschnittsniveau abgesunken: 7,9 Prozent für 1992 im selben geographischen Raum. Für Westdeutschland lauteten die Zahlen für 1991: sonntäglicher Durchschnitt: 4,8 Prozent; Karfreitag: 5,2 Prozent; Heiligabend: 28,7 Prozent.[35]

In einer vergleichenden Perspektive stellt sich eine derart selektive Teilnahme, die sich auf wenige Feste im Jahr und die Lebenszyklusrituale beschränkt, als eher gewöhnliches Merkmal weniger organisierter Religionen dar. Wallfahrten bilden ein anderes Element dieses Typs religiöser Aktivität: Sie besitzt ihren Schwerpunkt nicht in gemeinschaftsbezogenen Aktivitäten einer territorial definierten Gemeinde; aktive Rollen fehlen für diese nur gelegentlichen Teilnehmer(innen).

In der westlichen Moderne findet sich der beschriebene individualisierte Konsum von Religion vor allem in Städten. Das ist schon auf der Angebotsseite abzulesen: «Stadtseelsorge» beginnt im christlichen Bereich, religiöse Produkte anzubieten, die den kleinen Zeitlücken, die

Pendlern oder zufälligen Besuchern zur Verfügung stehen, angepaßt sind. Die entsprechenden Räume werden so gestaltet, daß sie Verpflichtungsgefühle, *commitment*, minimieren: Offene Türen, die sich auch hinter dem Eintretenden nicht schließen, laden ein. Im Jahr 1990 bot die Frankfurter Liebfrauenkirche um 5 nach 12 Uhr ein «Mittagsgebet, 5-Minuten-Pause in Liebfrauen» an;[36] im württembergischen Reutlingen lud eine «Acht-Minuten-Andacht» um 17 Uhr ein: Auch an Werktagen sind solche gottesdienstlichen Angebote im Steigen begriffen. Solche Änderungen in den Typen religiöser Aktivität können auch architektonische Konsequenzen haben. Am Beispiel von City-Kirchen ist das bereits angemahnt worden. Forderungen, die großen, hallenartigen Versammlungsräume traditioneller Kirchen zu unterteilen und zu differenzieren, sind bereits erhoben worden – aus seelsorgerlichen ebenso wie aus finanziellen Gründen.[37]

Kirchgang und Bildungsarbeit

Für die Frage nach der zeitlichen Gestaltung kultureller, insbesondere religiöser Aktivitäten ist ein anderer Bereich noch aufschlußreicher, der sich einfacher quantifizieren läßt. Organisation von Kursen und Diskussionsgruppen, das Anbieten religiöser wie kultureller Bildung, Geschichte, Sprachen, medizinische oder pädagogische Kenntnisse, das alles gehört in Deutschland zu den wichtigen Bereichen kirchlicher Arbeit. Erwachsenenbildung wird vor allem auf der mittleren Ebene von Städten, Dekanaten oder Landkreisen organisiert; sie ergänzt, integriert und publiziert lokale und gemeindliche Aktivitäten. Zusätzlich existieren für größere Regionen oder ganze Bundesländer spezielle Einrichtungen, deren professionelle Mitarbeiterinnen und Mitarbeiter Bildungsveranstaltungen anbieten, unter Umständen mit eigenen Übernachtungseinrichtungen. Das Verhältnis der Teilnehmer zu den Gottesdienstbesuchern zu bestimmen, fällt dabei schwer. In jedem Fall gehen die Organisatoren davon aus, daß sich ihre Klientel auch außerhalb der Gruppe der Gottesdienstbesucher rekrutiert.

In einigen Fällen, insbesondere in ländlichen Gebieten, können kirchliche Bildungsangebote Monopolcharakter annehmen. Im allgemeinen aber stehen sie in Konkurrenz mit nichtreligiösen Anbietern. Insofern erhalten selbst nicht explizit religiöse Themen durch den religiösen Anbieter, die Lehrenden, die benutzten Räume und – aus der Sicht des individuellen Nutzers – durch das unterstellte weitere Publikum eine religiöse Note. Die Beziehung des Nutzers zu diesen religiösen Bildungseinrichtungen unterscheidet sich aber insofern von der Nutzung kirchlicher Schulen, Kindergärten oder Altenheime, als die Verbindung des Teilnehmers an einer Bildungsveranstaltung zeitlich eng begrenzt und Folge einer bewußten, immer wieder aktualisierten Wahl ist. Unter meiner Frage nach der zeitlichen Struktur religiöser Aktivitäten ist noch ein weiterer Punkt wichtig – die angebotene zeitliche Struktur der Aktivitäten ist höchst diversifiziert: Einmalige Abendveranstaltungen stehen neben wöchentlichen Zusammenkünften, Wochenend- oder Wochenseminaren.

Die Bedeutung des ganzen Bereiches läßt sich mit wenigen Zahlen, die den Vergleich zu den zuvor genannten Gottesdienstbesucherzahlen ermöglichen, charakterisieren: Im Jahr 1993 zählte die zentrale Koordinierungsstelle für Bildungsarbeit in der Württembergischen Landeskirche 10 716 Kurse mit einer durchschnittlichen Länge von 17,2 Einheiten à fünfundvierzig Minuten und insgesamt 211 345 Teilnehmerinnen und Teilnehmern. Das entspricht etwa 3,63 Millionen Personen-Einheiten. Zusätzlich erbrachten 27 577 einzelne, zumeist abendliche Veranstaltungen weitere 1,86 Millionen Einheiten, insgesamt also 5,49 Millionen. Setzt man – in einer groben Rechnung – den Zeitaufwand eines durchschnittlichen Sonntagsgottesdienstes mit einer Bildungseinheit gleich, führt der sonntägliche Durchschnitt von 163 000 Gottesdienstbesuchern im Gebiet derselben Landeskirche (1992) bei einer Multiplikation mit zweiundfünzig Wochen zu einer Summe von 8,48 Millionen Einheiten. Mit anderen Worten: Die von religiösen «Verbrauchern» in kirchlichen Bildungseinrichtungen verbrachte Zeit erreicht nahezu zwei Drittel der in Gemeindegottesdiensten verbrachten Zeit. Grenzte man die verglichene Zahl der Gottesdienstbesucher auf die an Bildungsveranstaltungen teilnehmenden Altersschichten ein, würden sich die Zahlen noch deutlich weiter annähern.

In einer langfristigen Perspektive stellen sich die Zahlen noch eindrucksvoller dar. Während der Gottesdienstbesuch sinkt, steigen die Teilnehmerzahlen im Bildungsbereich kontinuierlich an. Dieselbe Rechnung erbrachte für 1989 erst vierundvierzig Prozent bei 3,97 Millionen Bildungseinheiten. 1982 hatte diese Zahl noch bei 3,25 Millionen gelegen. Festzuhalten ist im übrigen, daß der Prozentsatz explizit als «philosophisch, religiös oder theologisch» klassifizierter Veranstaltungen mit etwa fünfzehn Prozent des Gesamtangebots konstant geblieben ist. Die Ausweitung kirchlicher Angebote im schulischen Bereich für Kinder und Jugendliche unterstreicht die Entwicklung im Osten Deutschlands. Fernsehgottesdienste berücksichtige ich nicht.

Es soll an dieser Stelle nicht verschwiegen werden, daß sich bei der Interpretation der Daten erhebliche Probleme ergeben. Nur zwei Aspekte seien erwähnt: Ein sinkender Durchschnitt der Teilnehmerzahlen an der einzelnen Veranstaltung bei gleichzeitigem Anstieg der Teilnehmerzahlen insgesamt signalisiert die Anpassung an eine breite, stark diversifizierte und wenigstens diffus religiöse Nachfrage. Da jede Steigerung auf der Angebotsseite mit hohen Lohnkosten behaftet ist, darf man – zumal in Zeiten steigender finanzieller Probleme – für die kommenden Jahre mit einer intensiven Auseinandersetzung über die Allokation, die Zuweisung der vorhandenen Ressourcen rechnen: Angebot und Nachfrage stehen in einem sehr komplizierten Regelkreislauf; die Teilnehmerzahlen am Jahresende sind daher kein unmittelbarer Ausdruck dieser Nachfrage.

Im Hinblick auf die zeitliche Strukturierung religiöser Aktivitäten und ihres kalendarischen Rahmens wird die Indikatorfunktion des Bildungssektors durch vergleichbare Entwicklungen in anderen Bereichen bestätigt: Sowohl die absoluten wie relativen Zahlen für die Mitgliedschaft in dauerhaften Kreisen und Gruppen in den Gemeinden sind für das Untersuchungsgebiet in den letzten Jahren mindestens konstant geblieben. Wenigstens in absoluten Zahlen – mit einem großen Anteil an Doppelzugehörigkeiten ist zu rechnen – übersteigen diese Mitgliedschaften den durchschnittlichen Gottesdienstbesuch um fast einhundert Prozent.

Wie geht es weiter?

Die gegenwärtigen Veränderungen in den raum-zeitlichen Bewegungsmustern in Industriegesellschaften setzen die Beobachtungen am Anfang dieses Kapitels nicht außer Kraft, relativieren sie aber. Solche Änderungen werden auf der Ebene politischer Regelungen oft nur langsam registriert. Aus der Sicht der betroffenen, vor allem christlichen Religionsgemeinschaften werden die Umstellungen in den Formen religiöser Aktivitäten vor allem als Schwinden religiöser Aktivitäten und als Gefährdung der traditionellen Identität wahrgenommen. Dennoch müssen und werden sich die Religionen an die veränderte Situation anpassen.

Es steht zu vermuten, daß diese Anpassungen von Änderungen in der Identität und der theologischen Reflexion dieser Identität begleitet werden. Das normative «Prae» der lokalen Gemeinde könnte sich verringern. Diversifizierte raum-zeitliche Bewegungsmuster werden sich in einer Diversifikation religiöser «Stile» und in einer Tendenz zur De-Institutionalisierung[38] niederschlagen, die ihrerseits die Kluft zwischen den unverbindlich aus den religiösen Angeboten auswählenden Kunden und den professionalisierten Anbietern wachsen ließe. Der nur gelegentliche Besucher von Gottesdiensten zieht eine konservative Gestaltung, eine konservative Liturgie vor und könnte so zur Erhaltung eher traditioneller Frömmigkeitsformen bis hin zur Folklorisierung derselben beitragen. In einer Vielfalt von Gebetsgruppen, nahen und fernen Kursen, Gruppen, Zirkeln und Mitgliedschaften und faktisch ohne eine wöchentliche Zentralveranstaltung müßte die Identität der größeren organisatorischen Einheiten durch Massenmedien und gelegentliche Großveranstaltungen hergestellt werden. Selbstverständlich eröffnet die Diversifikation auch neue Möglichkeiten strikterer Koordinierung. Für kleinere Gruppen – wie der Bereich Neuer Religionen durchaus zeigt – bereitete nicht einmal die Rückkehr zu einem Mondkalender größere Schwierigkeiten. Hier hilft der explizite, der gedruckte Kalender, eigene Zeitgestaltungen gerade gegen die üblichen Rhythmen in der Massengesellschaft zu stabilisieren.

Einheitliche Regelungen lassen sich in wachsendem Maße nicht mehr durchsetzen. Industrielle Gesellschaften zeichnen sich aus durch einen hohen Grad von Arbeitsteilung sowie einer scharfen Differenzierung von Arbeitszeit und Freizeit. Urbanisierung und Mobilität wachsen. Als eine Folge haben sich die Zeit-Raum-Muster individueller und kollektiver Bewegung, die Muster der Orte, an denen sich jemand zu einer bestimmten Zeit aufhält, und die Muster der Ortswechsel verändert. Die Muster zeigen deutliche Unterschiede von Person zu Person – auch das eine Folge der hohen gesellschaftlichen Differenzierung. Zusammengenommen, erstrecken sich die Aktivitäten der Individuen oder von Gruppen von Individuen über die gesamte verfügbare Zeit. «Tag» im Sinne von Lichttag und «Arbeitstag» existieren noch und können als Zeitzonen gesteigerter Aktivität erfahren werden. Gleichwohl wächst der Gebrauch zuvor als marginal eingestufter Zeitbereiche. Das wird als «Kolonisation der Zeit» oder als Verschwimmen, als «Grau-Werden des Kalenders» bezeichnet: Allgemein anerkannte Grenzen zwischen verschiedenen Phasen des Tages oder der Woche – Tag und Nacht, Werktag und Wochenende –, ja selbst der Jahreszeiten verschwinden.[39] Viele Gesellschaften stehen hier am Anfang einer Entwicklung, die mit der Zunahme des Dienstleistungssektors, verkürzter Arbeitszeit oder Mehrfachbeschäftigungen und häuslichen Bildschirmarbeitsplätzen noch viel weiter gehen wird.

II Sinn im Kalender

Planeten und Tierkreiszeichen

In vielen Kalendern finden sich kleine Symbole, die den scheinbaren Weg der Sonne durch die Himmelsekliptik nachvollziehen lassen, eine Bahn, deren Einteilung in zwölf Sternbilder schon der Antike zu verdanken ist, auch wenn die heute gebräuchlichen Symbole erst dem Hochmittelalter zu verdanken sein dürften.[1] Die heutige gleichmäßige Zwölfteilung durch die *zodia*, die ‹Lebewesen›, war kaum vor dem vierten vorchristlichen Jahrhundert kanonisch geworden, wenn auch ältere babylonische Einteilungen bis weit in die erste Hälfte des ersten Jahrtausends hinaufreichen dürften. Was sollen diese astronomischen Details eines noch heliozentrischen Weltbildes in unseren Kalendern?

Aufschluß darüber geben Zeitungen und Zeitschriften, die Spalten bieten, die genau diese Zeichen als Überschriften tragen und Tages- oder Wochenhoroskope liefern. Das Prinzip ist einfach: In Abhängigkeit vom Geburtsdatum wird die gesamte Menschheit in nur zwölf Klassen eingeteilt. Das klingt primitiv und hat doch einen erstaunlichen Effekt. Während ich bei allen anderen Beiträgen in diesen Printmedien durch Lesen der Artikel entscheiden muß, ob sie für mich relevante Informationen erhalten, wird mir hier schon in der Überschrift signalisiert: Nur dieser eine von zwölf Absätzen dieser Spalten betrifft Dich! Wohlgemerkt, es handelt sich um Tages- oder Wochenprognosen und Ratschläge. Wenn ich lese: «Vorsicht, Zurückhaltung ist geboten. Nicht alles bringt Gewinn!», dann gilt das heute, nicht in der Periode «meines» Sternzeichens von Ende Dezember bis Ende Januar.

Die Konstruktion hat Folgen. Zwar werden allen unter einem bestimmten Sternzeichen Geborenen bestimmte Eigenschaften fest zugesprochen. Das Wissen darum können die Betreffenden und alle, die mit ihnen zu tun haben und darum wissen, ein ganzes Leben lang herumtragen. Wie sie sich aber in bestimmten Situationen, an bestimmten Zeitpunkten zu verhalten haben, können sie so nicht wissen. Das läßt sich auch nicht einfach am Datum ablesen, sondern bedarf der Berechnung. Nun ist die Astrologie viel zu spannend, um sie hier kurz abzuhandeln.[2] Aber nicht das ist der entscheidende Grund, sie zu übergehen. Vor allem ist sie zu kompliziert, ist Sache von Spezialisten. Zur schnellen täglichen Orientierung taugt sie nicht – oder erst, wenn die Drucktechnik die Arbeit der Spezialisten billig in jeden Haushalt liefert.

Ein anderes Produkt der Astrologie weist und wies diese Schwierigkeit nicht auf: die Planetenwoche. Der entscheidende Unterschied war nicht, daß man sogar mit sieben Klassen auskam. Der Mechanismus ist ein grundsätzlich anderer. Zwar spricht man auch von «Sonntagskindern», charakterisiert Personen durch den Wochentag ihrer Geburt. Aber im Normalfall liefert nicht das Geburtsdatum, sondern der Wochentag selbst die Information. Es ist der Saturnstag, der für manche Aktivitäten weniger geeignet ist, der Sonntag, der sich für vieles anbietet.

Aber was bringt das? Beinahe in jeder komplexeren Situation, die über routinemäßiges Handeln hinausführt, gehört zu der Frage «Was ist zu tun?» die Folgefrage «Wann ist es zu tun?» hinzu. In einem dichten Gefüge gleichzeitiger Handlungen vieler Menschen ist wenigstens mit den wichtigsten möglicherweise berührten Handlungen und Prozessen eine Koordination anzustreben. Kurz gesagt: Der günstigste Zeitpunkt, der Kairos,[3] muß gewählt werden. Dieses Timing, das die in Frage kommenden Handlungsverläufe nicht nur in ihrer Abfolge, sondern auch in ihrer Ablaufgeschwindigkeit berücksichtigen muß, erfordert aber einen immens hohen, prinzipiell nicht zu befriedigenden Informationsstand. Damit muß man umgehen.

In Anbetracht der beim Handeln gegebenen Unsicherheit und besonders, wenn sich keine sachlichen Alternativen erkennen lassen, ist die Wahl des Zeitpunkts des eigenen Handelns oft die einzige Variable, über die derjenige, der handeln muß, noch in gewissem Umfang verfügt. Es ist demnach nur konsequent, wenn er die Gesamtunsicherheit, unter der er handeln muß, auf den Faktor des Handlungszeitpunktes hin bündelt. Für das Individuum stellen sich solche Probleme in besonderer Weise in bestimmten existentiellen Situationen, die immer wieder unter den Anlässen divinatorischer Praxis figurieren; ihre Liste unterscheidet sich in der Antike von der Typik der heutigen Nachfrage nach Divination kaum: Liebe und soziale Beziehungen, wirtschaft-

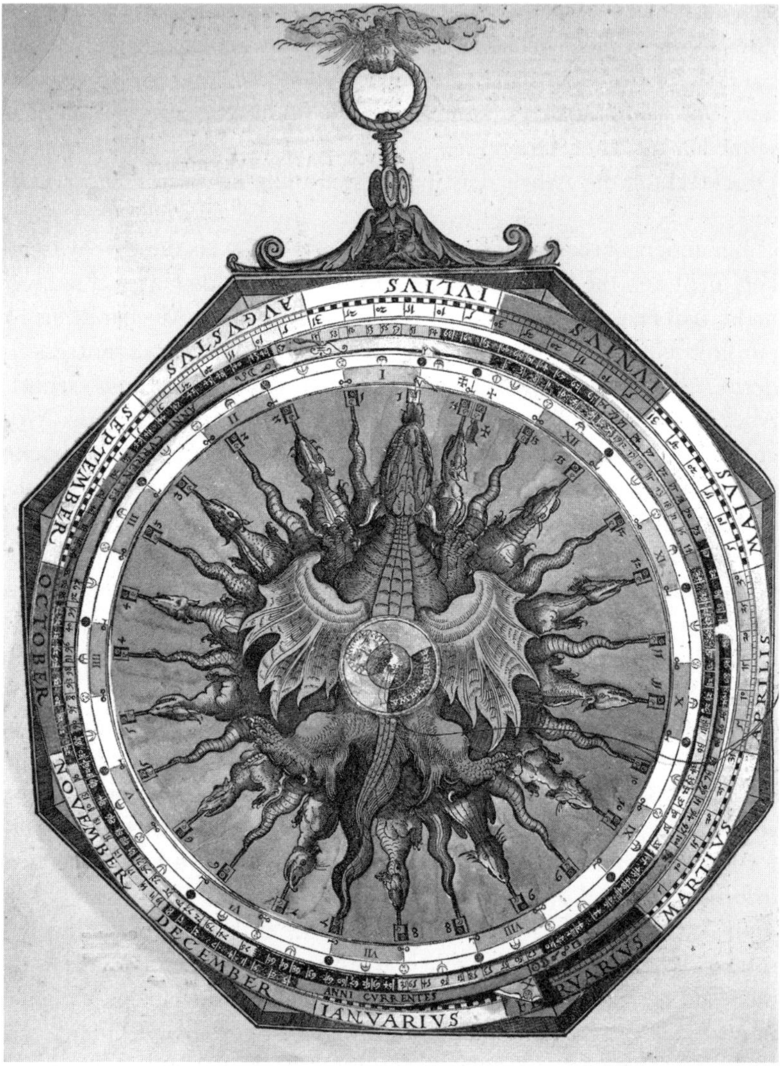

16 Dieser auf bewegliche Papierscheiben gedruckte und kolorierte immerwährende Kalender stammt aus dem *Astronomicum Caesareum* des Petrus Apianus (Peter Bennewitz) von 1540. Die Ringe erlauben, unterschiedliche kalendarische oder astronomische Zyklen zu verfolgen: Monate, Monatstage, Jahreszahlen, Mondphasen.

licher, insbesondere spekulativer Erfolg stehen hier im Mittelpunkt. Zur Beseitigung der so fokussierten Unsicherheit bedarf es besonderer Techniken, die organisierte Religionen wie freiberufliche Spezialisten in großer Bandbreite bereitstellen.

Im Vergleich zu solchen Techniken individueller Erkundung von Handlungschancen bietet die generelle Qualifikation von Tagen als günstig oder ungünstig – bei allen denkbaren und gedachten Modifikationen und Spezifikationen – eine Methode der Reduktion von Unsicherheit, die extrem kostengünstig, schnell verfügbar und leicht zu handhaben ist, eine Methode, die das gesamte Spektrum des Handelns berührt und durch ihre Publizität Planung und Koordination ermöglicht. Es nimmt daher nicht wunder, daß eine entsprechende Gestaltung und Nutzung des Kalenders in vielen Gesellschaften vorliegt, das gilt für das alte Ägypten nicht anders als für Mesopotamien. Dominant ist die divinatorische Verwendung des eigens dafür konstruierten Kalenders in ostasiatischen und mittelamerikanischen Traditionen; japanische Zeitschriftenhändler etwa bieten einschlägige Publikationen im Heftchenformat in großer Auswahl.[4] Die bekannte, das heißt für alle plausible Qualität eines Tages verringert Unsicherheit. Kalenderastrologie ist die Form der Laienastrologie schlechthin.[5]

Ein astrologisches System unglaublicher Primitivität – nur sieben Ereignisklassen, eben die Tage –, ein System hoher Trennschärfe – die klar profilierten, auch in anderen religiösen und mythologischen Kontexten anwesenden Planetengötter – und schließlich ein System, das sich ganz in die dominierenden theologischen wie physikalischen Weltbilder einfügte, wurde die Planetenwoche nach ihrem Bekanntwerden in Rom in der zweiten Hälfte des ersten Jahrhunderts v. Chr. schnell populär; schon die früh- beziehungsweise hochaugusteischen *Fasti Sabini* und *Fasti Nolani* fügten eine Spalte für die Buchstaben einer durchlaufenden siebentägigen Woche ein. In Kampanien und Latium finden sich schon Mitte des ersten Jahrhunderts n. Chr. siebentägige Marktrhythmen.[6] In die römischen Provinzen drang sie entsprechend des jeweiligen Romanisierungsgrades ein, war am Ende des zweiten Jahrhunderts populär in Nordafrika wie in Gallien. Diese Planetenwoche hat sich in zahlreichen medialen Formen niedergeschlagen, über Graffiti und Steckkalender als Zeugnisse ihrer Popularität unter den «kleinen Leuten» bis hin zu monumentalen Anlagen wie den nach den Planetengöttern benannten Becken der Trajansthermen und dem 203 n. Chr.

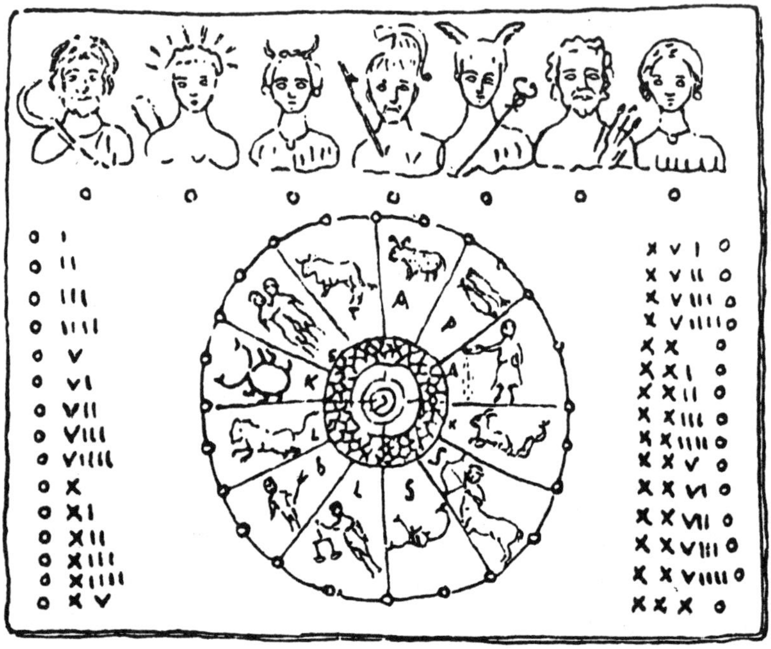

17 Die hier wiedergegebene Würzburger Rekonstruktion eines stadtrömischen Steckkalenders aus dem vierten Jahrhundert n. Chr. zeigt ein Instrument, das neben den Wochentagen (und Wochentagsgöttern) auch den Mondlauf und den Tierkreis berücksichtigte. Löcher ermöglichten die Markierung mit Stiften.

geweihten Septizodium des Septimius Severus, einer mehrstöckigen Fassade mit einem Statuenprogramm in sieben Nischen.[7] Wochengöttersteine gehörten zu den populärsten plastischen Werken in der Provinz Germania.

Wünsche nach höherer Komplexität und der Spieltrieb konnten durch die Kombination mit anderen Zeitelementen befriedigt werden. Für den engeren astrologischen Gebrauch eignete sich dazu vor allem die Verbindung mit Lunaria, mit graphischen Darstellungen des Mondumlaufs. Dieses Muster vertreten mit einfachen Listen der dreißig Mondtage zwei Graffiti aus dem italischen Pompeji wie aus dem mesopotamischen Dura Europos.[8] Die Steckkalender aus den Trajansthermen und aus Rottweil demonstrieren, wie durch die Kombination mit dem Zodiakus die Komplexität noch einmal gesteigert werden konnte.[9] Die Namen wie die Ikonographie der Planetengötter boten breiteste Variationsmöglichkeiten.

Kalendarische Kombinatorik

Das System der Planetenwoche war der römischen Zeitrechnung fremd, ließ sich aber mit ihrem Kalender, der fixierte Monatslängen kannte und ein graphisches System zur Darstellung des Jahres entwickelt hatte, leicht verbinden. Aber auch der Kalender selbst besaß divinatorische Potentiale, Potentiale, die in Italien schnell durch die Astrologie in den Schatten gestellt wurden, in außereuropäischen Kulturen und in abgewandelter Form in der europäischen Gegenwart, wie am Kapitelende zu sehen sein wird, aber dominieren.

Der römische Kalender kannte *dies postriduani,* die Nachtage von Kalenden, Nonen und Iden, die als *dies atri,* als «schwarze Tage» bezeichnet werden. Reisen, Hochzeiten und andere größere Kultakte sollten an diesen Tagen unterbleiben – vielleicht ein Verbot für den privaten Bereich, das den öffentlichen Charakter des Vortages von der Störung durch umfangreiche Vorbereitungen freihalten sollte.[10] Doch unabhängig von einer ursprünglichen Motivation: Die Regeln besaßen zumindest bis ans Ende der Republik große Durchschlagskraft; unter den zahllosen Tempeldedikationen ist keine für einen «schwarzen Tag» nachzuweisen, die *dies postriduani* waren nie *dies comitiales,* Tage, die Volksversammlungen erlaubten.

Für die Mitte des zweiten nachchristlichen Jahrhunderts bezeugt Gellius sogar eine Ausweitung (unbekannten Alters) dieser Beachtung der Monatsstruktur: «Den vierten Tag vor Kalenden, Nonen und Iden meiden viele als einen gleichsam unglückbringenden Tag.»[11] Einen Grund dafür kann Gellius nicht ausfindig machen – was den Zeugniswert für zeitgenössische Tagewählerei nur erhöht. Dieser «vierte Tag vor» ist der Nachtag nach der «Wochenmitte» zwischen Nonen und Iden sowie dem virtuellen vierten Orientierungstag, der die Zeit zwischen Iden und Kalenden teilt – ein Hinweis auf die frühe Entstehung der Praxis.

Unter der Bezeichnung *dies aegyptiaci* – Ägypten dient hier als Synonym für schwarz, man denke an die «ägyptische Finsternis» – finden sich die meisten der eigentlichen *dies atri* noch im Kalender des Polemius Silvius aus der Mitte des fünften Jahrhunderts n. Chr.: Es ist gerade die institutionelle Leere, das rein auf das Kalendarisch-Technische bezogene Konzept, das ihr Überleben sichert. Was ihre praktische Bedeutung anbelangt, so kann man vielleicht auf Erfahrungen mit vergleichbaren Phänomenen von Tagewählerei in anderen und zeitgenössischen Kulturen verweisen: Nur wenige Handlungen werden tatsächlich in Abhängigkeit solcher Tagesqualitäten verschoben – meistens lassen die Handlungs- beziehungsweise Reaktionszwänge solches ja gar nicht zu. Wichtiger ist daher die Interpretationskapazität: Wenn etwas schiefgeht, finden sich hier einfache Erklärungsmuster. Auch die Nachtage der Nundinen wurden für den Beginn wichtiger Aktivitäten gemieden. Da es der Kaiser Augustus ist, für den der Biograph Sueton diese Praxis berichtet,[12] müssen diese Vorstellungen bis in höchste Gesellschaftsschichten gereicht haben.

Einfachheit und Übersichtlichkeit der Schemata von guten und schlechten Tagen bieten zahlreiche Vorteile, besitzen aber auch Nachteile. Die guten und die schlechten Tage sind alle gleich gut oder gleich schlecht und geben damit nur geringe Entscheidungshilfe. Selbst die moderne Zeitschriftenastrologie, der es gelingt, die Einteilung der gesamten Menschheit in zwölf Geburtskohorten als hinreichendes Differenzierungskriterium glaubhaft zu machen, erzeugt höhere Komplexität durch den wenigstens wöchentlichen Wechsel der Prognose. Es ist gerade diese Operationalisierbarkeit der Vorhersage durch die Verbindung eines ebenso umfassenden wie primitiven Gliederungskriteriums mit dem durch die Drucktechnik ermöglichten schnellen Wechsel, der diesem Typ von Astrologie (und anderen in seinem Gefolge) die Breitenwirkung verleiht.[13]

Will man nicht den Weg gehen, alle Tage eines Jahres unterschiedlich zu qualifizieren – ein Weg, der in Mesopotamien und Ägypten beschritten wurde –, bildet die Kombination zweier sich gegeneinander verschiebender kalendarischer Elemente oder gar Kalender den einfachsten Weg zur Erzeugung von Komplexität in dem doch gerade auf Ordnung und Übersichtlichkeit angelegten Kalender. Die Kombination von Woche und Monat macht aus den einfachen Elementen Freitag und Monatsdreizehnter den besonderen «Freitag, den dreizehnten». Die Kombination von siebentägiger, vierzehntägiger «Woche» und einer achttägigen Planetenwoche ermöglicht bei den Shan im Nordwesten

Thailands eine handlungsleitende Komplexität. Fünf-, sechs- und siebentägige Wochen werden auf Bali kombiniert. Zehn *t'ien-kan*-Tage ergeben im Zusammenspiel mit zwölf *ti-chih*-Tagen einen sechzigtägigen divinatorischen Kalenderzyklus in China.[14] Sehr lange oder dreifache und mehrfache Zyklen ermöglichen eine außerordentliche Komplexität, die Maya kombinierten einen Zyklus von 260 Tagen mit dem Sonnenjahr.[15]

Solch hohe Differenzierung liefert zwar alltäglichem Handeln keine brauchbaren Vorgaben mehr, gewinnt aber prädiktiven, geschichtstheologischen Wert: Für Rom kann der Bezug zwischen dem Geburtshoroskop – systematisch gesehen ein Zusammenspiel («Konstellation») mehrerer signifikanter astronomischer Zyklen längerer Dauer (Umlaufzeiten) – der Stadt selbst, des Romulus und des Augustus diesen Effekt bezeugen.[16] Bei alldem darf ein Faktor nicht vergessen werden, den man wenigstens ebenso hoch wie die praktische Orientierung ansetzen muß: den Spieltrieb des Menschen, der jenseits von systematisierten Weltbildern als Plausibilitätsgrund und jenseits von echtem Handlungsdruck und entsprechender Unsicherheit Zyklen zählt und markiert.

Die Bedeutung, die dem ganzen Bereich zugemessen wurde, läßt sich an den medialen Produkten ablesen. Die schriftliche Fixierung von Unglückstagen gehört zu den frühesten «kalendarischen» Dokumenten im griechisch-vorderorientalischen Raum. In Babylonien stehen solche Texte im Kontext einer reichen *Omina*-Literatur; entsprechend weisen sie sowohl sachlich wie zeitlich geordnete Vertreter auf.[17] Im griechischen Bereich zeigen zwei mykenische Dokumente nach Daten geordnete Angaben über Tagesqualitäten, deren Formel *o-u-(ki)-te-mi* dem klassischen *ou(chí) thémis* («nicht erlaubt») in der Angabe von *hemérai apophrádes* («verbotenen Tagen») entspricht.[18] Für Rom kenne ich keine vergleichbaren Dokumente; die Regeln zur Plazierung der schwarzen Tage waren sehr einfach, ein guter schriftlicher Kalender zumindest prinzipiell vorhanden, so daß der Bedarf für ein derartiges Instrument nicht vorhanden war. Im Umgang mit dem Kalender lassen sich auch in der Folge der Renaissance Analogien zur Antike beobachten.[19] Es war die zunehmend populäre Astrologie, die mit Datenlisten für die verschiedensten Handlungsbereiche, insbesondere aber für den Aderlaß, die frühesten «kalendarischen» Drucke zeitigte: die sogenannten Laßbriefe, gerade keine Kalender. Regelrechte Kalender im Sinne einer graphischen Darstellung aller 365 Tage eines Jahres traten erst allmählich, vor allem nach 1500, als Dreingabe zu diesen Ablaßkalendern auf, als zeitliche Raster, die nun ihrerseits die Abbildung von und die Kombination mit allerhand verschiedenen, aber zumeist astrologisch akzentuierten Daten ermöglichten.[20]

Das Jahr 2000

Produziert auch heute noch der Kalender mit seinen Rhythmen und Daten Sinn? Ein Blick nur wenige Jahre zurück lehrt, daß das auch heute gilt. Es ist nützlich, sich an das ausgehende Jahr 1999 zu erinnern. Das Gefühl einer Epochenschwelle, das zwanzigste Jahrhundert zu verlassen und in ein neues, einundzwanzigstes, einzutreten, war nicht eben dominant. Zwanzig bis dreißig Jahre zuvor war das Endzeitgefühl intensiver gewesen. Wachsende Kernwaffenarsenale und der atomare ‹Overkill›, das scheinbar absehbare Ende der Erdölvorräte, der Bericht des Club of Rome an den amerikanischen Präsidenten, *Global 2000*, und der protestantische Endzeitprophet Hal Lindsey, sie alle legten in den 1970/80er Jahren eine gleiche Interpretation der Situation nahe: Entweder waren die Probleme bis 2000 durch radikalen Wandel gelöst oder die Probleme waren uns los.

Dennoch, fehlte auch die Endzeitstimmung, so gab es doch den Kalender. Ende 1999 war, so hieß es, in Italien für die Vorbereitung der Rettung aus ausfallenden Fahrstühlen kein Gerüstbauer, in den Vereinigten Staaten kein Termin beim Psychiater mehr zu bekommen. Dergleich wurde aufmerksam beobachtet und zum öffentlichen Gespräch gemacht. In Zürich durchkämmte Henry Sturcke das Internet nach Endzeitstimmungen in religiösen Gruppen, religionswissenschaftliche Beiträge in einem Themenheft der *«Praktischen Theologie»* befaßten sich mit dem «Jahrtausendwechsel» und die Deutsche Vereinigung für Religionsgeschichte veranstaltete im Oktober 1999 eine Tagung mit dem Thema «Endzeit, Wendezeit, Neue Zeit». Die Erwartung war groß, größer vielleicht die Versuchung der Kulturwissenschaften, durch ihre Suche nach dem Noch-nie-Dagewesenen selbst zur Dramatisierung beizutragen. Ein solcher Wechsel in unserer Selbstdatierung, von der Eins zur Zwei der Jahrtausende, vom zweiten zum dritten Jahrtausend, konnte doch nicht ereignislos bleiben!

Dafür gibt es Vorbilder. Das wohl dramatischste Muster ist die chiliastische Naherwartung – das Ende der Welt naht. Für den modernen Blick auf das Jahr 1000 hatte die Vorstellung eines völligen gesellschaftlichen Stillstandes eine weite Verbreitung, auch in seriöser historischer Literatur. Ein solch intensives endzeitliches Erwarten wurde für das Jahr 2000 kaum unterstellt. An seine Stelle trat aber der Hinweis auf das Inferno beim Sturm auf die Branch Davidians von Waco, Aum Shinrikyô und das Ende der Sonnentempler in einem Schweizer Chalet. Massenmord und Massenselbstmord – wenn auch nicht im dann erlebten Ausmaß – gehörten auch vor «nine eleven» zum Szenario und wurden im Lichte des heraufziehenden Jahrtausendwechsels interpretiert. Der offensichtliche Mangel an Synchronisation der Uhren dieser Gruppen war den Deutern im suggestiven Feld des «Prämilleniums» unwichtig. Wichtiger war die unbestimmte Gefahr, die von Gruppen ausgehen konnte, die die Nerven verlieren könnten und den Untergang beschleunigen wollten.

Nun ist die Existenz von endzeitlich orientierten Bewegungen, die mit festen Daten operieren, nicht zu leugnen. Die Reste der millennaristischen Bewegungen sind auch in Deutschland präsent – Siebenten-Tags-Adventisten, Zeugen Jehovas. Doch hier herrscht Vorsicht mit konkreten Daten. Neue religiöse Bewegungen mit «2000» als konkretem Termin waren seit langem nicht erschienen. Ob das New Age schon begonnen hat oder nicht, wird immer noch kontrovers diskutiert, es wurde aber nicht mit dem Jahr 2000 verbunden. Die traditionelle christliche Jahrwochenrechnung – sechs Jahrtausende und (vor oder nach einer Wiederkunft Christi) ein siebtes endzeitliches Millennium – hat offensichtlich in Europa nur noch wenig Plausibilität. Die Frage nach dem Geburtsjahr Jesu und dem Schöpfungsdatum der Welt als sichere Basis von Endzeitspekulationen wird nicht mehr gestellt. Auch die von dem mittelalterlichen Chronisten Raoul Glaber gestellte Alternative zum Jahrtausend nach Christi Geburt, nämlich das Jahr 1033 als Jahrtausend nach Christi Passion und Tod, wurde in keine Debatte eingeführt.

Der Historiker Hillel Schwartz hat noch in den 1980er Jahren das apokalyptische Deutungsmuster für Jahrhundertwenden ersetzt durch die Annahme eines für die europäische Religionsgeschichte wichtigen kollektiven Rituals, einen allgemeinen Umgang mit solchen Daten. Die zunehmende Abhängigkeit von chronometrischen Hilfsmitteln verstärkte dieses Ritual seit dem Spätmittelalter ständig. Ein (immer auch durch optimistische Züge in Frage gestelltes) pessimistisches Fin-de-siècle-Gefühl, Feiern und durch Ernüchterung bestimmtes gemeinschaftliches Erleben von Jahrhundertwenden erkläre auch gegenwärtige Entwicklungen. Seit 1800 trete noch die Diskussion um das wahre Datum – 00 oder 01 – hinzu.

Als Prognose erwies sich diese Deutung kaum als überzeugend. Da Francis Fukuyama ein Jahrzehnt vor der Wende die *post-histoire* beginnen ließ, scheint Fin-de-siècle nicht zum beherrschenden Lebensgefühl der Zeit vor 2000 geworden zu sein. Zwar prägte der Streit um das Datum den öffentlichen Umgang mit dem Jahrhundertwechsel um 1900. So schrieb die *Neue Freie Presse Wien* am 16. Dezember 1899:

Je näher Sylvester heranrückt, desto heftiger und verwickelter gestaltet sich der Streit darüber, ob das zwanzigste Jahrhundert schon jetzt, am 1. Januar 1900, oder erst am Neujahrstag 1901 beginnt. Der Zwiespalt hat zwei große Lager geschaffen, und beide führen ihre Argumente mit großer Hartnäckigkeit ins Feld. In dem Lager, in welchem man die Begrüßung des nächsten Säculums aufs nächste Jahr verlegt, rechnet man nach der Chronologie; jene Leute, die schon den kommenden Neujahrstag als den Beginn des zwanzigsten Jahrhunderts feiern, entscheiden nach dem Gefühl.

Träger der Frühdatierung waren zumal die von der deutschen und englischen Post herausgegebenen Säkularpostkarten; ansonsten stand aber Wilhelm II. mit seiner offiziellen Feier am 1. Januar 1900 isoliert da – sieht man vielleicht von der Uraufführung von Paul Linckes Operette «Frau Luna» am Vorabend ab. Ein Jahrhundert später war diese Frage kein Thema mehr. Das ist nicht, wie der amerikanische Zeitkritiker Stephen Jay Gould meinte, der endgültige Sieg der Popkultur über die Bildung,[21] sondern ist bezeichnend für den nicht-chronographischen Umgang mit der Zeitrechung: Abstände sind uninteressant, kalendarischen Sinn stiften die Zahlen als solche.[22]

Auch wenn wir das gleichmäßige Ticken der Uhren um und an uns beobachten, ist deutlich, daß das Erleben von Zeit sprunghaft, diskontinuierlich ist, Verlangsamungen und Dramatisierung von Zeitschwellen zu verbreiteten kulturellen Strategien gehören. Im Fall des Jahres 2000 liegt die Basis dafür in den Zeitrechnungssystemen selbst und in der Geschichtlichkeit, der auch Zeitmessung unterliegt. Das macht das Jahrtausendende unter kalendarischer Perspektive so interessant.

Zunächst ist festzustellen: 2000 ist kein christliches Datum. Die heilsgeschichtliche Ära des Dionysius Exiguus, Nebenprodukt eines Mönchs des sechsten Jahrhunderts zur Berechnung der Osterfestdaten, hat sich zur globalen Chronologie entwickelt, einer Chronologie, die auch dort präsent ist, wo traditionelle Zählungen mit höherem Prestige ausgestattet sind. Mit der sogenannten retrospektiven Ära «vor Christus» – eine, historisch gesehen, einmalige Konstruktion – ist sie universalisiert.[23] Selbst der wissenschaftliche Atheismus sprach emphatisch von «unserer Zeitrechnung».

Im Ergebnis dient die zur Weltzeit generalisierte christliche Ära zur Synchronisierung unterschiedlicher Systemgeschichten. Für ein solches Instrument sind der Nullpunkt und der Abstand zu ihm unwichtig: Wen interessiert, ob 2000 nun 2000 oder nur 1999 Jahre nach dem Einsatz der Ära liegt? Die verbliebene Diskussion vor der Jahrtausendwende war antiquarisch-feuilletonistisch und selbst hier auf Fußnoten beschränkt. Sie hatte keine Entscheidungsfunktion.

Der Koordinierungsbedarf der in viele eng miteinander verzahnte Bereiche entwickelten modernen Gesellschaften macht den Umgang mit Daten in arabischen Ziffern zu Alltagserfahrungen. Anders als die astronomischen Uhren und städtischen Glockenspiele geben Armbanduhren und Abreißkalender keinen Anlaß mehr, über Zeitmessung auch Zeitlichkeit, die durch unsere eigene Lebenszeit qualifizierte Zeit, zu thematisieren. Die Neutralität der Zeit ist Voraussetzung zur erfolgreichen Koordination. Nur wenn jeder Tag und jede Stunde gleichwertig sind, lassen sich betriebliche Abläufe ohne Streit organisieren.

Bei Entscheidungen unter hoher Unsicherheit, bei denen die Terminierung den wichtigsten Freiraum des Handelnden darstellt, mag diese Neutralität gar nicht erwünscht sein. Tagewählerei, divinatorische Bestimmung von Handlungsdaten heißt hier die anfangs ausführlich beschriebene Lösung. Mit seinen Zyklen liefert der Kalender Anhaltspunkte dafür – Freitag, der dreizehnte –; die popularisierte Astrologie der Presse ergänzt das. Auch Schnapszahlen gewinnen Kairos-Qualität: Die Heirat am 9.9.99 oder 03.04.05 ersetzt astrologische Beratung. Zahlenbilder, die durch Wiederholungen oder Sequenzen bestimmt sind, verdecken die Willkür der Datumswahl.

Auch die im jeweiligen System «runde Zahl» ist motivfähig, wie sich schon im Zusammenhang der Jahrestage beobachten ließ. Der Wechsel gewohnter Zahlenbilder wird zum erwartbaren und unverfügbaren zukünftigen «Ereignis», das in jede beliebige Geschichte eingebaut werden kann. Gerade für geschichtsarme, aber ziel- und damit zukunftsorientierte Gebilde wie Organisationen wird das attraktiv: Die runde Zahl als Zielmarke ersetzt das begründungsbedürftige Zieldatum in organisationsinternen Planungen. Damit erfolgt eine Kontingentierung von Zeit, die schnell als Verknappung erlebt werden kann und damit beschleunigende Wirkung hat beziehungsweise – aus Sicht der Organisation – haben soll.

Noch einmal: Unverfügbarkeit, Plausibilität und zeitliche Planbarkeit machten die «EXPO 2000», «Leuna 2000» und schließlich auch «Christus 2000» zu interessanten Projekten. Im letzten Fall scheint sich eine Rechristianisierung des Datums anzudeuten; im gleichen Sinne war vor hundert Jahren der «Countdown» als großes protestantisches Missionsprojekt ins Leben gerufen worden. Es handelte sich hier um einen sich selbst verstärkenden Prozeß: Je häufiger ein Datum benutzt wird, desto plausibler wird das Datum als qualifizierter Termin.

An diese Überlegung läßt sich eine weitere Beobachtung anknüpfen. Wenn die Attraktivität des Datums etwas mit dem Planungshorizont zu tun hat, ist ein Zusammenhang zwischen Größe sowie Handlungsrhythmik einer Organisation und der zeitlichen Distanz, in der der Datumsbezug (dramatischer: die Endzeitangst) explizit wird, zu postulieren. Je längerfristiger die Zielvorgaben sind, desto eher taucht das Datum am Horizont auf. Individuen konnten noch im Herbst 1999 Endzeithysteriker werden, Organisationen wie religiöse Gruppen kaum noch. Daß der Papst als Haupt der katholischen Kirche und daß der amerikanische Präsident das Jahr «2000» schon in den 1970er Jahren thematisierten, darf daher nicht als Indiz individueller endzeitlicher Vorstellungen eingeordnet werden. Umgekehrt ist zu vermuten, daß schwach strukturierte Handlungssysteme kein fixes Datum verwenden würden. Die aus zahllosen Gruppen und Individuen bestehende New-Age-Bewegung belegt das.

Der Vorteil der inhaltlich entleerten Zeit bildet im übrigen zugleich einen Nachteil: Es gab einen inflationären Gebrauch der Begriffe. Milleniumseditionen von Haushaltsgeräten und Eiskreme erzeugten einen Überdruß an der Nutzung des Jahrhundertwechsels; die Restauflagen wurden anschließend verramscht. So entsteht auch Differenzierungsbedarf: Für Unwahrscheinliches wirkt ein scheinbar genaueres, und das heißt: noch unwahrscheinlicheres Datum glaubhafter. Nicht jeder «schwarze Tag», sondern der 18. Juli, die Niederlage gegen die Gallier, hat sich als Termin von Katastrophen in das Gedächtnis des antiken Rom eingegraben.

Aber wie wird solche kalendarisch erzeugte Sinnhaftigkeit zweitausend Jahre später thematisiert? Buchtitel mit Bestandteilen wie «vor dem Millennium» zeigen die Punktualisierung der Vorstellungen an, die sich mit «2000» oder dem «dritten Millennium» beschäftigen. Im Rennen um das Millenniumsbaby – um einmal eine ausgefeilte Geschmacklosigkeit herauszugreifen – konnte es nur eine Siegerin geben – vielleicht entschieden auf einem Schiff an der Datumsgrenze (die hier zugleich zur Transzendenzlinie wird)? Auch hier verknüpft sich Dramatisierung mit einer Verkleinerung des Zeitraums, vielleicht in den Bereich von Sekunden hinein. Das entspricht der Tendenz zur Verkürzung der Gegenwart, die zunehmend nur noch als Umschaltstelle von offener Zukunft in festgelegte Vergangenheit erfahren wird. Kalender und Uhr werden miteinander verknüpft.

Ein Blick zurück hilft die Differenzen zu veranschaulichen, die den Jahrhundertwechsel von 1899/1901 von der Anfangssekunde des neuen Millenniums trennten, ein Zitat aus dem Lokalteil des *Berliner Tageblatts* vom 1. Januar nun des Jahres 1901:

Das neunzehnte Jahrhundert ist zu Ende, endgiltig, unwiderruflich. Selbst die Nörgler und Pessimisten, wie die genauen Rechner, die sich mit den offiziellen Jahrhundertanfang nicht einverstanden erklären wollten, müssen nun einen Strich unter die Rechnung setzen, das Fazit ziehen und getrost eine neue Seite im Kontobuch der Welt beginnen. Die ganz Vorsichtigen haben den Jahrhundertspunsch zum zweiten Male getrunken, und die vereidigten Festredner haben das zwanzigste Jahrhundert zum zweiten mal angetoasted, nicht besser und nicht schlechter als am 1. Januar 1900 … Wie ein spät heimkehrender Thronerbe fand das neue Jahrhundert die Volksbegeisterung von einem Usurpator hinweggenommen und mußte sich nun mit einem sang- und klanglosen Herrschaftsantritt begnügen. Der mystische Zauber, der für viele Gemüther die Geburt eines neuen Jahrhunderts umschwebte, war vor dem klaren Licht der Wirklichkeit entschwunden. Man hatte nun gleichsam schon ein Jahr auf Probe im zwanzigsten gelebt und hatte sich nicht schlecht dabei gefunden. Man hatte dieselbe Luft geathmet, von derselben Sonne sich bescheinen lassen und über diesel-

ben Dinge sich geärgert wie bisher. Und am Ende war man zu der Überzeugung gelangt, daß der Faden der Zeit immer gleichmäßig sich abspinnt, daß die Weltgeschichte keine Sprünge macht, und daß zuletzt das winzige Sandkorn einer Sekunde genau so zwei Jahrhunderte trennt wie zwei gewöhnliche Wochentage.

Ein solches Probejahr hat das einundzwanzigste Jahrhundert nicht bekommen. Auch wenn der «Krieg gegen den Terror» manche Pläne umgeworfen hat, die ersten Dezennien des neuen Jahrhunderts bleiben längst verplant. Mit steigender Komplexität benötigt die Gesellschaft mehr Zukunft, um ihren Überschuß an Möglichkeiten und ihren Koordinationsbedarf noch abarbeiten zu können. Naherwartungen, die solche Planungen radikal in Frage stellen, sind daher besonders schmerzhafte, geradezu klinische Formen abweichenden Verhaltens: Aufs Ganze gesehen ließ sich der Jahrtausendwechsel in einem solchen Schema nicht mehr kommunikativ erfolgreich verarbeiten. Die Lösung, das Ereignis dennoch zu thematisieren, lautete Y2K, «Jahr 2000».

Die «Erzählung vom Chip» integrierte die Rede vom Jahrtausendwechsel in eine ganz moderne Form gesellschaftlicher Kommunikation, nämlich die Risikokommunikation. Der Soziologe Niklas Luhmann bezeichnete mit diesem Begriff «die *gegenwärtige* Antizipation *zukünftiger* Schäden ... über die in der Gegenwart Unsicherheit besteht, da man sie noch nicht kennt und kennen kann». Risikokommunikation thematisiert Technologiefolgen, aber nicht als Ereignisse an der Frontlinie gesellschaftlicher Planung, in der fernen Zukunft, sondern als Ereignisse weit hinter, weit innerhalb dieser Frontlinie – in der nahen Zukunft. In diese nahe Zukunft war auch das Jahr 2000 gerückt, präziser: die Sekundenbruchteile, die auf den vollendeten 31. Dezember 1999 folgten. Praktische Folgen blieben aus. Aber das nimmt für diese Form kalendarisch erzeugten Sinns nicht wunder.

12 Kalenderpolitik

Rund fünfundzwanzig Jahrhunderte sind in dieser «Kulturgeschichte des Kalenders» bisher in den Blick geraten. Eine regelrechte Geschichte hat sich nicht entfaltet. Eher sind Formen und Funktionen der Verschriftlichung von Zeit, der Gestaltung und Repräsentation von Festen verfolgt worden. Natürlich unter sich verändernden Bedingungen, so wenig wie den Strom kannte die Antike Feuerwerk und den Druck mit beweglichen Lettern. Frühneuzeitliche Massenmedien unterscheiden sich von den heutigen. Und doch erscheint der Kalender merkwürdig geschichtslos, entspricht «unser», der Gregorianische Kalender bis auf winzige Details dem antiken römischen Kalender, der so oft die Ausgangsbasis gebildet hat. Es fällt schwer, eine andere, einer einzelnen antiken Stadtkultur eigene Institution zu benennen, die noch heute in ihrer Ganzheit, ihren Details, ihrer Optik so präsent wäre wie der römische Kalender. Präsent weit über Museen, Bildungseinrichtungen und Elitenkultur hinaus, täglicher Bezugspunkt von wenigstens ein bis zwei Milliarden Menschen. Und das nicht etwa, weil dieser Kalender alternativelos war: Weder heute noch in der Antike hat es an Kritik gefehlt, muslimisch geprägte und zahlreiche asiatische Staaten praktizieren grundsätzliche Alternativen. Ein eigenes Periodikum, das «Journal of Calendar Reform», hat der Kritik und Verbesserungsvorschlägen Jahrgang nach Jahrgang gewidmet.

Man soll das Kind nicht mit dem Bade ausschütten – um eine Redewendung einer weitgehend vergangenen Badezuberkultur zu bemühen. Auch als technisches Instrument hat der Kalender eine Geschichte, die in gelungenen und gescheiterten Kalenderreformen kulminiert. Wenn diese zum Gegenstand eines letzten Durchgangs werden, dann nicht in der Absicht, die anfangs abgelehnte «Geschichte der kleinen Unterschiede», den Blick auf technische Details doch noch zu liefern. Nein, der Versuch soll beibehalten werden, den Kalender als ein weitreichendes Instrument zur Steuerung von individuellem und gesellschaftlichem Alltag zu verstehen, das gerade in seiner Alltäglichkeit eine hohe Trägheit aufweist: Wer ändert schon gerne seine Routinen? So markieren denn auch die Julianische, die Gregorianische und die französische Kalenderreform wichtige Punkte der europäischen Politik-, Konfessions- und Religionsgeschichte. Der abschließende Blick nach Japan aber zeigt, daß dieser Kalender keine exklusiv europäische Angelegenheit mehr ist.

Cäsars Reform: Das Jahr ohne Ende

Bei allen älteren Traditionen, das direkte Vorbild unseres Kalenders, die Zahl der Monate, ihre Länge, die Schaltung, ist erst das Ergebnis der Julianischen Reform.[1] In den fünfziger Jahren des ersten Jahrhunderts v. Chr. befand sich der römische Kalender, gemessen an seiner intendierten Übereinstimmung mit dem natürlichen Jahr, in erheblicher Unordnung. Vermutlich wurde in dieser innenpolitisch heißen Phase in Rom auch das Mittel der Fristverlängerung durch das Einfügen oder Unterdrücken von Schaltmonaten intensiv genutzt. Gerungen wurde darum, den dafür notwendigen Einfluß zu erlangen. Die Abschaffung der Möglichkeit stand nicht auf der Tagesordnung. Mit der siegreichen Rückkehr vom östlichen Bürgerkriegsschauplatz im Oktober des Jahres 47 v. Chr., mit der Aussicht auf eine dritte Amtsperiode als Konsul und in Beherrschung der Wahlversammlungen rückten für Gaius Julius Cäsar Überlegungen zu Verwaltungsreformen und zur Schuldenproblematik in den Bereich umsetzbarer Politik. Auch die kalendarischen Strukturen mußten dem weltumspannenden Aktionsradius der römischen Führung angemessen sein.

Cäsar setzte eine Kommission vor allem aus nichtrömischen Experten ein, darunter an prominenter Stelle der ägyptische Astronom Sosigenes, der die Federführung für die Reformvorschläge besaß. Als pontifikaler Kalenderexperte wirkte ein Marcus Flavius mit. Die Durchführung der Reform beruhte schließlich auf einem Edikt des Diktators während der zweiten Hälfte des Jahres 46.[2] Cäsar unterrichtete den Senat ausführlich, beteiligte ihn aber nicht an der Beschlußfassung.

Wie sah die Reform astronomisch-technisch aus? Langfristig die größte Bedeutung besaß die Neubestimmung der natürlichen Jahreslänge mit 365,25 Tagen, die durch ein 365-Tage-Jahr und eine vierjährliche Schaltung abgebildet wurde. Wissenschaftsgeschichtlich war diese Berechnung schon mit dem Metonischen Zyklus und vergleichbaren mesopotamischen Schaltsystemen erreicht worden. Entscheidend war nun, daß die berechnete Jahreslänge in ein System umgesetzt wurde, das Umfang und Häufigkeit der Schaltungen minimierte: Nur noch alle vier Jahre mußte, und zwar in ganz regelmäßiger, sozusagen automatisierter Form, ein einzelner Tag eingeschaltet werden. Damit wurde die Schaltung politischer und finanzieller Manipulation entzogen.

Für die Nachwelt ohne Bedeutung, bereitete der Vollzug der Reform für die Zeitgenossen sicher das größte Problem – nicht umsonst sind alle Reformvorschläge des zwanzigsten Jahrhunderts am Verweis auf die Umstellungsprobleme und Umstellungskosten gescheitert.[3] Das Hauptproblem der Gregorianischen Reform verband sich genau mit diesem Punkt. Ziel der Reform war es gerade, eine stabile Beziehung von natürlichem und «bürgerlichem» Jahr herzustellen. Diese Korrelation war nicht beliebig: Der 25. März sollte (wieder) Frühlingspunkt werden. So mußte eine große Anzahl von Tagen eingeschoben werden: über die dreiundzwanzigtägige reguläre Interkalation Ende Februar hinaus noch insgesamt siebenundsechzig Tage, die auf zwei Schaltmonate, einen *mensis interkalaris prior* und einen *mensis interkalaris posterior* verteilt wurden.[4] Da der reguläre Schaltmonat aus 27 Tagen bestand, die nur durch ihre besondere Einfügung im Februar in einer Addition von lediglich 22 oder 23 Tagen resultierte (Kapitel 2), stand Cäsar der Weg, die 67 Tage auf drei Monate zu verteilen, nicht offen.

Mehr als ein Jahr von 445 Tagen war den Zeitgenossen nicht zuzumuten. In allen anderen Punkten ließ Cäsar größte Zurückhaltung walten. Die Monatsnamen blieben unangetastet. Neue Feiertage kamen (zumindest im Moment) nicht in den Kalender. Der Zeitpunkt der Schaltung blieb unverändert. Die Verteilung der durchschnittlich zehn auf den Schaltmonat entfallenden Tage tastete die interne Struktur der Monate möglichst nicht an.[5] Allein jene Monate, die nur 29 Tage besaßen, wurden um ein oder zwei Tage verlängert. Diese schob man jeweils unmittelbar vor dem Monatsletzten ein, so daß die Lage der Nonen und Iden relativ zum Monatsanfang unverändert blieb. Mit der Qualifizierung als *dies fasti* vermied Cäsar eine Ausdehnung des politischen Handlungsspielraums der Volksversammlungen, da dieser Typ von Tagen zwar Prozeßführung, im Unterschied zu den *dies comitiales* aber nicht zusätzlich auch Volksversammlungen erlaubte.

Die Durchsetzung der Reform gelang, auch wenn Intellektuelle wie Cicero mit Kritik – die den Kern nicht traf – nicht zurückhielten. Mit den beiden vorbereitenden Schaltmonaten dürfte man rechtlich und zinsrechtlich in der gewohnten Weise umgegangen sein: Man behandelte sie, wie der republikanische Jurist Scaevola in den spätantiken *Digesten* zitiert wird (50,16,98), als ausdehnungslosen Zeit-Punkt. Im übrigen konnte Cäsar die zusätzliche Zeit des dritten Konsulats für Reformen und die Vorbereitung des Spanienfeldzugs gut gebrauchen. Schwierigkeiten bereitete aber die Behandlung von fixen Daten, namentlich Fest- und Geburtstagen, in der zweiten Hälfte der verlängerten Monate. Durch die Rückwärtsrechnung von den nächsten Kalenden her mußte sich hier die Datumsangabe verändern, auch wenn das sakrale Faktum des Abstandes zu den vorangehenden Iden nicht in Frage gestellt worden war.

Bekannt sind solche Irritationen für die Saturnalien im Dezember. Im vorjulianischen Kalender «am 14. Tag vor den Januariden» notiert, erschienen sie nun, weiterhin fünf Tage nach den Iden, «am 16. Tag vor den Januariden» (*ante diem XVI. Kalendas Ianuarias*). «So geschah es, daß mehrere Tage als Saturnalien gerechnet wurden, weil», wie Macrobius formuliert, «das gemeine Volk den genauen Tag der Saturnalien nicht kannte und einige an dem von Cäsar eingefügten Tag [das heißt auf dem neuen, aber korrekten Datum], andere aber nach alter Weise [das heißt zwei Tage zu spät] feierten.»[6] Auch in diesem Punkt lassen sich die Reaktionen nicht nach sozialer Stellung oder Bildungsgrad klassifizieren: Augustus scheint die Ambivalenz bewußt zu einer zweitägigen Feier seines Geburtstages genutzt zu haben, seine Frau Livia feierte am «alten» Datum, das heißt zu spät.[7]

Zwei Kalender in Europa: Die Gregorianische Reform

Der Julianische Kalender verbreitete sich nur langsam, aber er dominierte im Mittelalter weite Teile Europas.[8] Trotz dieser Dominanz blieb technische Kritik nicht aus. Im dreizehnten Jahrhundert beliefen sich die Differenzen zwischen dem «bürgerlichen» Julianischen Jahr und dem astronomisch kontrollierbaren Naturjahr bereits auf etwa eine Woche. Zur Zeit des Konzils von Nikäa hatte die Frühlings-Tagundnachtgleiche auf dem 21. März gelegen; die gesamte Osterrechnung hing an diesem Datum. Faktisch hatte sich das Datum des Frühlingsbeginns langsam auf den 11. März zubewegt. Die Notwendigkeit einer Kalenderverbesserung wurde spürbar, das Julianische Jahr war mit 365,25 Tagen eine Spur zu lang. Nach verschiedenen fehlgeschlagenen Versuchen – das Konzil von Konstanz im fünfzehnten Jahrhundert gehörte dazu – setzte das Konzil von Trient (Trento) eine Kommission ein und verlieh dem Papst die Vollmacht, etwaige notwendige Reformen durchzuführen. Nach Jahren der Diskussion, Prüfungen und – seit der Versendung des Entwurfs 1578 – diplomatischer Lobby-Arbeit wurde die Zustimmung der katholischen Staaten Europas erreicht. Papst Gregor XIII. promulgierte mit der Bulle *Inter gravissimas* am 24. Februar den reformierten Kalender und setzte ihn mit einem Sprung vom 4. auf den 15. Oktober 1582 in Gang.[9] Mit dieser schlagartigen Korrektur der aufgelaufenen Verschiebung verband sich eine Kürzung der Jahreslänge auf 365,242125 Tage durch den Ausfall von Schaltungen in den Jahrhundertjahren 1700, 1800, 1900, 2100 und so weiter. Wichtiger noch war die Einführung neuer Hilfsmittel für die Osterberechnung; auch hier hatte der italienische Mathematiker Aloisio Lilio (Aloysius Lilius) der Kommission schließlich den Weg bereitet.

Es fällt schwer, die Reform einen Erfolg zu nennen. Für mehr als ein Jahrhundert verwendete das römisch-katholische Europa Daten des «neuen Stils», während die protestantischen Staaten Mittel- und Nordeuropas die alten beibehielten. Wenn in einem der deutschen Kleinstaaten ein deutscher Katholik am 8. Februar einen Brief an einen protestantischen Nachbarn im nächsten Staat richtete, konnte sein Korrespondent bei der Effizienz frühneuzeitlicher Postdienste schon am 31. Januar antworten. Zwei Tage später, also am 14. Februar, hätte die Antwort schon den katholischen Briefeschreiber erreichen können. Das erscheint heute komisch, war aber jahrhundertelang Normalzustand, insbesondere in den konfessionell kleinräumig geprägten Gebieten des Deutschen Reiches und der Schweiz. Der Osnabrücker Vertrag von 1648, mit dem man den Frieden mit den Schweden besiegelte, trug ein doppeltes Datum: 27. Juli/6. August.[10]

Offensichtlich war es ein Fehler gewesen, die protestantischen Staaten nicht zu konsultieren, wie schon J. Ellrod in seinem Kompromißvorschlag *Calendarium Praeter Julianum & Gregorianum Tertium sive Intermedium, das ist: Mittel-Calender, in welchem einige, jedoch unvergreiffliche Mittel vorgeschlagen werden, wie nach inhalt des juengst Anno*

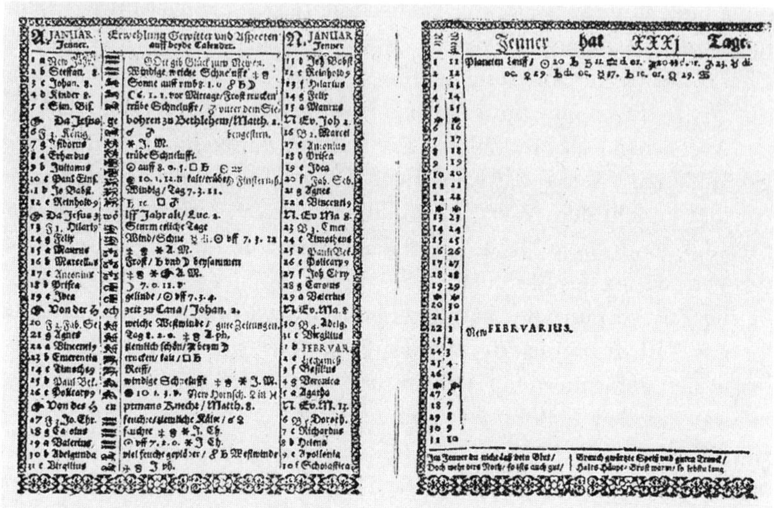

18 Der von dem bedeutenden Kalendermacher David Herlitzius aus Zeitz verfaßte *Alt und New Schreib Calender Auff das Schalt=Jahr nach der heilsamen Geburt Jesu Christi. M.DC.XXVIII.* bot in der rechten Spalte auch die neuen Daten. Dazwischen finden sich nach den Tagesheiligen und dem Lauf des Mondes durch die Tierkreiszeichen die Wetterprognosen und weitere Hinweise auf günstige Tage. Auf der gegenüberliegenden Seite war Platz für eigene Eintragungen, die den direkt nebeneinanderstehenden julianischen (links außen) und gregorianischen Daten zugeordnet werden konnten (Göttingen, Niedersächsische Staats- und Universitätsbilbiothek, Sign. 8h subs 8255).

1654 zu Regensburg publicirten Reichs-Abschieds die beeden wieder einander lauffende Alt und Neue Calender, naeher zusammen gebracht, verbessert und hoffentlich gar vereinigt werden koennen, in 59 Fragen, 1659 in Hof erschienen, vermerkt (Seite 17):

Die Ursachen dessen / sollen gewesen seyn 1., daß Pabst Gregorius sich unterfangen / der Römischen Reichs=stände / besonders des höchsten Häupts / unbegrüsset / die Calender reformation für sich selbst und allein für zunehmen. 2. Daß er nachmaln solchen seinen Calender / sub Excommunicatione & pro authoritate Ipsi Divintus concessâ summâ, & sub indignatione Omnipotentis Dei, ac Beatorum, Petri & Pauli, Apostolorum, etc. *wie die Wort der Bullae verlautet haben / allen und jeden Reichs= Gliedern / ohne unterscheid der Religionen / auffzutringen / kein Scheu getragen. Sich aber auch die Protestirente nicht gescheuet / darauff zuantworten: Pontifici nullum jus est, in nostras Ecclesias. 3. Daß der Gregorianische Calender / nicht ein solcher vollkommener und unfehlbarer Calender befunden / als er wol gerühmet worden ...*

Die führende Rolle des Papstes in der Durchführung der Reform ließ die Annahme weniger als astronomisch begründete Entscheidung denn als Frage der Anerkennung religiöser Autorität erscheinen. Ein anonymes Gedicht des Jahres 1584 bot Protestanten auf die Melodie des Lutherischen «Vom Himmel hoch, da komm' ich her» folgende Überlegungen unter dem Titel *Von der Geburt des Newen Gregorianischen Calenders / Anno 1583 – Und kan gesungen werden in der Melodey / Von Himmel hoch da kom ich her* vor:

1. *Von Himel Nider kom ich her / Ich bring euch gute Newe Mehr. / Der guten Schwenck bring ich souiel / Dauon ich singen und sagen wil.*
2. *Es ist ein newer Calender geborn / Vom Bapst Gregorio außerkorn. / Ein Calender von art so fein / Das sol ewr freud und rhume sein.*
3. *Es ist der Bapst ewr Hellisc Gott / Der wil euch führn in angst und noth. / Er wil ewr Heyland selten sein / Von ordnung des Reichs gantz machen rein.*

Die dreizehnte und letzte Strophe schließlich lautete:

Ach mein liebes Calenderlein / Mach dir ein rein sanffts Betthelein. / Zu ruhen in Deutschland so lang / Biß fried und ruh hab noth und zwang.

Der Kalenderstreit brachte Städte wie Augsburg bis an den Rand des Bürgerkrieges.[11] Hinzu kam, wie schon Ellrod anklingen läßt, daß das auch auf Praktikabilität und größtmöglicher Bewahrung der kalendarischen Traditionen gerichtete Konzept des Gregorianischen Reformkalenders offene Flanken besaß. Im Hinblick auf astronomische Präzision konnten sich informierte Zeitgenossen bessere Lösungen vorstellen und auch in sachlichem Tone vortragen. Der Tübinger Astronom Michael Maestlin ließ von Jacob Müller 1583 in Heidelberg einen mehr als einhundertsiebzig Seiten umfassenden Text drucken, den er überschrieb: *Ausführlicher und gründlicher Bericht von der allgemainen / und nunmehr bey sechzehen Hundert Jaren / von dem ersten Keyser Julio / biß auff jetzige unsere Zeit / im gantzen*

H. Römischen Reich gebrauchter Jarrechnung oder Kalender / In was Gestalt er anfänglich gweßt / und was durch länge der zeit für Irthumb dareyn seyen eyngeschlichen. Item ob / und wie er widerumb ohn merckliche verwürzung zu verbesseren were. Auf dem Titelblatt folgt der Zusatz: *Sambt erklärung der newen Reformation / welche jetziger Bapst zum Rom Gregorius XIII. in demselben Kalender hat angestellet / und an vilen Orten eyngeführet / Und was darvon zuhalten seye.* In Tübingen trug im selben Jahr Lukas Osiander schriftlich *Bedencken* vor *Ob der newe Päpstische Kalender ein Notturfft bey der Christenheit seie / unnd wie trewlich diser Papst Gregorius XIII. die Sachen darmit meine* ... Daß die ausführliche Erläuterung des neuen Kalenders durch die treibende Kraft der päpstlichen Kommission, Clavius, erst 1603 als «Erklärung des von Gregor dem XIII. wiederhergestellten römischen Kalenders» erschien, verbesserte das Diskussionsklima nicht.[12] Hinzu kam eine Intensivierung apokalyptischer Erwartungen im Zuge der konfessionellen Konflikte im Verlaufe des sechzehnten Jahrhunderts, die in einer höchst kontroversen Erwartung und Deutung des (römischerseits) «Heiligen Jahres» 1600 gipfelten.

Das Resultat ist bekannt. Die protestantischen Staaten Deutschlands und Dänemarks akzeptierten den Gregorianischen Kalender im Jahr 1700 – bevor die neue Schaltregel die Differenz um einen weiteren Tag vergrößerte. Die Niederlande folgten 1710, das Königreich Großbritannien im Jahr 1752, Schweden – nach einer auf wenige Elemente begrenzten Übernahme, die es von allen Nachbarn absetzte – endgültig im Jahr 1753. Der letzte Schweizer Kanton, Basel-Land, übernahm den Kalender erst 1844. Im Bereich des Orthodoxen Christentums übernahm Rußland den Kalender im Jahr 1918 (demnach erfolgte die Oktoberrevolution von 1917 erst im Gregorianischen November). Im Jahr 1924 erfolgte die Kalenderreform der Griechisch-Orthodoxen Kirche, die immerhin für die folgenden achthundert Jahre für paralleles Schalten sorgen wird – die im Vergleich zum Gregorianischen Kalender höhere Präzision dieser Schaltregel war schon zu Beginn dieses Buches angesprochen worden.[13]

Was üblicherweise als lange Straße zum Erfolg gesehen wird, kann man auch als letztendliches Scheitern betrachten. Annahme und Ablehnung der Gregorianischen Reform muß man in einem politischen Kontext sehen: der Formierung der modernen Territorialstaaten auf

19 Diese Medaille wurde aus Anlaß des Reichstagsbeschlusses zur Einführung des Gregorianischen Kalenders im Jahr 1700 geschlagen. Die Vorderseite zeigt die Sonne im Tierkreis und bietet die Gleichung des 18. Februars (alt) mit dem 1. März 1700 (neu). Die Umschrift preist die wiedergewonnene Ordnung der Zählung: «Die richtige Ordnung der Zahlen wird erneut geboren.» Auf der Rückseite bewegt ein Engel den mit den Zehnerschritten von 10 bis 100 geschmückten Sternenhimmel; hier wird wohl auf die Schaltregel in den Jahrhundertjahren angespielt. «Und es kehrt in den Kreis zurück des Himmels Maß in der ganzen Welt» lautet die Umschrift.

dem bikonfessionellen Kontinent Europa. Die Kalenderreform, die wir mit dem Ausdruck «Gregorianische Reform» bezeichnen, war nicht die einzige Kalenderreform, die das Tridentinum angestoßen hatte. Das Dekret *Super indice librorum, catechismo, breviario et missali*, «Über den Bücherindex, den Katechismus, das Brevier und Meßbuch» des Schlußtages des Konzils, dem 4. Dezember 1563,[14] ermächtigte den Papst, Kalenderangelegenheiten zu regeln. Es markiert den Versuch, die Existenz und das Funktionieren von lokalen wie regionalen liturgischen Kalendern abzuschaffen und durch einen Universalkalender zu ersetzen. Das *Breviarium Romanum* von 1568 und das *Missale Romanum* von 1570 veröffentlichten ein sogenanntes *Calendarium universale* oder *Calendarium ecclesiae universae*, einen Universalkalender, der jeden örtlichen Kalender – und das hieß natürlich ebenso katholische wie die in reformierten Gemeinden verwendeten Kalender – zu delegitimieren und zu ersetzen suchte.[15] Dieser Versuch reiht sich in eine lange Liturgiegeschichte ein, in der die römische Liturgie in einigen Teilen

Europas immer größeres Gewicht gewann. Dennoch, der Universalkalender war etwas völlig Neues und zerstörte uralte Praktiken.

Der Versuch schlug fehl, auch wenn der Apostolische Stuhl bis zum Zweiten Vatikanischen Konzil (1961–1965) immer wieder versuchte, die angestrebten Normen durchzusetzen. Den Verzicht markiert damit erst der Artikel 111 der Liturgiekonstitution *Sacrosanctum Concilium:*

Die Feste der Heiligen sollen nicht das Übergewicht haben gegenüber den Festen, welche die eigentlichen Heilsmysterien begehen. Eine beträchtliche Anzahl von ihnen möge der Feier in den einzelnen Teilkirchen, Nationen oder Ordensgemeinschaften überlassen bleiben, und nur jene sollen auf die ganze Kirche ausgedehnt werden, die das Gedächtnis solcher Heiligen feiern, die wirklich von allgemeiner Bedeutung sind.[16]

Die hier implizierte Situation galt ebenso und intensiver für das ausgehende sechzehnte Jahrhundert. Alle Kalender waren regionale oder sogar lokale Kalender. Die örtlichen Herrscher wie Bischöfe oder Orden versuchten ihr jeweiliges kalendarisches Profil von Festen und Heiligen zu halten, notfalls mit dem – oft genug erfolgreichen – Versuch, ihre lokalen Daten in den römischen Zentralkalender zu bringen und so zu legitimieren. Wie wichtig der Kalender war, bezeugen die Versuche der jungen Territorialstaaten, die lokale Kalenderproduktion zu monopolisieren, sowie die großen Anstrengungen, die sie mit Zoll und Polizei unternahmen, zugleich den Umlauf anderer Kalender zu unterbinden. Für Bayern etwa lassen sich solche Zensurbemühungen noch im achtzehnten Jahrhundert in aller Schärfe beobachten.[17]

Unter dieser Perspektive erscheint die Gregorianische Reform in einem anderen Licht. Das Gesamtbündel an Regelungen versuchte nicht nur lokale Kalender zu verändern, sondern sämtliche Kalender aus den lokalen Kontexten zu lösen, den Kalender zu universalisieren. Das konnte als ein neuer Aspekt des Kalenders für das neue, konfessionell definierte Bündnis katholischer Herrscher attraktiv sein, aber es waren dieselben Personen, die für die Unabhängigkeit ihres Kalenders in liturgischer Hinsicht, im Blick auf die inhaltliche Füllung des Gregorianischen Kalenders kämpften. Diese Differenzierung war für die entstehenden protestantischen Staaten nicht möglich. Als sie sich – seit 1700 – dazu verstanden, den Reformkalender zu übernehmen, übernahmen sie ein Instrument, das seine universalistischen Implikationen längst im innerkatholischen Kalendermachtkampf eingebüßt hatte. Die Gregorianische Reform war zu einem technischen Detail geworden, das problemlos in die fest etablierten lokalen protestantischen Festkalender eingebaut werden konnte.

Warum die französische Kalenderreform scheiterte

Technische Vervollkommnung muß keineswegs das Leitinteresse von Reformern bilden. Die frühen Entwürfe des französischen Revolutionskalenders suchten zunächst den Traditionen und Komplikationen des Gregorianischen Kalenders ein von Rationalität, von Vernunft geprägtes Modell gegenüberzustellen: Dreißigtägige Monate aus drei Zehntagewochen und ein kohärentes System von Monatsnamen zeichneten das System aus und markierten einen – so nicht wahrgenommenen – Bruch mit dem römischen Modell, das doch in vielen anderen Bereichen inspirierend wirkte.

Die revolutionäre Kalendergesetzgebung zog sich über mehrere Jahre hin. Die ersten Beschlüsse am 5. Oktober befaßten sich mit der neuen Ära, die dem eigenen Tun menschheitsgeschichtliche – man ist versucht zu sagen: heilsgeschichtliche[18] – Bedeutung zuschrieb. Ihnen folgten eine Reihe von Debatten, die erst am 24. November 1793 zu einem umfassenden Kalendergesetz führten, das *décret du 4 Frimaire* des Jahres 2 der Republik. Dieser Kalender brach mit dem traditionellen Gregorianischen, wo immer es nur möglich war: beginnend bei den Monatsnamen,[19] über die Länge der Monate (zwölf à dreißig Tage), die Namen der Tage und Jahreszeiten bis hin zu einem Dezimalsystem der Tagesunterteilung in zehn Dezimalstunden à hundert Dezimalminuten:

Art. 7 Das Jahr wird eingeteilt in zwölf gleiche Monate von je dreißig Tagen. Auf die zwölf Monate folgen fünf Tage, die das Jahr vervollständigen; sie werden keinem Monat zugerechnet.

8. Jeder Monat wird eingeteilt in drei gleiche Teile zu je zehn Tagen, die Dekaden genannt werden.

9. Die Namen der Dekadentage sind: Primedi. Duodi. Tridi. Quartidi. Quintidi. Sextidi. Septidi. Octidi. Nonidi. Décadi.

Die Namen der Monate sind: Für den Herbst: Vendémiaire (Weinmonat). Brumaire (Nebelmonat). Frimaire (Reifmonat).

Für den Winter: Nivôse (Schneemonat). Pluviôse (Regenmonat). Ventôse (Windmonat).

Für den Frühling: Germinal (Keimmonat). Floréal (Blütenmonat). Prairial (Grasmonat).

Für den Sommer: Messidor (Erntemonat). Thermidor (Hitzemonat). Fructidor (Obstmonat).

Die fünf letzten Tage heißen Sansculotiden.

10. Dem Normaljahr wird, je nach Lage der Tagundnachtgleiche, ein weiterer Tag hinzugefügt, um die Übereinstimmung des bürgerlichen Jahres mit den Himmelserscheinungen zu wahren. Dieser Tag, der «Tag der Revolution» heißt, liegt am Ende des Jahres und bildet den sechsten der Sansculotiden.

Die Periode von vier Jahren, an deren Ende gewöhnlich ein weiterer Tag nötig wird, wird Franciade genannt, zum Gedenken an die Revolution, die nach vierjähriger Bemühung Frankreich zur republikanischen Staatsform hingeführt hat. Das vierte Jahr der Franciade wird Sextil genannt.

11. Der Tag wird von Mitternacht zu Mitternacht in zehn Teile oder Stunden eingeteilt, jeder Teil in zehn weitere und so fort bis zur kleinsten meßbaren Zeitdauer. Der hundertste Teil der Stunde heißt Dezimalminute, der hundertste Teil der Minute heißt Dezimalsekunde. Dieser Artikel tritt für die öffentlichen Akte erst mit dem 1. Vendémiaire des Jahres III der Republik in Kraft.[20]

Weitere Artikel regeln die Gültigkeit und Publikationen und vertrauen – in einer langfristigen Strategie – allen mit Erziehungsaufgaben Betrauten die Erklärung und Weitergabe des Kalenders an (Artikel 15).

Trotz gewisser Vereinfachungen in der Monatslänge, die man nach ägyptischem Muster mit fünf epagomenalen Tagen am Jahresende erkaufte,[21] war ein chronographischer Fortschritt gegenüber dem alten Kalender nicht gegeben. In der Regelung der Schaltjahre fiel der Kalender sogar zunächst auf das Niveau des Julianischen zurück; der Anschluß an die Gregorianische Genauigkeit – das wurde nicht so formuliert – wurde erst 1795 mit einer Korrektur erreicht.[22] Der Bruch selbst war Teil der Intention, die ahistorische, aber natürliche, vernünftige und säkulare Gestalt des Kalenders sollte als Symbol und Leitbild der neu zu schaffenden Gesellschaft dienen.[23] Es ist für die Naturalisierung des eigenen politischen Projekts bezeichnend, daß die Debatte über die Monatsnamen nicht dem Vorschlag von Gilbert Romme vom

20. September 1793 folgte, der ein System von Monatsnamen vorgeschlagen hatte, das den Verlauf der Revolution und ihre Grundwerte nachzeichnete: *Régénération, Réunion, Jeu de pomme, Bastille, Peuple, Montagne, République, Unité, Fraternité, Liberté, Justice* und schließlich *Égalité* waren die hier vorgeschlagenen Namen.[24] Der Konvent folgte schließlich Philippe-François-Nazaire Fabre, der am 24. Oktober 1793 den oben aus dem Dekret zitierten, bis in die Struktur der Wortendungen hinein durchrationalisierten Entwurf vorlegte.

Wie tief der Eingriff gehen sollte, zeigen mehr noch als die neuen Elemente des Nationalkults die allmählich ausgebauten Bestimmungen über den als Sonntagsersatz gedachten *décadi*.[25] Elemente der Sonntagsruhe wie Dekadenfeiern markierten diesen Punkt, der am massivsten in den Lebensrhythmus eingriff und bis in das Alltagsleben zumindest städtischer Bevölkerungen hinein wirkte. Der Elan, diese alternative Struktur in realen Feiern aufrechtzuerhalten, erlahmte indes schnell; das Konkordat von 1800, das öffentliche kirchliche Aktivitäten wieder legalisierte, brachte ihn weitgehend zum Erliegen. Die Auseinandersetzung führte zu einem paradoxen Ergebnis. Die polizeilich überwachte und durchgesetzte Rationalisierung des Lebensrhythmus, das Austauschen von Sonntag und *décadi*, die Konzentration von Festen auf diese Daten – das alles führte dazu, daß der Wochenrhythmus mit dem Sonntag nach der Abschaffung des Revolutionskalenders zum 1. Januar 1806 in einer Weise etabliert worden war, die dem vorrevolutionären Ancien régime unbekannt geblieben war. In diesem Punkte hatten sich die Rationalisierungsbemühungen der revolutionären Obrigkeit und der kirchlichen Obrigkeit getroffen.[26]

Gregorianik in Japan

Der Siegeszug des Gregorianischen Kalenders überwand also auch Rückschläge wie das *décret de l'an II*. Er machte auch nicht an den Grenzen Europas halt. Im Jahr 1872 wurde er in Japan eingeführt, genauer als Julianischer Kalender: Die Osterfestberechnung spielte keine Rolle, und die Gregorianische Schaltregel wurde rechtzeitig vor der Unterdrückung des Schalttages des Jahrhundertjahres 1900 noch im Jahr 1898 nachgetragen.[27] Die schnell aufgegriffene Initiative des Kaiserlichen Rates Tsukamoto Akitake machte die primäre Intention der

Reform deutlich: die Vereinfachung des Verkehrs mit den europäischen Industrienationen und den Vereinigten Staaten durch die Übernahme ihres Kalenders. Vorgeschoben wurde das technische Argument, daß die Schaltmonate nie genau den Gleichschritt mit dem Sonnenjahr herstellen könnten, sondern immer zu geringe oder zu starke Korrekturen produzierten. Dieses Argument darf als vorgeschoben betrachtet werden. Es beschrieb zwar die Oberfläche lunisolarer Kalender in richtiger Weise, übersah aber, daß solche Kalender mit großem Erfolg in vielen Gesellschaften funktioniert hatten und funktionierten. Auch in Japan hatte das System über Jahrhunderte hinweg die Länge des Sonnenjahres mit hoher Präzision als Durchschnittslänge der Mondjahre abgebildet.

Dennoch, binnen Tagen hatte sich die kaiserliche Regierung die Intention zu eigen gemacht und die Reform mit nur zwanzig Tagen Vorwarnzeit durchgeführt – die Kalender für das Folgejahr waren bereits im Druck und wurden Makulatur. Die Eile hatten einen Grund: Wo Cäsar sich mit drei Schaltmonaten Handlungsspielräume eröffnet hatte, konnte der japanische Kaiser mit der Gleichsetzung des dritten Tages des zwölften Monats mit dem 1. Januar in einer angespannten finanziellen Lage den Staatshaushalt sanieren. «Nach dem althergebrachten lunisolaren Kalender wäre 1873 ein Schaltmonat fällig gewesen, d. h. ein zusätzliches Monatsgehalt für alle Beamten. Dies hätte den Staatshaushalt für 1873 gefährdet. Durch die Reform ersparte man sich dies. Da der verkürzte 12. Monat ja nur zwei Tage bis zum Kalenderwechsel umfaßte, mußte auch dieses Gehalt nicht ausgezahlt werden, so daß auch der laufende Haushalt entlastet wurde.»[28]

Kalenderreformen wie Kalender haben eine ökonomische, eine rechtliche Dimension. Sie reichen aber viel weiter in das Gefüge gesellschaftlichen Handelns hinein. An einigen Punkten wird das gerade an der japanischen Reform sehr deutlich.

Der Ersatz des lunisolaren, an Mondmonaten orientierten Kalenders – von den Fischern, die von den Gezeiten abhängen, heftig beklagt – durch den reinen Sonnenkalender hatte eine theologische Komponente. Seit der Meiji-Renovation von 1868 war der Kult der Sonnengöttin Amaterasu als Ahnfrau des Kaiserhauses propagiert und als Nationalreligion etabliert worden. Ihren Kult, nicht das Christentum, beförderte auch die Kalenderreform. Besonders unterstrichen wurde diese Form der Aneignung des europäischen Kalenders durch die Einführung einer neuer Ära, nicht der christlichen Inkarnationsära, sondern einer Ära, die ihren Ausgang bei der mythischen Thronbesteigung des ersten Kaisers Jinmu im Jahr 660 v. Chr. nahm und das Jahr Meiji 6 (1873) zum Jahr 2533 machte – langfristig wenig wirkungsvoll im übrigen, aber zunächst wichtig für die Aufnahme der Reform.

Teil der Kalenderreform war auch die Einführung einer Siebentagewoche, deren Kopftag der «Tag der Sonne» war – ein erneuter Verweis auf die dynastische Göttin Amaterasu. Hier ging es nicht um kalendarische Arithmetik oder genaue Nachahmung westlicher Vorbilder. Die Wochengestaltung stand in einem größeren Zusammenhang. Der Festkalender insgesamt wurde neu geordnet, zahlreiche traditionelle Festtage abgeschafft, dynastiebezogene Festtage wie Reichsgründung oder Kaisergeburtstag neu und mit neuen Kommunikationsformen installiert. Entscheidend für den Erfolg des rationalisierenden Umgangs mit der alten Feiertagskultur und den neuen Wochen war die Einführung des neuen Tages der Sonne als Ruhetag, der individuelle Freiräume schuf, wo immer es die ökonomische Situation des einzelnen erlaubte, und nicht nur ökonomische durch Repräsentationspflichten ersetzte.

13 Ohne Uhr ins vierte Jahrtausend

Das japanische Beispiel hat abschließend noch einmal deutlich gemacht, wie vielschichtig «Kalender» sind. Das Vorhandensein eines bestimmten Schaltsystems sagt wenig darüber aus, was eine Gesellschaft aus «ihrem» Kalender oder was ein Kalender mit der ihm unterworfenen Gesellschaft macht. Es zeigt auch, daß die Versuche, ökonomische, rechtliche, religiöse und politische Dimensionen des Kalenders zu trennen, nicht nur analytische Unterscheidungen eines kulturwissenschaftlichen Rückblicks sind. Diese Bereiche können wirklich auseinanderfallen, können sich unterschiedlicher Symbole bedienen. Das scheint mir wichtig, wenn wir nach der Zukunft des, «unseres» Kalenders fragen.

Die Geschichte des römisch-europäischen Kalenders hat sich nicht als Fortschrittsgeschichte steigenden astronomisch-mathematischen Wissens schreiben lassen. Zugegeben, es ist eine Verbreitungsgeschichte. Wenn überhaupt ein Kalender, so kann der Gregorianische den Anspruch erheben, zu einem globalen Kalender zu werden, eine kalendarische Koine, auf die man sich in der Internetkommunikation wie im weltumspannenden Aktienhandel beziehen kann. So gesehen, ist der Gregorianische Kalender Teil eines Globalisierungsprozesses, der den Kalenderexport der Phase des europäischen Kolonialismus fortsetzt. Das heißt aber auch, daß dieser Kalender nicht allein steht, er konkurriert mit traditionellen lokalen Kalendern, die immer in Kraft, noch zurückgedrängt oder schon revitalisiert worden sein mögen.

Auch das ist nicht neu. Ein genaueres Hinsehen lehrt, daß Kalender immer im Plural auftreten. Die antiken *Menologien* boten Konkordanzen unterschiedlicher Monatslisten, um Kommunikation von Verwaltungen, Händlern, Reisenden zu vereinfachen. Aber Kalender verfügen nicht einmal über Gebietsmonopole. Sie können sehr stark sein. Juden in Rom datierten selbst auf ihren Grabsteinen in synagogenbezogenen Katakomben mit dem Julianischen Kalender. Die Bewohner der römischen Kolonie von Tauromenion auf Sizilien datierten noch in der Kaiserzeit mit griechischen, lunisolaren Kalendern. Aber Kalender können auch Widerspruch provozieren. Solare Kalender waren unter den palästinischen Juden viel weiter verbreitet, als man lange Zeit geglaubt hat. Offensichtlich war es erst die massive Präsenz des römischen Sonnenjahres, die zu einer Pflege, schließlich zum Monopol eines lunisolaren Kalenders unter diesen Juden führte.[1]

Ähnliches findet sich in der Gegenwart. Es sind aber nicht nur neopagane Gruppen, die ihren Festkalender an Sonnenwenden und Tagundnachtgleichen ausrichten. Gesellschaftliche Differenzierung, komplexe Organisationen, die vielfältigen Verpflichtungen von Individuen in unterschiedlichen Rollen führen zu hochindividuellen Kalendern von Familien, Gruppen, Organisationen. Das schon früher angesprochene «Grau-Werden» des Kalenders heißt nicht, daß Kalender überflüssig würden. Im Gegenteil. Der Begriff verweist auf die extensive und höchst unterschiedliche Nutzung kalendarischer Zeit, Arbeit in der Nacht und am Sonntag, Freizeit am Dienstagvormittag. Solches aber nicht auf der Basis der kontinuierlichen Produktionswoche Stalins, sondern als Folge tausendfacher individueller Entscheidungen, chaotisch. Soll unter diesen Bedingungen Koordination noch klappen, bedarf es eines gegenüber diesen individuellen Nutzungen neutralen, abstrakten Kalenders. Der globalisierte Kalender kann das leisten.

Das ist aber nicht das Ende der Geschichte. Neue oder alte, gleichzeitig benutzte «Kalender» werden genutzt oder formuliert, um individuelle oder kollektive Identitäten zu formen oder zu stützen. Das können, je nach Kontext, Mondkalender sein. Anderen reichen «Festkalender», Listen mit drei Einträgen für ein ganzes Jahr. Solche Kalender müssen nicht immer gedruckt sein. Auch die digitale Kleinstauflage hat ihre untere Grenze. Nicht umsonst gehört der Schreibkalender zu den erfolgreichsten kalendarischen Gattungen, erlaubt er doch, neben dem gedruckten, kollektiv verbindlichen Kalender den eigenen zu fixieren. Das Lesen von Kalenderbüchern ist darin meist nicht vorgesehen. Es gibt sie noch, die Freiräume, die Zeit, die der Kalender läßt. Schreiben Sie sie ein, um sie zu erhalten.

Danksagung

Kalender haben mich seit meinem Studium der Religionswissenschaft fasziniert. Sie spielten eine Rolle in meiner Magisterarbeit, wurden aus der Dissertation ausgeblendet. Im Sommer 1992 erwuchs daraus der Kern meiner Habilitationsschrift, die 1995 unter dem Titel *Kalender und Öffentlichkeit* erschien. In den Freiräumen, die andere Verpflichtungen in der Folgezeit ließen, hat mich das Thema immer wieder gepackt, immer wieder zu neuen Perspektiven und Überraschungen geführt. Ich danke Stefan von der Lahr vom Verlag C. H. Beck für die Ermunterung, diese Fäden zusammenzuführen und in einer «Kulturgeschichte des Kalenders» zu erzählen. Dazu mußte ich mich häufiger in mir weniger bekanntes Terrain wagen, als sich zunächst absehen ließ. In der gewählten Breite erwies sich die Forschungslage gerade für die Neuzeit als sehr ungleichmäßig. So war es immer wieder die Antike, die mir das Material an die Hand gab, einen kulturwissenschaftlichen Zugriff auf den Kalender zu entwickeln. Ob das gelungen ist, müssen andere beurteilen. Fehler verlangen öffentliche Berichtigung, sie liegen in meiner Verantwortung.

Um so dankbarer bin ich jenen Kolleginnen und Kollegen, die in den vergangenen Jahren einzelnes immer wieder mit mir diskutierten, Barbara Scardigli und Francesca Prescendi in Florenz, J. Rasmus Brand und Synnøve de Bouvrie in Oslo, Christoph Auffarth und Hans Kippenberg aus Bremen, Kocku von Stuckrad und Andreas Bendlin wie Katharina Waldner in Erfurt. Gemeinsame Lehrveranstaltungen mit den Erfurter Kollegen Reinhard Zöllner und Benedikt Kranemann haben die Arbeit besonders befördert; letzterem danke ich besonders für die Durchsicht des Manuskriptes und wichtige Hinweise zur mittelalterlichen wie neuzeitlichen Geschichte des Kalenders. Eine Vorlesung vor Liturgie- wie Religionswissenschaftlern im Wintersemester 2004/2005 gab noch einmal Gelegenheit, manche These zu prüfen und zu modifizieren. Für Unterstützung bei der Literatursuche und der Manuskriptbearbeitung gilt mein Dank Kerstin Anton, Miriam Fischer, Ferdinand Kasten, Diana Püschel, Franziska Quednau, Sabine Tautz und Astrid Willenbacher. Unter den vielen hilfsbereiten Mitarbeiterinnen und Mitarbeitern der Universitätsbibliothek Erfurt sei wenigstens Cornelia Hopf für ihre Hilfe bei der Erschließung der kalendarischen Bestände in der Forschungsbibliothek in Gotha und Thomas Bouillon in Erfurt namentlich gedankt. Stefan von der Lahr hat das Buch in gewohnter Weise mit Sorgfalt und zahlreichen Anregungen begleitet.

Daß der Abschluß des Buches mit der Amtsführung als Dekan zusammenfiel, war nicht absehbar gewesen. Es hätte das Projekt länger verzögert, hätten mir Barbara Wernicke und Kerstin Amrhein nicht Nachhilfeunterricht in der Kalenderbenutzung gegeben und Nachsicht gezeigt. Meiner Frau Ulrike danke ich nicht nur für viele Gespräche oder auch nur Wortwechsel über kalendarische Probleme. Ihr und unserer Tochter Irene verdanke ich auch häufiges Absehen vom Kalender. Gewidmet sei das Buch Christoph Auffarth, Freund und Kollege seit Doktorandentagen in Tübingen.

Alles hat seine Zeit – aber wir wissen nicht um sie. Vieles steht nicht in Kalendern und kommt zur Unzeit. Es bleibt nur, für die Zeit zu danken, die wir haben.

Erfurt, im September 2005

Anhang

Anmerkungen

1 Kalender, Kalender, Kalender

1 Gute Überblicksdarstellungen von Kalendersystemen weltweit bieten etwa Richards 1998 und Biémont 2000; Duncan 1998 ist ganz auf die technische Geschichte des Gregorianischen Kalenders fixiert; ähnlich knapp: Brincken 2000. Das Anliegen einer Kulturgeschichte ist am ehesten bei Wendorff 1993 eingelöst.
2 Schlosser 2002, 25.
3 Willkomm 1984, 247.
4 Zur Erdrotation siehe Newton 1972; Muller, Stephenson 1974.
5 Zemanek 1990.
6 So Voigt 2003.
7 *Inscriptiones Italiae* 13,2,283.
8 Siehe etwa Grimm 1994, El-Sabban 2000; vgl. für den privaten Bereich Spalinger 1996.
9 Rüpke 1995, 151–160; Dulabahn 1987.
10 Ausführlich: Englisch 2002, bes. 41–50. Zum Computus Borst 1990; zur karolingischen Kalenderarbeit kurz Duncan 1998, 153–160.
11 Rüpke 1995, 482 f.; Achelis 1929; Mallardo 1944/46.
12 *Inscriptiones Italiae* 13,2,235; Rüpke 1995, 160–164.
13 Auf der Maur 1994, 146. Zum Fest allgemein seien unter vielen Arbeiten nur genannt: Gebhardt 1987; Maurer 2004.
14 Zur sachlichen und dann auch begrifflichen Ausdifferenzierung eines im engeren Sinne «Kirchenjahres» im Hochmittelalter siehe Kranemann 1991.

2 Sonne oder Mond: Der römische Kalender

1 Verrius Flaccus, *Inscriptiones Italiae* 13,2,111 (Fasti Praenestini vom 1. Januar); Servius, *Kommentar zu Vergils Aeneis* 8,654 (mit den Ergänzungen der *Scholia Danielis,* «Servius auctus»); Macrobius, *Saturnalia* 1,15,9–12.
2 Varro, *De lingua Latina* 6,28; Macrobius, *Saturnalia* 1,15,12 f.
3 Macrobius, *Saturnalien* 1,15,14–16; s. a. Plutarch, *Römische Fragen* 24; Iohannes Lydus, *Über die Monate* 3,10 (p. 47 Wünsch). Trümpy (1998) zeigt, daß auch in Attika die Vollmondtage die ältesten Festdaten darstellten.
4 Iuvenal 6,442; Tacitus, *Annales* 1,28,1 f.
5 Siehe Rüpke 1995, 228.

6 Cristofani 1995; zum folgenden meine Rez. in *Gnomon 1999*, 272–274.
7 Macrobius, *Saturnalia* 1,15,14; Wochen: ebd., 13.
8 Kurz Vogtherr 2001, 30 f.; ausführlich Samuel 1972, 42–49. Zur Weiterführung durch den 76jährigen Zyklus des Kalippos siehe Jones 2000.
9 Für Griechenland: Pritchett 1963, 346; 1999; 2001; zur frühen Kritik: W.R. Connor 1987.
10 Macrobius, *Saturnalien* 1,13,21.
11 Grundlegend Hölkeskamp 1987; Rüpke 1990; Flaig 2003; Mobilität: Scheidel 2004.
12 Ich schließe mich jetzt der Argumentation von Humm 2000 gegen Michels 1967 und der ihr folgenden Datierung in Rüpke 1995 an. Leider fehlt bei Humm die von Flaig 1996 geforderte politische Kontextualisierung des Reformdatums.
13 Flucht: Plutarch, *Römische Fragen* 63. Interkalation nach den Terminalia: Macrobius, *Saturnalia* 1,13,19; Livius, *Römische Geschichte* 34,11,13 u. ä. Siehe Rüpke 1995, 292–317.
14 Cicero, *Briefe an Atticus* 6,1,8; Livius 9,46,5; Macrobius, *Saturnalien* 1,15,9.
15 Leitz 1989.
16 Whitehead 1986, 185–208.
17 Diese These von Johannes Meinhold ist nicht unumstritten; die Gegenposition formuliert Andreasen 1972; siehe aber etwa Lasker, Lasker 1984; Goldstein, Cooper 1990, 20 f.; zur Verbreitung des babylonischen Kalenders bis zu den jüdischen Siedlern im ägyptischen Elephantine siehe S. Stern 2000.
18 Macrobius, *Saturnalien* 1,16,30.
19 Siehe Rüpke 2001.

3 Spezialisten der Zeit: Bauern, Seefahrer und Mönche

1 Schlosser in Meller 2004, 44.
2 Hunger 1997.
3 Meller in Meller 2004, 30.
4 Riedhammer 2005, 76.
5 Vgl. B. Maier 2005, 54 f. zu Stonehenge; hier spielt die Architektur selbst eine wesentlich größere (und dauerhaftere) Rolle.
6 Bourdieu 1980, 352–467.
7 Evans-Pritchard 1939.
8 Daneben gab es auch starre Himmelsgloben: Künzl 1998.
9 Zum folgenden detailliert Dohrn-van Rossum 1992, 35–103.

4 Kalender und Recht

1 Argumente, aber keine ausgeführte Argumentation gegen die Historizität der Zwölf Tafeln bei Fögen 2002.
2 Varro, *Über die lateinische Sprache* 6,30 und 53.
3 Ebd., 31; Ovid, *Kalenderkommentar* 1,49–52.
4 Siehe Macrobius, *Saturnalien* 1,16,28–30.
5 Plinius, *Naturgeschiche* 16,37; Gellius, *Attische Nächte* 15,27,4 (Laelius Felix).
6 Ausführlich Rüpke 1995, 274–283 gegen Hölkeskamp 1988.
7 Cicero, *Für Sestius* 33. 56. *Senatus legitimus:* Sueton, *Augustus* 35,3.

5 Kalender und Religion

1 Macrobius, *Saturnalien* 1,16,19; Festus 292,3–7 Lindsay. Pontifices: Servius auctus, *Georgica* 1,268.
2 Scheibelreiter 2002, 180 nach Gregor, *Buch über das Leben der Väter* 15,3, p. 273.
3 *Fasti Furii Filocali* im *Chronograph von 354, Inscriptiones Italiae* 13,2,239 ff.; dazu Salzman 1990.
4 Zu den Arvalen umfassend Scheid 1990.

6 Fest im Wandel

1 Paulus *ex Festo* 519,1–2 Lindsay.
2 Varro, *Über die lateinische Sprache* 6,24; Africa: Tertullian, *Über die Idolatrie* 10,3. Zur kaiserzeitlichen Interpretation des Festes Fraschetti 1990, 157.
3 Rüpke 1995, 133–138; Ruck 1996.
4 So nachdrücklich gegen eine *communis opinio* Wischmeyer 2002; Divjak 2002.
5 Lampe 1987, 302–313; White 1990; zur Rolle der Patrone 53–58 und Pietri 1978.
6 Übersicht bei Lampe 1987, 301 ff.; Valentinus: Markschies 1992; Hermas: Rüpke 1999.
7 Vgl. Rutgers 1995.
8 Rüpke 2005.
9 Février 1992; Hack 1997.
10 White 1990, 127–139 zu Vorläufern und Verdrängtem; zum Konstantinischen Programm Beard, North, Price 1998, 368 f.
11 Zum Heiligenkult Martin 1987, 121–4; P. Brown 1981; zur nahen Gottheit Gladigow 1975.
12 Duval 1982, 571.

13 Perrin 1996, 694. Zur Freilassung des Ostertermins Pietri 1984 a, 301 f.
14 Lucchesi 1978, 147–149. Die ältesten christlichen kalendarischen Zeugnisse stellt Jounel 1977, 16 f. zusammen.
15 Das prosopographische Material in Rüpke 2005 a.
16 Förster 2000, 95–103: nach 525 n. Chr.; s. a. Wischmeyer 2002, 49.
17 Zum Ursprung der sonntäglichen Osterfeier siehe Auf der Maur 2003, 101–103.
18 Ein guter Überblick: Bieritz 1986. Zur Problematik der Umdeutung traditioneller Daten in christliche Feste siehe Salzman 1999, 125.
19 Perrin 1996, 694–7.
20 Zur Professionalisierung: Schöllgen 1998.
21 Dazu Auf der Maur 1994.
22 Bieritz 1986, 160.
23 Allgemein Kippenberg 1997.
24 Siehe Dülmen 1980.
25 Zitiert nach Blickle 1988, 94.
26 Betont von Rinderspacher 2000, 116–120.

7 Kalender und Geschichte

1 Cicero, *Gespräche in Tusculum* 1,3. Zum folgenden Rüpke 2006.
2 Orlin 1997.
3 Anders Nora 1984.
4 Emer in Freitag 1997, 82. 86.
5 Fasti porticus: Rüpke 1995, 86–90; Magi 1972.
6 H. Stern 1953 und 1981; Salzman 1990.
7 H. Stern 1953, 239–245; vgl. Salzman 1990, 107–111: Mars.
8 Allgemein Hennig 1961. Edition: McGurk 1986, 90–111.
9 Makris 2002, 146–148.
10 Der vollständige Titel lautet: *Cisio Ianus, hoc est, Kalendarium syllabicum L. Lossii, continens dies anni, menses, festa sanctorum, rationem veterum notandi tempora, per kalendas, nonas, et idus. Item, indices seu tabellas insigniorum historiarum mundi et ecclesiae.*

8 Kalendergeschichten

1 Frazer 1929. Moderne Darstellungen römischer Feste orientieren sich intensiv an Ovid: Scullard 1981; Porte 2001.
2 Feeney 1998, 123–133; Scheid 1992. Warnung: z. B. Edward J. Kenney, «Ovid», *NP* 9 (2000), 115.
3 Ausführlich: Rüpke 1994.
4 Kalender: z. B. Le Bonniec 1965, 6; Green 2004, 7.
5 Ov. *fast.* 1,11. 61. 289. 657. 660; 2,7. 122; 4,19; 5,722; nichtrömische Kalender: 3,87; 6,59.

6 Gott zu Dichter: 1,101. 133; 3,177. 313; 5,276; 6,693. Leser: 2,584; 3,436; 4,140. 145; 6,639.
7 Siehe Luck 1969, 49.
8 Siehe Macrobius. *Saturnalien* 1,4,6 (Masurius); 1,12,30 (Nisus).
9 Siehe Rüpke 1995, 85 zu den Fasti Pighiani.
10 *Inscriptiones Italiae* 13,2,111–139. Spätere: z. B. Sueton, fr. 118 Reifferscheid; Censorin, *Über den Geburtstag* 22,9–17; Macrobius, *Saturnalien* 1,12,5–13,3.
11 Vgl. die Fasti Praenestini, *Inscriptiones Italiae* 13,2,123.
12 Vgl. etwa Rüpke 1994 a.
13 Siehe Rüpke 1994, 127 f.
14 Für weitere Rückgriffe und produktive Auseinandersetzungen siehe Gee 2000, 26–28.
15 Bes. Ovid, *Amores* 1,9,1. Siehe Bömer 1958, 80, ad loc., und Spies 1930.
16 Schmitzer 1994.
17 Allgemein Rehm 1941 und 1949. Vgl. Gingrich 1994 zur praktischen Handhabung von Sternkalendern in Arabien.
18 *Inscriptiones Italiae* 13,2,264–275; Rüpke 1995, 151–160.
19 *Chronica minora* 1,518.
20 Zur Kritik an dieser Praxis auch Barchiesi 1994, 93 f.
21 Den Bezug auf Properz hat zuerst Barchiesi (1994, 1) herausgestellt. S. Green 2004 kennt die nicht-englischsprachige Forschung nicht und führt daher nicht weiter.
22 Siehe o., S. 117; Le Bœuffle 1993, 44.
23 Anders Miller (2002, 178), der Ovid hier der Warnung des Horos folgen sieht.
24 Habinek (1998, 110) denkt an Steinstatuen und Bronzetafeln.
25 Siehe Rüpke 1996 für eine detailliertere Analyse.
26 Allgemein Habinek 1998, 102–121, bes. 119.
27 Zum Beispiel Assmann 1997, 56–59; Assmann 2000.
28 Zum Problem der unterschiedlichen Interpretation verschiedener Typen von rituellen Akteuren s. Turner 1982, bes. 20.
29 Wissowa 1912, 241 f.
30 Bömer 1958, 2,179.
31 Rosanna Friggeri in Piranomonte 2002, 26.
32 Zum Chronographen Salzman 1990 (kurz s.v. «Kalender II.» im *Reallexikon für Antike und Christentum 19*, 1177–1191); zu Polemius: Dulabahn 1987.
33 Dazu umfassend Salzman 1990, 249–268; das folgende nach Rüpke 2005.
34 Divjak 2002.
35 Ginzel 1914, 115–117.
36 Nach Knappich (1988, 179 f.) gehört der älteste (mitteleuropäische) astrologische Kalender ins Jahr 1305.
37 Dazu Köll 1983, 50–53.
38 «Fasti porticus»: Magi 1972; Rüpke 1995, 86–90.

39 Zur antiken Tradition von Monatsdarstellungen siehe H. STERN 1981; PARRISH 1984; COURTNEY 1988.
40 SÜHRIG 1979, 426f.
41 DIVJAK 2002, 27.
42 TRÜMPY 1979.
43 Biographie: SIXT 1843.
44 KÜHNE 1971, 54–65.
45 PALAZZO 1998, 164.
46 Ebd., 23; zu den unterschiedlichen Gattungen: HENNIG 1961.
47 Allgemein ACHELIS 1929; MALLARDO 1944/46.
48 SÜHRIG 1979, 371.
49 Ebd., 1979, 369f.; ROHNER 1978, 97–99.
50 Zum folgenden MASEL 1997, 14–37; in informationsgeschichtlicher Perspektive GIESECKE 1991, 293–297.
51 Dazu MEISE 1994, 169. 172 mit den folgenden Zitaten.
52 MASEL 1997, 31.
53 MEISE 1994, 167. Allgemein: MATTHÄUS 1968.
54 Siehe MASEL 1997, 37.
55 Zur literarisierten Kalendergeschichte bes. KNOPF 1983.
56 ROHNER 1982, 31.
57 SCHENDA 1993.

9 Kalender und Politik

1 SMITH 1991, 74f.; zur Struktur älterer kalendarischer Systeme siehe GASSMANN 2002; kurz RICHARDS 1998, 161–170.
2 S.a. Dio 44,11 (Eintrag in die *acta publica?*). Dazu WEINSTOCK 1971, 331–340; FRASCHETTI 1985; JEHNE 1987, 316–318.
3 Appian, *Bürgerkriege* 2,442; Dio 43,44,6; dazu und zum folgenden RÜPKE 1995, 393–425.
4 Sueton, *Iulius* 76,1; Censorin, *Über den Geburtstag* 22,16; Macrobius, *Saturnalien* 1,12,34.
5 Dazu SCOTT 1931; WEINSTOCK 1971, 152–158.
6 Macrobius, *Saturnalien* 1,12,31; Tacitus, *Annalen* 16,12,2.
7 WEINSTOCK 1971, 206–212; Dio 44,4,4.
8 Quellen: Sueton, *Tiberius* 26; *Caligula* 15,2; Tacitus, *Annalen* 16,12,2; Macrobius, *Saturnalien* 1,12,36f.
9 Siehe Tacitus, *Annalen* 13,10,1; Sueton, *Augustus* 59. Umfassend SCOTT 1931. Zu Commodus: SALDERN 2004.
10 Augustus *Tatenbericht* 19–21; summa. Zum Konzept «Restaurierung» siehe GROS, SAURON 1988, 60f.; Daten: GROS 1976, 32f.
11 Nach HERZ 1978, 1148f.; siehe auch EHRENBERG, JONES 1976, 44–55.
12 RÜPKE 1995, 515–522.
13 Exemplarische Analyse: SCHEID 1990, 285–676.
14 HERZ 1978, 1152 mit weiteren Beispielen.

15 Ebd., 1173 f. Vgl. CHANIOTIS 1991, 136 für griechische Gedenktage.
16 JEHNE 1987, 204.
17 Allgemein WALLACE-HADRILL 1986. Zum kultischen Gedächtnis vgl. HERZ 1978, 1148.
18 Appian *Bürgerkriege* 2,442; Dio 44,6,2.
19 WEINSTOCK 1971, 310–317.
20 PIGHI 1965; SCHNEGG-KÖHLER 2002.
21 MROZEK 1973.
22 Siehe RÜPKE 1995, 84 f. 145–151. 160–164.
23 GAGÉ 1935, 44 f.
24 Dazu HERZ 1978.
25 Sueton, *Caligula* 23,1; Dio 60,17,1; Tacitus, *Historien* 4,40,2; Dio 68,2,3.
26 Sueton, *Augustus* 32,2; Tacitus, *Annalen* 13,41,4 f.; *Historia Augusta, Aurelius* 10,10.
27 Tacitus, *Annalen* 6,25,2; *Inscriptiones Italiae* 13,2,257.
28 Siehe ZANKER 1987; ALFÖLDY 1991, bes. 305 ff. 319 ff.
29 Siehe VEYNE 1976; für den Kaiserkult PRICE 1984.
30 Caesar, *Gallischer Krieg* 7,90,8; ebensoviele schon drei Jahre zuvor: 4,38,5; fünfzehn Tage nach dem zweiten Kriegsjahr: 2,35,4.
31 Kurz MÜNCH 1992, 85 zum Allgemeinen; illustrative Beispiele: SCHULTZ 1988.
32 Zum folgenden die an westfälischem Material illustrierte Übersicht bei FREITAG 1997.
33 Zitiert nach SCHRUMPF-HEIDEMANN in FREITAG 1997, 129. Gestaltungsvorschläge für den SS-Haushalt: WEITZEL, 36. Siehe auch CANCIK 2004.
34 Siehe etwa ASSMANN 1997; ASSMANN 2000; WELZER 2002.
35 SCHMIDT 2000, 36; zum 1. Mai: 74.
36 Zit. nach ebd., 52.
37 Zu den Details und zur Charakterisierung als Volksaufstand siehe KNABE 2004.
38 Bundesbeauftragte für die Staatssicherheit, ZA, AS 57/54, Bl. 136 f., zit. nach KNABE 2004, 425 f.

10 Kalender im Kopf

1 Grundlegend: SOROKIN, MERTON 1937; SOROKIN 1943.
2 Vgl. ELIAS 1988.
3 SHAMSI 1987; FAHD 1979. Zur Feststruktur des islamischen Kalenders siehe SCHIMMEL 2001. Zu mittel- und nachmittelalterlichen islamischen Sonnenjahren VOGTHERR 2001, 57.
4 PARKER 1950.
5 Vorzüglich zur Geschichte der Uhr: DOHRN-VAN ROSSUM 1992. Zur Beschleunigung: LEVINE 1998.
6 Dazu die exemplarischen Studien von ZERUBAVEL 1981.
7 Siehe ausführlich RÜPKE 2001, 190–197.
8 Plautus *Aulularia* 324 f. mit Festus 176,27–32 Lindsay; siehe auch Varro, *Menippeische Satiren* 186 und 279; Seneca, *Briefe* 86,12; Plinius, *Naturgeschichte* 28,28; Athenaios 6,274 c.

9 S. o., Kapitel 2.
10 In chronologisch langer Perspektive: ZERUBAVEL 1985.
11 So die nach der Argumentation mit der Harmonik (Dio 37,18,3 f.) vorgetragene zweite Theorie Dios (37,19). Siehe HARE 1832, 4; COLSON 1926, 43–50; danach GANDZ 1949, 215–224.
12 FLEET 1912.
13 Zur heutigen Praxis ausführlich SPIER 1989.
14 Tibull 1,3,17 f., der früheste Beleg für den Sabbat in Rom; vgl. GOLDENBERG 1979, 436 und BACCHIOCCHI 1977, 171–177.
15 Umfassend dokumentiert von PIETRI 1984, der wohl zu Unrecht die astrologischen Konnotationen bei der Verwendung der Planetennamen der Tage ablehnt.
16 RORDORF 1962, 213–257; 1981, 152–155; BAUCKHAM 1982, 237–239.
17 KLINGHARDT 1991, 218. 230.
18 BAUCKHAM 1982, 234–236.
19 Zum Sabbatfasten BACCHIOCCHI 1977, 186–198.
20 Cincius in Gellius' *Attischen Nächten* 16,4,4 f. Dazu RÜPKE 1990, 69 f.
21 *Codex Iustinianus* 3,12,6 (389); *Codex Theodosianus* 2,8,20 (392); *Codex Iustinianus* 3,12,9,2 (469) u. ö.
22 Siehe HÄBERLE 1988.
23 MEINZER 1992, 27–32.
24 ZERUBAVEL 1977.
25 PARRY 1940.
26 Diese Zahlen sind berechnet aus den statistischen Zusammenfassungen, die im *Amtsblatt der Evangelischen Landeskirche in Württemberg* regelmäßig publiziert werden (16.11.92; 25.10.93). Für die gesamte Bundesrepublik finden sich die Zahlen im *Amtsblatt der Evangelischen Kirche in Deutschland.*
27 Angaben nach *Kirchliches Handbuch: Statistisches Jahrbuch der Bistümer und ihnen gleichgestellter kirchlicher Gebietskörperschaften im Bereich der Deutschen Bischofskonferenz 32: 1991* und *1992*, hg. vom Sekretariat der DBK, Köln 1994 (und ältere Nummern). Zur allgemeinen kulturellen Entwicklung: SIEBTER TAG 2002.
28 FELLER 35–37.
29 POLLACK 1994, 292.
30 BRUIN, BRÖCKERS 1991, 77 f.
31 Vgl. RAU 1977.
32 Zitiert nach DAIBER 1995, 126. Zu den Zahlen aus den Niederlanden: VAN HEMERT 1982, 157.
33 SZALAI 1972.
34 Dieser Abschnitt entspricht weitgehend RÜPKE 1996.
35 Nach DAIBER 1995, 112.
36 DE BRUIN, BRÖCKERS 1991, 117.
37 MÜLLER 1993.
38 KEHRER 1989, 8.
39 FRASER 1987, 314.

11 Sinn im Kalender

1 Hierzu und zum folgenden GUNDEL 1992, 16 f.; BARTON 1994, 13 f.
2 Dazu einführend STUCKRAD 2004.
3 Zu diesem Begriff siehe KERKHOFF 1973; zur Sache ausführlich RÜPKE 1995, 576 ff.
4 Siehe etwa BRUNNER-TRAUT 1970; LEITZ 1993; LABAT 1939, 13–28; DURÁN 1971, 389 ff.; GRAULICH 1981; WHITTAKER 1991. Zur japanischen Zeitrechnung: ZÖLLNER 2003 a.
5 ERIKSSON 1956, 13 f.; NILSSON 1961, 486–490.
6 ANDREAU 2000, 90; zu den Nundinalanzeigern als Zeugnissen translokalen Handels: FRYAN 1993, 39.
7 *Historia Augusta, Alexander* 25,5. Zum Septizodium, das an der Südostecke des Palatin lag, siehe RICHARDSON 1992, 350.
8 Pompeji: *Inscriptiones Italiae* 13,2,305; Index nundinarius Durensis: SNYDER 1936, Abb. 2. RÜPKE 1995, 591, Anm. 93 zu weiteren Objekten.
9 Siehe ERIKSSON 1956, 17–37; MANICOLI 1983; GOESSLER 1928.
10 RÜPKE 1995, 571 mit Anm. 30.
11 Gellius, *Attische Nächte* 5,17,3.
12 Sueton, *Augustus* 92,2.
13 Dazu MAITRE 1968.
14 Siehe allgemein SCHIPPER, WANG 1986 und ausführlich WHITTAKER 1991, 5–146. Thailand: TANNENBAUM 1984; Bali: GORIS 1933, 117.
15 WHITTAKER 1991, 147–149.
16 DOMENICUCCI 1989, 66–81; vgl. A. SCHMID 2005.
17 Siehe LABAT 1939, 13–16. Zu Texttypen und ihrem sozialgeschichtlichen Hintergrund: OPPENHEIM 1969. Zum Übergang in den griechischen Bereich: ADORNO, CHIODI, PETTINATO 2001.
18 VENTRIS, CHADWICK 1956, 311 (Nr. 207 = V 280). Siehe auch Nr. 172 = Kn02.
19 Zur christlichen Rezeption der Astrologie KNAPPICH 1988, 200 ff.
20 Dazu summarisch KNAPPICH 1988, 217; SÜHRIG 1979, 355–372; MASEL 1997, 14–24.
21 GOULD 1997.
22 Zu gegenwärtigen Formen der Apokalyptik siehe EBERTZ, ZWICK 1999; EBERTZ 1999.
23 Zu Dionysius (*exiguus* ist ursprünglich nur eine Demutsformel) kurz WIRBELAUER 2002. Zur Ärenrechnung BRINCKEN 1979.

12 Kalenderpolitik

1 Zum folgenden ausführlich RÜPKE 1995, 369–391.
2 Macrobius, *Saturnalien* 1,14,13, die umfangreichste Schilderung der römischen Kalendergeschichte und Kalendergesetzgebung.

3 Exemplarisch: MITCHELL 1935.
4 Censorin, *Über den Geburtstag* 20,8; s.a. Dio 43,26,1 und Cicero, *Ad familiares* 6,14,2.
5 Siehe Macrobius, *Saturnalien* 1,14,6–12.
6 Macrobius, *Saturnalien* 1,10,2.
7 SUERBAUM 1980.
8 Detailliert dokumentiert in GROTEFEND 1991.
9 COYNE, HOSKIN, PEDERSEN 1983. Zu konkreten Übergangsproblemen s. beispielsweise AUFGEBAUER 1988; STUPPERICH 1999. Zur spätmittelalterlichen Vorgeschichte informativ: DUNCAN 1998.
10 VASOLD 1995, 6.
11 Siehe KAUFMANN 1999.
12 Detailliert KALTENBRUNNER 1877, hier 13. Zur Apokalyptik: KAUFMANN 1999; SMOLINSKY 2000.
13 Stimulierend: WENDORFF 1980.
14 *Conciliorum oecumenicorum decreta*, Bologna, [3]1973, p. 797.
15 HARNONCOURT 1997, 47–50.
16 *Conciliorum oecumenicorum decreta*, Bologna, [3]1973, p. 839 (Übers. K. RAHNER/H. VORGRIMLER, *Kleines Konzilskompendium*, Freiburg 1966). Vgl. HARNONCOURT 1964.
17 Dazu MASEL 1997, 64 ff. Zur Bedeutung der lokalen Dimension in der Übernahme des Gregorianischen Kalenders in den Schweizer Kantonen siehe GUTZWILLER 1978.
18 Siehe KOSELLEK 2000, 244.
19 Siehe NADJO 1991 zu den Wortbildungen.
20 Text nach der Übersetzung von H. MAIER 1991, 105 f.
21 Vgl. für alternative Modelle aus der modernen Diskussion BEARCE 1935. Zum Rückgriff auf das als rational geltende Ägypten: REINHARD 2004, 597. Vgl. BOMMAS 1999, der auf die Mythisierung dieser Schalttage verweist.
22 MEINZER 1992, 40–42.
23 ZERUBAVEL 1977; BACZKO 1984; MEINZER 1988, 25; siehe auch die Festanalysen von OZOUF 1975, 1976 und BAXMANN 1989.
24 MEINZER 1992, 169 (*Archives parlementaires de 1787 à 1760, sér. I: 1787–1799*, 74: 552 f.; zum folgenden ebd., 77: 499–506).
25 MATHIEZ 1904; LEFEBVRE 1957, 364; MEINZER 1992.
26 Ausführlich MEINZER 1988, 60; 1992, 150–156.
27 Dazu und zum folgenden ZÖLLNER 2003.
28 Ebd., 71.

13 Ohne Uhr ins vierte Jahrtausend

1 So die überzeugend belegte These von S. STERN 2001; für früheres jüdisches Kalendermaterial siehe jetzt auch TALMON, BEN-DOV, GLESSMER 2001; kurz VANDERKAM 1992.

Glossar

Calendarium. Lat. ursprünglich «Schuldbuch».
Carmentalia. Römische Feiertage am 11. und 15. Januar zu Ehren der Göttin(nen) Carmenta(e).
Cerialia. Römisches Fest am 19. April zu Ehren der Getreidegöttin Ceres.
Chronograph von 354. Ein Prachtkodex des Kalligraphen Furius Filocalus mit kalendarischen historischen Materialien; das Original ist nicht erhalten, die Abschriften wurden in der Folgezeit durch weitere Texte ergänzt.
Comitia. Stadtrömische Volksversammlungen mit Beschlußkraft.
Computus. Astronomie zum Zweck der Berechnung des Osterdatums, das seit dem Konzil von Nikäa auf dem Sonntag nach dem ersten Vollmond im Frühling (innerhalb der Ostergrenzen) liegen muß.
Consualia. Römisches Fest am 21. August und 15. Dezember zu Ehren des Erntegottes Consus; schon früh durch Spiele *(ludi)* ausgezeichnet.
Corpus Iuris Canonici (CIC). Das katholische Kirchenrecht.
Corpus Iustinianus (CJ). Eine Rechtssammlung unter Kaiser Justinian, 531 n. Chr. abgeschlossen.
Corpus Theodosianus (CTh). Eine sechzehnbändige Rechtssammlung unter Kaiser Theodosius, 438 n. Chr. abgeschlossen.
Décadi. Sonntagsartige Zehntagefeier des französischen Revolutionskalenders.
Depositio martyrorum. Liste mit Märtyrergedenktagen aus dem Chronograph von 354.
Dies atri. «Schwarze Tage» im römischen Kalender, an denen der Beginn neuer Aktivitäten als schlecht galt.
Dies comitiales. Tage, an denen Rechtsprechung und Volksversammlungen erlaubt waren.
Dies fasti. Tage, an denen Rechtsprechung erlaubt war.
Dies fissi. Tage, an denen der Tagescharakter während des Tages wechselte.
Dies nefasti. Tage, an denen keine Rechtsprechung erlaubt war.
Divalia. Nicht näher bekanntes römisches Fest am 21. Dezember, möglicherweise mit der Wintersonnenwende assoziiert.
Epagomenen. Die fünf überschüssigen Tage des Jahres im ägyptischen Kalender von zwölf Monaten mit je dreißig Tagen.
Equirria. Alte römische Feiertage mit Pferderennen am 27. Februar und 14. März.
Fasti. Römischer Kalender mit allen Tagen des Jahres; später auch als Bezeichnung für chronologisch geordnete Listen von Beamten.
Feriae. Festtage des römischen Kalenders; im christlichen Kalender als Bezeichnung der Werktage der Woche *(feria prima, secunda ...)*.

Feriae conceptivae. Jährlich, je neu terminierter Festtag.
Feriae imperativae. Einmalig angekündigter außergewöhnlicher Festtag.
Feriae stativae. Kalendarisch fixierter jährlicher Festtag.
Feriale. Verzeichnis von Festtagen für einen bestimmten Ort oder eine bestimmte Gruppe.
Feriatus. Unter Arbeitsverbot stehend.
Id al-adha. Islamischer «Opfertag».
Idus. Iden, dreizehnter oder fünfzehnter Tag des Monats; ursprünglich Vollmondtag.
Interkalaris. Der «dazwischengerufene» Schaltmonat, daher «Interkalation», Schaltung.
Kalendae. Kalenden, erster Tag des Monats, ursprünglich Neulichttag.
Larentalia. Römisches Fest am 23. Dezember für eine wenig bekannte Göttin Larentia.
Laßkalender. Frühneuzeitlicher Kalender mit Angabe der für den Aderlaß (und ähnliche volksmedizinische Aktivitäten) geeigneten Tage; typischerweise als Einblattdruck.
Legis actio. Formular für die Einleitung bestimmter Rechtsverfahren.
Ludi. Römische Spiele, das heißt komplexe Rituale mit Wagenrennen *(ludi circenses)* oder Theateraufführungen *(ludi scaenici)* als Hauptattraktionen.
Lunation. Mondmonat, durchschnittliche Dauer 29,54 Tage.
Lunisolarkalender. Ein Kalender, der das aus Mondmonaten bestehende Jahr von 354 Tagen durch gelegentliche Einschaltung eines dreizehnten Monats in Übereinstimmung mit dem Sonnenjahr von 365 Tagen hält.
Lupercalia. Stadtrömisches Fest am 15. Februar mit einem Umlaufritual leicht bekleideter junger Männer *(luperci)*; als Erinnerung an die römische Frühzeit und das Hirtenleben gedeutet.
Mandlkalender. Für Analphabeten bestimmter frühneuzeitlicher Bauernkalender mit Symbolen («Männchen») für jeden Tag.
Matralia. Römisches Fest am 11. Juni zu Ehren der Göttin Mater Matuta mit herausgehobenen Frauen-Ritualen.
Meditrinalia. Römisches Fest am 11. Oktober mit Ritualen mit jungem Wein.
Metonischer Zyklus. Griechischer Schaltzyklus von 235 Mondmonaten innerhalb von 19 Sonnenjahren.
Mondkalender. Kalender, der ohne Rücksicht auf das Sonnenjahr immer zwölf Mondmonate als Jahre von 354 Tagen aneinanderreiht, also keine Schaltmonate kennt (z. B. der heutige islamische Kalender).
Neptunalia. Volksfestartiges römisches Fest am 23. Juli zu Ehren des Meeresgottes Neptun.
Nonae. Nonen, fünfter oder siebter Tag des Monats; ursprünglich Tag des ersten Mondviertels.
Oktaëteris. Schaltzyklus von drei Schaltmonaten in acht Sonnenjahren.
Pontifices. Römische Priesterschaft mit dem Pontifex maximus an der Spitze, der in der späten Republik die Festlegung des Schaltmonats oblag. Der Pontifex minor («kleiner Pontifex», ursprünglich *scriba*, «Schreiber», genannt) war für die Mondbeobachtung an den Kalenden zuständig.

Parapegma. Steckkalender.

Parilia. Römisches Fest am 21. April mit Reinigungsritualen, das als Stadtgründungsfest und Erinnerung an eine Hirtenzeit gedeutet wurde.

Praktik. Kalendarische Schrift mit astrologisch motivierten Empfehlungen für die Terminierung von Tätigkeiten.

Quinquatrus. Vor allem Minerva gewidmetes Fest am 19. März, fünf Tage nach den Iden.

Quintilis. Der siebte Monat des vorjulianischen Kalenders, später in «Iulius» (Juli) umbenannt.

Regifugium. «Königsflucht». Ritual am 24. Februar, das in der Sequenz der Rituale des Jahresendes stand und im vorjulianischen Kalender auf den zwischen dem 23. und 24. Februar eingeschalteten Monat folgte.

Rex sacrorum. «Opferkönig». Römischer Priester, der für einige kalendarische Routinerituale zuständig war. Gatte der *Regina sacrorum.*

Sanctorale. Der fest mit dem Sonnenjahr verbundene christliche Heiligenkalender.

Saturnalia. Höchst populäres, im ganzen römischen Reich verbreitetes «Karnevalsfest» um den 17. Dezember herum.

Sextilis. Der sechste Monat des vorjulianischen Kalenders, später in «Augustus» (August) umbenannt.

Temporale. Der von der Lage des Osterfestes abhängige Festzyklus (Advent, Fastenzeit, Ostern, Pfingsten).

Triduum sacrum. Die christlichen österlichen Feiertage von Gründonnerstagabend (Gedächtnis des Letzten Abendmahles Jesu), Karfreitag (Todestag Jesu) bis Ostersonntag (Tag der Auferstehung).

Tubilustrium. Feiertag am 23. März und 23. Mai mit einer «Trompetenreinigung», vermutlich ein Ritual zur Stärkung des abnehmenden Mondes.

Vestalia. Römisches Fest am 9. Juni zu Ehren der auf dem Forum verehrten Herdgöttin Vesta.

Volkanalia. Römisches Fest am 23. August zu Ehren des Gottes des Feuers Volcanus.

Zwölf Tafeln. Roms erste Gesetzeskodifikation aus der Mitte des fünften Jahrhunderts v. Chr.

Literaturverzeichnis

Achelis, Hans 1929. *Der Marmorkalender in Neapel.* Zur Feier des Reformationsfestes und des Übergangs des Rektorats ... [Universität Leipzig]. Leipzig: Edelmann, 1929.

Adorno, Francesco; Chiodi, Silvia Maria; Pettinato, Giovanni 2001. «Lo studio del cielo tra scienza e religione ovvero la trasmissione delle credenze mesopotamiche nel mondo greco.» Ribichini, Sergio; Rocchi, Maria; Xella, Paolo (edd.), *La questione delle influenze vicino-orientali sulla religione greca: Stato degli studi e prospettive della ricerca.* Atti del colloquio internazionale Roma, 20–22 maggio 1999. Roma: Consiglio nazionale delle ricerche, 2001. 67–85.

Alföldy, Géza 1991. «Augustus und die Inschriften: Tradition und Innovation: Die Geburt der imperialen Epigraphik.» *Gymnasium 98* (1991), 289–324.

Alton, E. H.; Wormell, D. E. W.; Courtney, F. 1977. «A Catalogue of the Manuscripts of Ovid's Fasti.» *Bulletin of the Institute of Classical Studies 24* (1977), 37–63.

Andreasen, Niels-Erik 1972. *The Old Testament Sabbath: A Tradition-Historical Investigation.* Society of Biblical Literature, Dissertation series 7. O. O.: Society of Biblical Literature, 1972.

Andreau, Jean (ed.) 2000. «Les marchés hebdomadaires du Latium et de Campanie au Ier siècle ap. J.-C.» Lo Cascio, Elio (ed.), *Mercati permanenti e mercati periodici nel mondo romano.* Atti degli incontri capresi di storia dell'economia antica (Capri 13–15 ottobre 1997). Bari: Edipuglia, 2000. 69–91.

Assmann, Jan 2000. *Religion und kulturelles Gedächtnis: Zehn Studien.* München: Beck, 2000.

Auf der Maur, Hansjörg 1994. «Feste und Gedenktage der Heiligen.» Harnoncourt, Philippe; Auf der Maur, Hansjörg, *Feiern im Rhythmus der Zeit II/I.* Der Gottesdienst der Kirche = Handbuch der Liturgie 6,1. Regensburg: Pustet, 1994. 65–357.

– 2003. *Die Osterfeier in der alten Kirche.* Aus dem Nachlaß hg. Mit einem Beitrag von Clemens Leonhard. Hg. von Messner, Reinhard; Schöpf, Wolfgang G. Liturgica Oenipontana. Münster: Lit, 2003.

Aufgebauer, Peter 1988. «Die Einführung des Gregorianischen Kalenders in Hildesheim (1631–1634).» *Alt-Hildesheim 59* (1988), 71–79.

Le Bœuffle, André 1993. «L'astronomie dans les livres I et II des Fastes d'Ovide.» *Vita Latina 130–131* (1993), 42–46.

Bacchiocchi, Samuele 1977. *From Sabbath to Sunday: A Historical Investigation of the Rise of Sunday Observance in Early Christianity.* Rome: Pontifical Gregorian University Press, 1977.

Baczko, Bronislaw 1984. «Le calendrier républicain: Décréter l'éternité.» Nora, Pierre (ed.), *Les lieux de mémoire* 1: *La république*. Avec la collaboration de Charles-Robert Ageron ... Paris: Gallimard, 1984. 37–83.

Barchiesi, Alessandro 1994. *Il poeta e il principe: Ovidio e il discorso Augusteo*. Roma: Laterza, 1994.

Barton, Tamsyn 1994. *Ancient Astrology*. London: Routledge, 1994.

Bauckham, Richard J. 1982. «The Lord's Day.» Carson, D. A. (ed.), *From Sabbath to Lord's Day: A Biblical, Historical, and Theological Investigation*. Grand Rapids, Mi.: Zondervan, 1982. 221–50.

Baxmann, Inge 1989. *Die Feste der Französischen Revolution: Inszenierung von Gesellschaft als Natur*. Ergebnisse der Frauenforschung 17. Weinheim: Beltz, 1989.

Bearce, Henry W. 1935. «Evolution not Revolution.» *Journal of Calendar Reform* 4 (1935), 21–25.

Beard, Mary; North, John; Price, Simon 1998. *Religions of Rome 1: A History. 2: A Sourcebook*. Cambridge: University Press, 1998.

Biémont, Émile 2000. *Rythmes du temps: Astronomie et calendriers*. Préface de Jean-Claude Pecker. Paris: De Boeck, 2000.

Bieritz, Karl-Heinrich 1986. *Das Kirchenjahr: Feste, Gedenk- und Feiertage in Geschichte und Gegenwart*. 3. Aufl. München: Beck, 1991.

Blickle, Peter 1988. ‹Zu mercklichem Nachtheil gemeines Nutzens›: Die Bauernhochzeit im Mittelalter. Schultz, Uwe (Hg.), *Das Fest: Eine Kulturgeschichte von der Antike bis zur Gegenwart*. München: Beck, 1988. 92–104.

Bömer, Franz 1958. *P. Ovidius Naso, Die Fasten 2: Kommentar*. Heidelberg: Winter, 1958.

Bommas, Martin 1999. *Die Mythisierung der Zeit: Die beiden Bücher über die altägyptischen Schalttage des magischen pLeiden I 346*. Göttinger Orientforschungen, Ägypten 37. Wiesbaden: Harrassowitz, 1999.

Le Bonniec, Henri (ed.) 1965. *P. Ovidius Naso Fastorum Liber Primus*. Édition, introduction et commentaire. 2ieme éd. revue et corrigée. Paris: Presses universitaires, 1965.

Borst, Arno 1990. *Computus: Zeit und Zahl in der Geschichte Europas*. Kleine kulturwissenschaftliche Bibliothek 28. Berlin: Wagenbach, 1990.

Bourdieu, Pierre 1980. *Sozialer Sinn: Kritik der theoretischen Vernunft*. Übers. von Günter Seib. Frankfurt a. M.: Suhrkamp, 1987.

Brincken, Anna-Dorothee van den 1979. «Beobachtungen zum Aufkommen der retrospektiven Inkarnationsära.» *Archiv für Diplomatik* 25 (1979), 1–20.

– 2000. *Historische Chronologie des Abendlandes: Kalenderreform und Jahrtausendrechnungen. Eine Einführung*. Stuttgart: Kohlhammer, 2000.

Brown, Peter 1981. *The Cult of the Saints: Its Rise and Function in Latin Christianity* [Dt. Die Heiligenverehrung, Leipzig 1991]. Haskell Lectures on History of Religions, N. S. 2. Chicago: Chicago University Press, 1981.

Bruin, Herman de; Bröckers, Walter 1991. *Stadt-Seelsorge: Wege für die Praxis – Wege mit den Menschen*. Frankfurt a. M.: Knecht, 1991.

Brunner-Traut, Emma 1970. «Mythos im Alltag: Zum Loskalender im alten Ägypten.» *Antaios* 12 (1970), 332–347.

Cancik, Hubert 2004. «Sommersonnwende Berlin 1933: Zur Herstellung eines nationalsozialistischen Kultes.» Baumgartner, Judith; Wedemeyer-Kolwe, Bernd (Hgg.), *Aufbrüche, Seitenpfade, Abwege: Suchbewegungen und Subkulturen im 20. Jahrhundert.* Würzburg: Königshausen & Neumann, 2004. 177–184.

Chaniotis, Angelos 1991. «Gedenktage der Griechen: Ihre Bedeutung für das Geschichtsbewußtsein griechischer Poleis.» Assmann, Jan (Hg.), *Das Fest und das Heilige: Religiöse Kontrapunkte zur Alltagswelt.* Studien zum Verstehen fremder Religionen 1. Gütersloh: Mohn, 1991. 123–145.

Colson, Francis Henry 1926. *The Week: An essay on the origin and development of the seven-day cycle.* Cambridge: University Press, 1926.

Connor, W. R. 1987. «Tribes, Festivals and Processions: Civic Ceremonial and Political Manipulation in Archaic Greece.» *Journal of Hellenic Studies 107* (1987), 40–50.

Courtney, Edward 1988. «The Roman Months in Art and Literature.» *Museum Helveticum 45* (1988), 33–57.

Coyne, George V.; Hoskin, M. A.; Pedersen, Olaf 1983. *Gregorian Reform of the Calendar: Proceedings of the Vatican Conference to commemorate its 400th anniversary, 1582–1982.* Città del Vaticano: Specola Vaticana, 1983.

Cristofani, Mauro 1995. *Tabula Capuana: Un calendario festivo di età arcaica.* Istituto nazionale di studi etruschi e italici: Biblioteca di Studi Etruschi 29. Firenze: Olschki, 1995.

Daiber, Karl-Fritz 1995. *Religion unter den Bedingungen der Moderne: Die Situation in der Bundesrepublik Deutschland.* Marburg: Diagonal, 1995.

Divjak, Johannes 2002. «Der sogenannte Kalender des Filocalus.» *Textsorten und Textkritik: Tagungsbeiträge.* Österreichische Akademie der Wissenschaften, Sitzungsberichte 693. Wien: Akademie, 2002. 19–38.

Dohrn-van Rossum, Gerhard 1992. *Die Geschichte der Stunde: Uhren und moderne Zeitordnungen.* München: Hanser, 1992.

Domenicucci, Patrizio 1989. *Astra Caesarum: Note sul catasterismo a Roma.* Università di Chieti, Facoltà di Lettere e Filosofia. Collana di studi degli Istituti di Lettere. Chieti: Vecchi Faggio, 1989.

Dülmen, Richard van 1980. «Religionsgeschichte in der Historischen Sozialforschung.» *Geschichte und Gesellschaft 6* (1980), 36–59.

Dulabahn, Elizabeth Snowden 1987. *Studies on the «Laterculus» of Polemius Silvius.* Ann Arbor: UMI 1987.

Duncan, David Ewing 1998. *Der Kalender: Auf der Suche nach der richtigen Zeit.* Aus dem Engl. von Kristiana Ruhl. München: Heyne, 1999.

Durán, Diego 1971. *Book of the Gods and Rites and The Ancient Calendar.* Trsl. and ed. by Horcasitas Fernando, Heyden Doris. Foreword by León-Portilla Miguel. The civilization of the American Indian series 102. Norman: University of Oklahoma Press, 1971.

Duval, Yvette 1982. *Loca sanctorum Africae: Le culte des martyrs en Afrique du IVe au VIIe siècle.* 2 Bde. Collection d'Ecole française de Rome 58. Rome: École française, 1982.

Ebertz, Michael N. 1999. «Heilige Reste und ihr Eigensinn: Protestantische und katholische Apokalyptiker.» Ders.; Zwick, Reinhold (Hg.), *Jüngste Tage: Die Gegenwart der Apokalyptik*. Freiburg im Breisgau: Herder, 1999. 120–150.

–; Zwick, Reinhold 1999. «Enthüllt/Verhüllt.» Ebd., 7–30.

Ehrenberg, Victor; Jones, A. H. M. 1976. *Documents Illustrating the Reigns of Augustus and Tiberius*. Repr. of 2nd ed. with addenda [²1955]. Oxford: University Press, 1976.

El-Sabban, Sherif 2000. *Temple Festival Calendars of Ancient Egypt*. Liverpool: University Press, 2000.

Elias, Norbert 1988. *Über die Zeit: Arbeiten zur Wissenssoziologie 2*. Schröter, Michael (Hg.), Frankfurt a. M.: Suhrkamp, 1988.

Englisch, Brigitte 2002. *Zeiterfassung und Kalenderprogrammatik in der frühen Karolingerzeit: Das Kalendarium der Hs. Köln DB 83–2 und die Synode von Soissons 744*. Instrumenta 8. Stuttgart: Thorbecke, 2002.

Eriksson, Sven 1956. *Wochentagsgötter, Mond und Tierkreis: Laienastrologie in der römischen Kaiserzeit*. Studia Graeca et Latina Gothoburgensia 3. Stockholm: Almquist & Wiksell, 1956.

Evans-Pritchard, E. E. 1939. «Nuer Time-Reckoning.» *Africa 12* (1939), 189–216.

Février, Paul-Albert 1992. «Un plaidoyer pour Damase: Les inscriptions des nécropoles romaines.» Christol, Michel et al. *Institutions, société et vie politique dans l'empire romain au IVᵉ siècle ap. J.-C.* Actes de la table ronde autour de l'œuvre d'André Chastagnol (Paris, 20–21 Janvier 1989). Collection de l'École française de Rome 159. Roma: École française, 1992. 497–506.

Fahd, Toufy 1979. «Les fêtes de l'Islam.» *Revue des études islamiques 47* (1979), 191–205.

Feeney, Denis 1998. *Literature and Religion at Rome: Cultures, Contexts, and Beliefs*. Cambridge: Cambridge University Press, 1998.

Flaig, Egon 1996. «Kampf um die soziale Zeit – in der römischen Antike.» *Historische Anthroplogie 4* (1996), 280–285.

– 2003. *Ritualisierte Politik: Zeichen, Gesten und Herrschaft im Alten Rom*. Historische Semantik 1. Göttingen: Vandenhoeck & Ruprecht, 2003.

Fleet, J. F. 1912. «The Use of the Planetary Names of the Days of the Week in India.» *Journal of the Royal Asiatic Society NS 44* (1912), 1039–46.

Fögen, Marie Theres 2002. *Römische Rechtsgeschichten: Über Ursprung und Evolution eines sozialen Systems*. Veröffentlichungen des Max-Planck-Instituts für Geschichte Band 172. Göttingen: Vandenhoeck & Ruprecht, 2002.

Förster, Hans 2000. *Die Feier der Geburt Christi in der Alten Kirche*. Studien und Texte zu Antike und Christentum 4. Tübingen: Mohr Siebeck, 2000.

Fraschetti, Augusto 1985. «Cesare e Antonio ai Lupercalia.» Fales, F. M.; Grottapelli, C. (edd.), *Sopranaturale e potere: nel mondo antico e nelle società tradizionali*. Milano: Angeli, 1985. 163–186.

– 1990. *Roma e il principe: Ricerche di storia urbana nell'età di Augusto e di Tiberio*. Bari: Laterza, 1990.

Fraser, Julius T. 1987. *Time: The Familiar Stranger* [Dt.: Fraser 1988]. Amherst: University of Massachusetts Press, 1987.

Frazer, James George 1929. *Publii Ovidii Nasonis Fastorum libri sex: The Fasti of Ovid.* 5 Bde. Ed. with a trsl. and comm. London: Macmillan, 1929.

Freitag, Werner (Hg.) 1997. *Das Dritte Reich im Fest: Führermythos, Feierlaune und Verweigerung in Westfalen 1933–1945.* Unter Mitarbeit von Christina Pohl. Bielefeld: Verlag für Regionalgeschichte, 1997.

Fryan, Joan M. 1993. *Markets and Fairs in Roman Italy: Their Social and Economic Importance from the Second Century BC to the Third Century AD.* Oxford: Clarendon, 1993.

Gagé, Jean 1935. *Res gestae divi Augusti ex monumentis Ancyrano et Antiocheno Latinis Ancyrano et Apolloniensi Graecis.* Text établi et comm. 2e éd. [Repr. 1935]. Publications de la Faculté des lettres de l'Université de Strasbourg: Textes d'études 5. Paris: Belles Lettres, 1950.

Gandz, Solomon 1949. «The Origin of the Planetary Week or the Planetary Week in Hebrew Literature.» *Proceedings of the American Academy for Jewish Research 18* (1948–49), 213–254.

Gassmann, Robert H. 2002. *Antikchinesisches Kalenderwesen: Die Rekonstruktion der chunquiu-zeitlichen Kalender des Fürstentums Lu und der Zhou-Könige.* Schweizer Asiatische Studien 16. Bern: Lang, 2002.

Gebhardt, Winfried 1987. *Fest, Feier und Alltag: Über die gesellschaftliche Wirklichkeit des Menschen und ihre Deutung.* Europäische Hochschulschriften: Reihe 22 (Soziologie), 143. Frankfurt a. M.: Lang, 1987.

Geburt 1999. *Geburt der Zeit: Eine Geschichte der Bilder und Begriffe.* Kassel/Wolfratshausen: Staatliche Museen/Minerva, 1999.

Gee, Emma 2000. *Ovid, Aratus and Augustus: Astronomy in Ovid's Fasti.* Cambridge: University Press, 2000.

Giesecke, Michael 1991. *Der Buchdruck in der frühen Neuzeit: Eine historische Fallstudie über die Durchsetzung neuer Informations- und Kommunikationstechnologien.* Frankfurt a. M.: Suhrkamp, 1991.

Gingrich, Andre 1994. *Südwestarabische Sternenkalender: Eine ethnologische Studie zu Struktur, Kontext und regionalem Vergleich des tribalen Agrarkalenders der Munebbih im Jemen.* Wiener Beiträge zur Ethnologie und Anthropologie 7. Wien: Universitäts-Verlag, 1994.

Ginzel, F. K. 1914. *Handbuch der mathematischen und technischen Chronologie: Das Zeitrechnungswesen der Völker. 3: Zeitrechnung der Makedonier …* Leipzig: Hinrich, 1914.

Gladigow, Burkhard 1975. «Götternamen und Name Gottes: Allgemeine religionswissenschaftliche Aspekte.» Stietencron, Heinrich von (Hg.), *Der Name Gottes.* Düsseldorf: Patmos, 1975. 13–32.

Goessler, P. 1928. «Ein gallorömischer Steckkalender aus Rottweil.» *Germania 12* (1928), 1–9.

Goldenberg, Robert 1979. «The Jewish Sabbath in the Roman World up to the Time of Constantine the Great.» *Aufstieg und Niedergang der römischen Welt II.19,1* (1979), 414–447.

Goldstein, Bernard R.; Cooper, Alan 1990. «The Festivals of Israel and Judah and the Literary History of the Pentateuch.» *Journal of the American Oriental Society 110* (1990), 19–31.

Goris, Roelof 1933. «Holidays and Holy Days.» *Bali: Studies in Life, Thought, and Ritual.* [Übers. aus holl. Original 1933.] Selected Studies on Indonesia. Den Haag: van Hoeve, 1960. 113–129.

Gould, Stephen Jay 1997. *Questioning the Millennium: A Rationalist's Guide to a Precisely Arbitrary Countdown.* London: Vintage, 1997.

Graulich, Michel 1981. «The Metaphor of the Day in Ancient Mexican Myth and Ritual.» *Current Anthropology 22* (1981), 45–60 (incl. discussion).

Green, Steven J. 2004. *Ovid, Fasti 1: A Commentary.* Mnemosyne supplement 251. Leiden: Brill, 2004.

Grimm, Alfred 1994. *Die altägyptischen Festkalender in den Tempeln der griechisch-römischen Epoche.* Ägypten und Altes Testament 15. Wiesbaden: Harrassowitz, 1994.

Gros, Pierre 1976. *Aurea Templa: Recherches sur l'architecture religieuse de Rome à l'époque d'Auguste.* Bibliothèque des écoles françaises d'Athènes et de Rome 231. Rome: École française, 1976.

–; Sauron, Gilles 1988. «Das politische Programm der öffentlichen Bauten.» Antikenmuseum Berlin, *Kaiser Augustus und die verlorene Republik.* Eine Ausstellung im Martin-Gropius-Bau, Berlin, 7. Juni–14. August 1988. Berlin: Staatliche Museen Preußischer Kulturbesitz, 1988. 48–68.

Grotefend, Hermann 1991. *Taschenbuch der Zeitrechnung des deutschen Mittelalters und der Neuzeit.* 13. Aufl. Hannover: Hahn, 1991.

Gundel, Hans Georg 1992. *Zodiakos, Tierkreisbilder im Altertum: Kosmische Bezüge und Jenseitsvorstellungen im antiken Alltagsleben.* Kulturgeschichte der antiken Welt 54. Mainz: Zabern, 1992.

Gutzwiller, Helmut 1978. «Die Einführung des Gregorianischen Kalenders in der Eidgenossenschaft in konfessioneller, volkskundlicher, staatsrechtlicher und wirtschaftspolitischer Schau.» *Zeitschrift für Schweizerische Kirchengeschichte 72* (1978), 54–73.

Habinek, Thomas 1998. *The Politics of Latin Literature: Writing, Identity, and Empire in Ancient Rome.* Princeton: University Press, 1998.

Hack, Achim 1997. «Zur römischen Doppelapostolizität: Überlegungen ausgehend von einem Epigramm Papst Damasus' I. (366–384).» *Hagiographica 4* (1997), 9–33.

Häberle, Peter 1988. *Der Sonntag als Verfassungsprinzip.* Schriften zum öffentlichen Recht 551. Berlin: Duncker & Humblot, 1988.

Hare, Julius C. 1832. «On the Names of the Days of the Week.» *Philological Museum 1* (1832), 1–73.

Harnoncourt, Philippe 1964. «Diözesane Eigenfeste in der liturgischen Gesetzgebung: Ein Beitrag zur Diskussion um die Reform des Heiligenkalenders.» *Zeitschrift für katholische Theologie 86* (1964), 1–46.

Hennig, John 1961. «Kalendar und Martyrologium als Literaturformen.» Ders., *Literatur und Existenz: Ausgewählte Aufsätze.* [Archiv für Liturgiewissenschaft 7 (1961), 1–44]. Heidelberg: Winter, 1980. 37–80.

Herz, Peter 1978. «Kaiserfeste der Prinzipatszeit.» *Aufstieg und Niedergang der römischen Welt II.16,2* (1978), 1135–1200.

Hölkeskamp, Karl Joachim 1987. *Die Entstehung der Nobilität: Studien zur so-*

zialen und politischen Geschichte der Römischen Republik im 4. Jhdt. v. Chr. Stuttgart: Steiner, 1987.

– 1988. «Die Entstehung der Nobilität und der Funktionswandel des Volkstribunats: Die historische Bedeutung der lex Hortensia de plebiscitis.» *Archiv für Kulturgeschichte 70* (1988), 271–312.

Humm, Michel 2000. «Spazio Tempo Civici: Riforma delle Tribu e Riforma del calendario alla fine del quarto secolo a. C.» Bruun, Christer (ed.), *The Roman Middle Republic: Politics, Religion, and Historiography c. 400–133 B.* C. Acta Instituti Finlandiae 23. Rome: Institutum Romanum, 2000. 91–119.

Hunger, Hermann 1997. «Astronomie B. Vorgriechische Astronomie.» *Neuer Pauly 2* (1997), 127–130.

Jehne, Martin 1987. *Der Staat des Dictators Caesar.* Passauer historische Forschungen 3. Köln: Böhlau, 1987.

Jones, Alexander 2000. «Calendrica I: New Callippic Dates.» *Zeitschrift für Papyrologie und Epigraphik 129* (2000), 141–166.

Jounel, Pierre 1977. *Le culte des saints dans les basiliques du Latran et du Vatican au douzième siècle.* Collection de l'Ecole française de Rome 26. Rome: Ecole, 1977.

Kaltenbrunner, Ferdinand 1877. *Die Polemik über die Gregorianische Kalenderreform.* Wien: Gerold, 1877.

Kaufmann, Thomas 1999. «Römisches und evangelisches Jubeljahr 1600: Konfessionskulturelle Deutungsalternativen der Zeit im Jahrhundert der Reformation.» Bochinger, Christoph; Frey, Jörg (Hgg.), *Millennium: Deutungen zum christlichen Mythos der Jahrtausendwende.* Gütersloh: Kaiser, 1999. 73–136.

Kehrer, Günther 1989. «Religion in der Stadt der nachindustriellen Gesellschaft.» Bäumler, Christof u. a., *Skyline ohne Himmel? Kirche in der Großstadt.* Tutzinger Materialien 58/1989. Tutzing: 1989. 3–10.

Kerkhoff, Manfred 1973. «Zum antiken Begriff des Kairos.» *Zeitschrift für philosophische Forschung 27* (1973), 256–274.

Kippenberg, Hans G. 1997. *Die Entdeckung der Religionsgeschichte: Religionswissenschaft und Moderne.* München: Beck, 1997.

Klinghardt, Mattias 1991. «‹... auf daß du den Feiertag heiligest›: Sabbat und Sonntag im antiken Judentum und frühen Christentum.› Assmann, Jan (Hg.), *Das Fest und das Heilige: Religiöse Kontrapunkte zur Alltagswelt.* In Zusammenarbeit mit Theo Sundermeier. Studien zum Verstehen fremder Religionen 1. Gütersloh: Mohn, 1991. 206–233.

Knabe, Hubertus 2004. *17. Juni 1953: Ein deutscher Aufstand.* Berlin: Ullstein, 2004.

Knappich, Wilhelm 1988. *Geschichte der Astrologie.* Mit einer Vorbemerkung zur Neuauflage und Erg. der Bibliogr. von Bernward Thiel. 2., erg. Aufl. [1967.] Frankfurt a. M.: Klostermann, 1988.

Knopf, Jan 1983. *Kalendergeschichten: Ein Arbeitsbuch.* Frankfurt a. M.: Suhrkamp, 1983.

Köll, Thomas 1983. ‹«Mer ist zewissen von dem Schalt Iar ...»: Der Beitrag des Stamser Mönchs Vitus de Augusta zur Kalenderreform des Jahres 1582.› *Innsbrucker historische Studien 6* (1983), 45–63.

Kranemann, Benedikt 1991. ‹Zu Geschichte und Bedeutung des deutschen Begriffs «Kirchenjahr».› *Archiv für Liturgiewissenschaft 33* (1991), 35–42.
Kühne, Heinrich 1971. *Das Calendarium Historicum des Paul Eber* [Neu aufgelegter Sonderdruck]. Wittenberg: Melanchthonhaus, 1971. 54–65.
Künzl, Ernst 1998. «Ein antiker Astralglobus aus dem römischen Kaiserreich: Der älteste vollständig erhaltene Himmelsglobus.» *Sterne und Weltraum 1* (1998), 28–33.
Labat, René 1939. *Hémérologies et ménologies d'Assur.* Librairie d'Amérique et d'Orient: Etudes d'Assyrologie 1. Paris: Maisonneuve, 1939.
Lampe, Peter 1987. *Die stadtrömischen Christen in den ersten beiden Jahrhunderten: Untersuchungen zur Sozialgeschichte.* 2. überarb. u. erg. Aufl. Wissenschaftliche Untersuchungen zum Neuen Testament 2,18. Tübingen: Mohr, 1989.
Lasker, Arnold; Lasker, Daniel J. 1984. «The Jewish Prayer for Rain in Babylonia.» *Journal for the Study of Judaism in the Persian, Hellenistic and Roman Period 15* (1984), 123–144.
Lefebvre, Georges 1957. *La révolution française.* 2ieme ed. Peuples et civilisations 13[b]. Paris: Presses Universitaires, 1957.
Leitz, Christian 1989. *Studien zur ägyptischen Astronomie.* Ägyptologische Abhandlungen 49. Wiesbaden: Harrassowitz, 1989.
– 1993. «Die Nacht des Kindes in seinem Nest in Dendara.» *Zeitschrift für ägyptologische Studien 120* (1993), 136–165.
Levine, Robert 1998. *Eine Landkarte der Zeit: Wie Kulturen mit Zeit umgehen.* Aus dem Amerikan. von Broermann, Christa; Schuler, Karin. [A Geography of Time, New York 1997]. München: Piper, 1998.
Lucchesi, Giovanni 1978. «Ancora sull'antico calendario italico.» *Rivista di Storia della Chiesa in Italia 32* (1978), 140–152.
Luck, Georg 1969. *Untersuchungen zur Textgeschichte Ovids.* Bibliothek der Klassischen Altertumswissenschaften NF 2,29. Heidelberg: Winter, 1969.
Magi, Filippo 1972. *Il calendario dipinto sotto Santa Maria Maggiore.* Con appendici sui graffiti del vano XVI a cura di Paaro Castrén [69–87]. Atti della Pontificia Accademia Romana di Archeologia, ser. 3: Memorie 11,1. [Citta del Vaticano]: Tipografia Poliglotta Vaticana, 1972.
Maier, Bernhard 2005. *Stonehenge: Archäologie, Geschichte, Mythos.* München: Beck, 2005.
Maier, Hans 1991. *Die christliche Zeitrechnung.* Freiburg: Herder, 1991.
Maitre, Jacques 1968. «La consommation d'astrologie dans la France contemporaine.» Caquot, André; Leibovici, Marcel (edd.), *La divination 2.* Paris: Presse universitaires, 1968. 429–447.
Makris, Georgios 2002. «Kalendergedichte: Eine literarische Manifestation des byzantinischen Kirchenjahrs.» Geerlings, Wilhelm (Hg.), *Der Kalender: Aspekte einer Geschichte.* Paderborn: Schöningh, 2002. 140–150.
Mallardo, D. 1945/46. «Il calendario marmoreo di Napoli.» *Ephemeris Liturgica 59* (1945), 233–294; *60* (1946), 7–26.
Manicoli, D. 1983. «Un calendario astrologico al Museo della Civiltà Romana.» *Bollettino dei Musei Comunali di Roma 28–30* (1981–1983), 18–22.

Markschies, Christoph 1992. *Valentinus Gnosticus? Untersuchungen zur valentinianischen Gnosis mit einem Kommentar zu den Fragmenten Valentins.* Wissenschaftliche Untersuchungen zum Neuen Testament 65. Tübingen: Mohr, 1992.

Martin, Jochen 1988. «Die Macht der Heiligen.» Ders.; Quint, Barbara (Hgg.), *Christentum und antike Gesellschaft.* Darmstadt: Wissenschaftliche Buchgesellschaft, 1990. 440–474.

Masel, Katherina 1997. *Kalender und Volksaufklärung in Bayern: Zur Entwicklung des Kalenderwesens 1750* bis *1830*. Forschungen zur Landes- und Regionalgeschichte 2. St. Ottilien: EOS-Verlag, 1997.

Mathiez, Albert 1904. *La théophilanthropie et la culte décadaire: Essai sur l'histoire religieuse de la Révolution, 1796–1801*. Neudruck [Paris: Alcan, 1904]. Genèves: Slatkine-Megariotis, o. J.

Matthäus, Klaus 1968. *Zur Geschichte des Nürnbergers Kalenderwesens: Die Entwicklung der in Nürnberg gedruckten Jahreskalender in Buchform.* Archiv für Geschichte des Buchwesens. Frankfurt a. M.: Buchhändler-Vereinigung, 1968.

Maurer, Michael (Hg.) 2004. *Das Fest: Beiträge zu seiner Theorie und Systematik.* Köln: Böhlau, 2004.

– 2004 a. «Prolegomena zu einer Theorie des Festes.» Ebd., 19–54.

– 2004 b. «Zur Systematik des Festes.» Ebd., 55–80.

McGurk, P. 1986. «The Metrical Calendar of Hampson.» *Analecta Bollandiana 104* (1986), 79–125.

Meinzer, Michael 1988. «Der französische Revolutionskalender und die ‹Neue Zeit›.» Koselleck, Reinhart; Reichardt, Rolf (Hgg.), *Die Französische Revolution als Bruch des gesellschaftlichen Bewußtseins.* München: Oldenbourg, 1988. 23–60.

– 1992. *Der französische Revolutionskalender (1792–1805): Planung, Durchführung und Scheitern einer politischen Zeitrechnung.* Ancien Régime, Aufklärung und Revolution 20. München: Oldenbourg, 1992.

Meise, Helga 1994. «... bey einem jeden Monat eine wunderbare denckwürdige Historia». *Simpliciana. Schriften der Grimmelshausen-Gesellschaft. 16* (1994), 167–186.

Meller, Harald (Hg.) 2004. *Der geschmiedete Himmel: Die weite Welt im Herzen Europas vor 3600 Jahren.* Fotos von Juray Lipták. Darmstadt: Wissenschaftliche Buchgesellschaft, 2004.

Michels, Agnes Kirsopp 1967. *The Calendar of the Roman Republic* [Repr. Westport, Conn.: Greenwod, 1978]. Princeton: University Press, 1967.

Miller, John F. 2002. «The Fasti: Style, Structure, and Time.» Boyd, Barbara Weiden (ed.), *Brill's Companion to Ovid.* Leiden: Brill, 2002. 167–196.

Mitchell, Walter 1935. «Weekly Accounting Systems.» *Journal of Calendar Reform 4* (1935), 26–32.

Mrozek, Stanislaw 1973. «À propos de la répartition chronologique des inscriptions latines dans le haut-empire.» *Epigraphica 35* (1973), 113–118.

Müller, Jörg 1993. *Umnutzung protestantischer Großkirchen in Berlin: Zur Entwicklung eines «Citykirchensystems».* Religion in Geschichte und Gegenwart 1. Pfaffenweiler: Centaurus, 1993.

Münch, Paul 1992. *Lebensformen in der Frühen Neuzeit.* Frankfurt a. M.: Propyläen, 1992.
Muller, Paul M.; Stephenson, F. R. 1974. «The Accelerations of the Earth and Moon from Early Astronomical Observations.» Rosenberg, Gary D.; Runcorn, S. K. (edd.), *Growth Rhythms and the History of the Earth's Rotation.* London: Wiley, 1974. 459–533.
Nadjo, Léon 1991. «Remarques linguistiques sur le calendrier républicain.» Chevallier, Raymond (ed.), *La révolution française et l'antiquité.* Caesarodunum 25 bis. Tours: Centre de Recherches A. Piganiol, 1991. 247–272.
Newton, Robert Russell 1972. *Medieval Chronicles and the Rotations of the Earth.* Baltimore: Johns Hopkins Press, 1972.
Nilsson, Nils Martin Person 1961. *Geschichte der griechischen Religion 2: Die hellenistische und römische Zeit.* 4., unver. Aufl. Handbuch der Altertumswissenschaft 5,2,2. München: Beck, 1988.
Nora, Pierre (ed.), 1984. *Les lieux de mémoire 1: La république.* Paris: Gallimard, 1984.
Oppenheim, Leo 1969. «Divination and Celestial Observation in the Last Assyrian Empire.» *Centaurus 14* (1969), 97–135.
Orlin, Eric M. 1997. *Temples, Religion and Politics in the Roman Republic.* Mnemosyne Suppl. 164. Leiden: Brill, 1997.
Ozouf, Mona 1975. «Space and time in the festivals of the French Revolution.» *Comparative Studies in Society and History 17* (1975), 372–384.
Palazzo, Eric 1998. *A History of Liturgical Books from the Beginning to the Thirteenth Century.* Trsl. by Beaumont, Madeleine [1993]. Collegeville: Liturgical Press, 1998.
Parker, Richard Anthony 1950. *The Calendars of Ancient Egypt.* Studies in Ancient Oriental Civilization 26. Chicago: University Press, 1950.
Parrish, David 1984. *Season Mosaics of Roman North Africa.* Archaeologica 46. Roma: Bretschneider, 1984.
Parry, Albert 1940. «The Soviet Calendar.» *Journal of Calendar Reform 10* (1940), 63–69.
Perrin, Michel-Yves 1996. ‹Die neue Form der Missionierung: Die Eroberung von Raum und Zeit.› Pietri, Charles; Pietri, Luce (Hgg.), *Die Geschichte des Christentums 2: Das Entstehen der einen Christenheit (250–430).* Freiburg i. Br.: Herder, 1996. 667–704.
Pietri, Charles 1978. «Evergétisme et richesses ecclésiastique dans l'Italie du IVe à la fin du Ve s.: l'exemple romain.» *Ktema 3* (1978), 317–337.
– 1984. «Le temps de la semaine à Rome et dans l'Italie chrétienne (IVe–VIe siècle).» Leroux, J.-M., *Le temps chrétien de la fin de l'antiquité au moyen âge.* Paris, 9–12 mars 1981. Colloques internationaux du Centre national de la recherche scientifique 604. Paris: CNRS, 1984. 63–97.
– 1984a. «Les origines du culte des martyrs (d'après un ouvrage recent).» *Rivista di Archeologia Cristiana 3* (1984), 293–319.
Pighi, Giovanni Baptista 1965. *De ludis saecularibus populi Romani Quiritium: Libri sex.* Editio altera addendis et corrigendis aucta [Pubblicazioni dell'Università del s. cuore, ser 5., 25. Milano 1941]. Amsterdam: Schippers, 1965.

Piranomonte, Marina 2002. *Il santuario della musica e il bosco sacro di Anna Perenna*. Milano: Electa, 2002.

Pollack, Detlef 1994. «Von der Volkskirche zur Minderheitskirche: Zur Entwicklung von Religiosität und Kirchlichkeit in der DDR.» Kaelble, Hartmut; Kocka, Jürgen; Zwahr, Hartmut (Hgg.), *Sozialgeschichte der DDR*. Stuttgart: Klett-Cotta, 1994. 271–294.

Porte, Danielle 2001. *Fêtes romaines antiques*. O. O.: Clairsud, 2001.

Price, S. R. F. 1984. *Rituals and Power: The Roman Imperial Cult in Asia Minor*. Cambridge: 1984.

Pritchett, W. Kendrick 1963. *Ancient Athenian Calendars on Stone*. University of California Publications in Classical Archaeology 4,4. Berkeley: University of California Press, 1963. 267–402; pl. 20–24.

– 1999. «Postscript: The Athenian Calendars.» *Zeitschrift für Papyrologie und Epigraphik 128* (1999), 79–93.

– 2001. *Athenian Calendars and Ekklesias*. Archaia Hellas 8. Amsterdam: Gieben, 2001.

Rau, Gerhard 1977. «Rehabilitation des Festtagskirchgängers.» Seitz, Manfred; Mohnhaupt, Lutz (Hgg.), *Gottesdienst und öffentliche Meinung: Kommentare und Untersuchungen zur Gottesdienstumfrage der VELKD*. Stuttgart: Calwer Verlag, 1977. 99–115.

Rehm, Albert 1941. *Parapegmastudien*. Mit einem Anhang Euktemon und das Buch De signis. Abhandlungen Bayerische Akademie der Wissenschaften, phil.-hist. Kl. NF 19. München: Bayerische Akademie, 1941.

Reinhard, Wolfgang 2004. *Lebensformen Europas: Eine historische Kulturanthropologie*. München: Beck, 2004.

Richards, E. G. 1998. *Mapping Time: The Calendar and its History*. Oxford: University Press, 1998.

Richardson, L. jr. 1992. *A New Topographical Dictionary of Ancient Rome*. Baltimore: Johns Hopkins University Press, 1992.

Riedhammer, Karin 2005. «Sternenkundler und Bergbauspezialisten: Ein aktueller Blick auf das Südostbayerische Mittelneolithikum.» *Antike Welt 36* (2005), 69–76.

Rinderspacher, Jürgen P. 2000. *«Ohne Sonntag gibt es nur noch Werktage»: Die soziale und kulturelle Bedeutung des Wochenendes*. Unter Mitarbeit von Irmgard Herrmann-Stojanov. Bonn: Dietz, 2000.

Rohner, Ludwig 1978. *Kalendergeschichte und Kalender*. Wiesbaden: Athenäum, 1978.

– 1982. ‹«Nimm wahr der Zeit ...».›. *Kalender im Wandel der Zeiten: Eine Ausstellung der Badischen Landesbibliothek zur Erinnerung an die Kalenderreform durch Papst Gregor XIII. im Jahr 1582*. Ausstellungskatalog, hg. von der Badischen Landesbibliothek, Karlsruhe, unter Mitarbeit von Adrian Braunbehrens u. a. Karlsruhe: Badische Landesbibliothek, 1982. 7–43.

Rordorf, Willy 1962. *Der Sonntag: Geschichte des Ruhe- und Gottesdiensttages im ältesten Christentum*. Abhandlungen zur Theologie des Alten und Neuen Testaments 43. Zürich: Zwingli-Verlag, 1962.

– 1981. ‹Ursprung und Bedeutung der Sonntagsfeier im frühen Christentum: Der gegenwärtige Stand der Forschung.› *Liturgisches Jahrbuch 31* (1981). 145 – 158.

Ruck, Brigitte 1996. «Die Fasten von Taormina.» *Zeitschrift für Papyrologie und Epigraphik 111* (1996), 271–280.

Rüpke, Jörg 1990. *Domi militiae: Die religiöse Konstruktion des Krieges in Rom.* Stuttgart: Steiner, 1990.

– 1994. «Ovids Kalenderkommentar: Zur Gattung der libri fastorum.» *Antike und Abendland 40* (1994), 125–136.

– 1994 a. «Wann feierte Ovid die Feralia? Zu Ov. fast. 2,567 f.» *Museum Helveticum 51* (1994), 97–102.

– 1995. *Kalender und Öffentlichkeit: Die Geschichte der Repräsentation und religiösen Qualifikation von Zeit in Rom.* Religionsgeschichtliche Versuche und Vorarbeiten 40. Berlin: de Gruyter, 1995.

– 1996. «Zeitliche Strukturen religiöser Aktivitäten: Historische und gegenwärtige Perspektiven.» *Zeitschrift für Religionswissenschaft 4* (1996), 3–18.

– 1996 a. «Quis vetat et stellas ...? Les levers des étoiles et la tradition calendaire chez Ovide.» Bakhouche, Béatrice; Moreau, Alain; Turpin, Jean-Claude (edd.), *Les astres 1: Les astres et les mythes, la description du ciel.* Actes du colloque international de Montpellier, 23–25 mars 1995. Montpellier: Publications de la Recherche, Université Paul Valéry, 1996. 293–306.

– 1999. «Apokalyptische Salzberge: Zum sozialen Ort und zur literarischen Strategie des ‹Hirten des Hermas›.» *Archiv für Religionsgeschichte 1* (1999), 148–160.

– 2001. *Die Religion der Römer: Eine Einführung.* München: Beck, 2001.

– 2005. «Bilderwelten und Religionswechsel.» Haehling, Raban von (Hg.), *Griechische Mythologie und frühes Christentum.* Darmstadt: Wissenschaftliche Buchgesellschaft, 2005. 359–376.

– 2005 a. *Fasti sacerdotum: Die Mitglieder der Priesterschaften und das sakrale Funktionspersonal römischer, griechischer, orientalischer und jüdisch-christlicher Kulte in der Stadt Rom von 300 v. Chr. bis 499* n. *Chr.* Potsdamer altertumswissenschaftliche Beiträge 12/1–3. Stuttgart: Steiner, 2005.

– 2006. «Ennius' fasti in Fulvius' temple: Greek Rationality and Roman Tradition.» *Ennius and the Invention of Latin Epic. Arethusa* 2006. Im Druck.

Rutgers, Leonard Victor 1995. *The Jews in Late Ancient Rome: Evidence of Cultural Interaction in the Roman Diaspora.* Religions in the Graeco-Roman World 126. Leiden: Brill, 1995.

Saldern, Falko von 2004. «Einige Bemerkungen zur Kalenderreform des Commodus.» *Zeitschrift für Papyrologie und Epigraphik 146* (2004), 189–192.

Salzman, Michele Renee 1990. *On Roman Time: The Codex-Calendar of 354 and the Rhythms of Urban Life in Late Antiquity.* The Transformation of the Classical Heritage 17. Berkeley: University of California Press, 1990.

– 1999. «The Christianization of sacred time and sacred space.» Harris, W. V. (ed.), *The Transformations of Urbs Roma in Late Antiquity.* Supplementary Series; 33. Portsmouth, Rhode Island: Jounal Of Roman Archaeology, 1999. 123–134.

Samuel, Alan E. 1972. *Greek and Roman Chronology: Calendars and Years in Classical Antiquity.* Handbuch der Altertumswissenschaft 1,7. München: Beck, 1972.

Scheibelreiter, Georg 1998. «Sonntagsarbeit und Strafwunder: Beobachtungen zu hagiographischen Quellen der Merowingerzeit.» Weiler, Rudolf (Hg.), *Der Tag des Herrn: Kulturgeschichte des Sonntags.* Wien: Böhlau, 1998. 175–186.

Scheid, John 1990. *Romulus et ses frères: Le collège des frères arvales, modèle du culte public dans la Rome des empereurs.* Bibliothèque des Écoles françaises d'Athènes et de Rome 275. Rome: École française, 1990.

– 1992. «Myth, Cult and Reality in Ovid's Fasti.» *Papers of the Cambridge Philological Society 38* (1992), 118–131.

Scheidel, Walter 2004. «Human Mobility in Roman Italy, I: The Free Population.» *Journal of Roman Studies 94* (2004), 1–26.

Schenda, Rudolf 1993. *Von Mund zu Ohr: Bausteine zu einer Kulturgeschichte volkstümlichen Erzählens in Europa.* Göttingen: Vandenhoeck & Ruprecht, 1993.

Schimmel, Annemarie 2001. *Das islamische Jahr: Zeiten und Feste.* München: Beck, 2001.

Schipper, Kristofer; Wang, Hsiu-huei 1986. «Progressive and Regressive Time Cycles in Taoist Ritual.» Fraser, Julius T.; Lawrence, N.; Haber, F. C. (edd.), *Time, Science, and Society in China and the West.* The Study of Time 5. Amherst, Mass.: University of Massachusetts Press, 1986. 185–205.

Schlosser, Wolfhard 2002. «Astronomie und Kalender.» Geerlings, Wilhelm (Hg.), *Der Kalender: Aspekte einer Geschichte.* Paderborn: Schöningh, 2002. 21–31.

Schmid, Alfred 2005. *Augustus und die Macht der Sterne: Antike Astrologie und die Etablierung der Monarchie in Rom.* Köln: Böhlau, 2005.

Schmidt, Thomas. *Kalender und Gedächtnis: Erinnern im Rhythmus der Zeit.* Göttingen: Vandenhoeck & Ruprecht, 1999.

Schmitzer, Ulrich 1994. «Non modo militae turbine factus eques: Ovids Selbstbewußtsein und die Polemik gegen Horaz in der Elegie am. 3,15.» *Philologus 138* (1994), 101–117.

Schnegg-Köhler, Bärbel 2002. *Die augusteischen Säkularspiele.* Archiv für Religionsgeschichte 4. München: Saur, 2002.

Schöllgen, Georg 1998. *Die Anfänge der Professionalisierung des Klerus und das kirchliche Amt in der syrischen Didaskalie.* Jahrbuch für Antike und Christentum, Ergbd. *26*. Münster: Aschendorff, 1998.

Schultz, Uwe (Hg.) 1988. *Das Fest: Eine Kulturgeschichte von der Antike bis zur Gegenwart.* München: Beck, 1988.

Schwartz, Hillel 1990. *Zeitenwende – Weltenende? Visionen beim Wechsel der Jahrhunderte von 990–1990.* Aus dem Amer. von Wieland Grommes, Margret Schulz-Wenzel. Braunschweig: Westermann, 1992.

Scott, Kenneth 1931. «Greek and Roman Honorific Months.» *Yale Classical Studies 2* (1931), 199–278.

Scullard, Howard Hayes 1981. *Festivals and Ceremonies of the Roman Republic* [Dt. 1985]. London: Thames & Hudson, 1981.

Shamsi, F. A. 1987. «The Meaning of Nasi': An Interpretation of Verse 9:37.» *Islamic Studies 26* (1987), 143–164.

Siebter Tag 2002. *Am siebten Tag: Geschichte des Sonntags.* Hg. Haus der Geschichte der Bundesrepublik Deutschland. Sankt Augustin: Siegler, 2002.

Sixt, Christian Heinrich 1843. *Dr. Paul Eber, der Schüler, Freund und Amtsgenosse der Reformatoren: Ein Beitrag zur Geschichte des Reformations-Zeitalters.* Heidelberg: Winter, 1843.

Smith, Richard J. 1991. *Fortune-tellers and Philosophers: Divination in Traditional Chinese Society.* Boulder: Westview Press, 1991.

Smolinsky, Heribert 2000. *Deutungen der Zeit im Streit der Konfessionen: Kontroverstheologie, Apokalyptik und Astrologie im 16. Jahrhundert.* Heidelberg: Winter, 2000.

Snyder, Walter F. 1936. «Quinto Nundinas Pompeis.» *Journal of Roman Studies 26* (1936), 12–18.

Sorokin, Pitrim Alexandrowitsch 1943. *Sociocultural Causality, Space, Time: A Study of Referential Principles of Sociology and Social Science.* Repr. [Durham: Duke University Press, 1943]. New York: Russel & Russel, 1964.

–; Merton, R. K. 1937. «Social Time: A Methodological and Functional Analysis.» *American Journal of Sociology 42* (1936/7), 615–629.

Spalinger, Anthony John 1996. *The Private Feast Lists of Ancient Egypt.* Ägyptische Abhandlungen 57. Wiesbaden: Harrassowitz, 1996.

Spier, Erich 1989. *Der Sabbat.* Das Judentum 1. Berlin: Institut Kirche und Judentum, 1989.

Spies, Alfons 1930. *Militat omnis amans: Ein Beitrag zur Bildersprache der antiken Erotik.* Diss. Tübingen 1930.

Stern, Henri 1953. *Le calendrier de 354: Étude sur son texte et ses illustrations.* Institut français d'archéologie de Beyrouth: Bibliothèque archéologique et historique 55. Paris: Impr. Nationale, 1953.

– 1981. «Les calendriers romains illustrés.» *Aufstieg und Niedergang der römischen Welt II.12,2* (1981), 431–475.

Stern, Sacha 2000. «The Babylonian Calendar of Elephantine.» *Zeitschrift für Papyrologie und Epigraphik 130* (2000), 159–171.

– 2001. *Calendar and Community: A History of the Jewish Calendar, Second Century BCE – Tenth Century CE.* Oxford: University Press, 2001.

Stuckrad, Kocku von 2003. *Geschichte der Astrologie: Von den Anfängen bis zur Gegenwart.* München: Beck, 2003.

Stupperich, Amrei 1999. «Warum die Oktoberrevolution im November stattfand.» *Praxis Geschichte 12* (1999), 27–33.

Sührig, Hartmut 1979. *Die Entwicklung der niedersächsischen Kalender im 17. Jahrhundert.* Archiv für Geschichte des Buchwesens 20,2–4. Frankfurt a. M.: Buchhändler-Verlag, 1979. 329–794.

Suerbaum, Werner 1980. «Merkwürdige Geburtstage: Der nicht-existierende Geburtstag des M. Antonius, der doppelte Geburtstag des Augustus, der neue Geburtstag der Livia und der vorzeitige Geburtstag des älteren Drusus.» *Chiron 10* (1980), 327–355.

Szalai, Alexander (ed.) 1972. *The use of time: Daily activities of urban and suburban populations in twelve countries.* Publication of the European Coordination Centre for Research and Documentation in the Social Sciences 5. Den Haag: Mouton, 1972.

Talmon, Shemaryahu; Ben-Dov, Jonathan; Glessmer, Uwe 2001. *Qumran Cave 4, XVI: Calendarical Texts.* Discoveries in the Judaean Desert 21. Oxford: Clarendon, 2001.

Tannenbaum, Nicola 1984. «Shan Calendrics and the Nature of Shan Religion.» *Anthropos 79* (1984), 505–515.

Trümpy, Hans 1979. *Die Fasti des Baptista Mantuanus von 1516 als volkskundliche Quelle.* Textauswahl, Übersetzung und Kommentar. Bibliotheca humanistica & reformatorica 26. Nieuwkoop: de Graaf, 1979.

Trümpy, Catherine 1998. «Feste zur Vollmondszeit: Die religiösen Feiern Attikas im Monatslauf und der vorgeschichtliche attische Kultkalender.» *Zeitschrift für Papyrologie und Epigraphik 121* (1998), 109–115.

Turner, Victor 1982. «Introduction.» Ders. (ed.), *Celebration: Studies in Festivity and Ritual.* Washington: Smithsonian Institution Press, 1982. 11–30.

van Hemert, M. M. J. 1982. «Godsdienst en kerk in Nederland.» Billiet, J. u. a. (Hgg.), *Kerk, godsdienst en samenleving: Centrale problemen, alternatieven en overzichten.* Assen 1982. 142–172.

Vanderkam, James C. 1992. «Calendars.» Freedmann, David Noel (ed.), *The Anchor Bible dictionary.* New York: Doubleday, 1992. 810–820.

Vanderkam, James C. 1992. «Calendars: Ancient Israelite and Early Jewish.» Freedman, David Noel (ed.), *The Anchor Bible Dictionary.* New York: Doubleday, 1992. 814–820.

Vasold, Manfred 1995. «Die Gregorianische Kalenderreform: Eine Neuerung mit Hindernissen.» *Geschichte lernen 48* (1995), 4–6.

Ventris, Michael; Chadwick, John 1956. *Documents in Mycenaean Greek: Three Hundred Selected Tablets from Knossos, Pylos and Mycenae with Commentary and Vocabulary.* With a forword by Alan J. B. Wace. Cambridge: University Press, 1956.

Veyne, Paul 1976. *Brot und Spiele: Gesellschaftliche Macht und politische Herrschaft in der Antike.* Aus dem Frz. von Klaus Laermann und Hans Richard Brittnacher [Paris 1976]. Theorie und Gesellschaft 11. Frankfurt a. M./Paris: Campus/Maison des Sciences de l'Homme, 1988.

Vogtherr, Thomas 2001. *Zeitrechnung: Von den Sumerern bis zur Swatch.* München: Beck, 2001.

Voigt, Ulrich 2003. *Das Jahr im Kopf: Kalender und Mnemotechnik.* Mit Zeichnungen von Simon Waßermann. Hamburg: Likanas, 2003.

Wallace-Hadrill, Andrew 1986. «Image and Authority in the Coinage of Augustus.» *Journal of Roman Studies 76* (1986), 66–87.

Weinstock, Stefan 1971. *Divus Julius.* Oxford: Clarendon, 1971.

[Weitzel, Fritz] SS-Oberabschnitt West. *Die Gestaltung der Feste im Jahres- und Lebenslauf in der SS-Familie.* Wuppertal: Völkischer Verlag, o. J.

Welzer, Harald 2002. *Das kommunikative Gedächtnis: Eine Theorie der Erinnerung.* München: Beck, 2002.

Wendorff, Rudolf 1980. *Zeit und Kultur: Geschichte des Zeitbewußtseins in Europa*. Opladen: Westdeutscher Verlag, 1980.
– 1993. *Tag und Woche, Monat und Jahr: Eine Kulturgeschichte des Kalenders*. Opladen: Westdeutscher Verlag, 1993.
White, Michael L. 1990. *Building God's House in the Roman World: Architectural Adaption among Pagans, Jews, and Christians*. Baltimore, London: Johns Hopkins University Press, 1990.
Whitehead, David 1986. *The Demes of Attica 508/7 – ca. 250 B. C.: A Political and Social Study*. Princeton: 1986.
Whittaker, Gordon 1991. *Calendar and Script in Protohistorical China and Mesoamerica: A Comparative Study of Day Names and Their Signs*. Holos Linguistik 1. Bonn: Holos, 1991.
Willkomm, Heinzgeorg 1984. *Die Zeit in Ursprung und Gegenwart: Archäologische und naturwissenschaftliche Erkenntnisse zum Thema Zeit*. Baden-Baden: Schwarz, 1984.
Wirbelauer, Eckhard 2002. «Dionysius Exiguus.» Döpp, Siegmar; Geerlings, Wilhelm (Hgg.), *Lexikon der antiken christlichen Literatur*. 3., vollst. neu bearb. Aufl. Freiburg i. Br.: Herder, 2002. 205–207.
Wischmeyer, Wolfgang 2002. «Die christlichen Texte im sogenannten Filocalus-Kalender.» *Textsorten und Textkritik: Tagungsbeiträge*. Österreichische Akademie der Wiss., Sitzungsberichte 693. Wien: Akademie, 2002. 45–67.
Wissowa, Georg 1912. *Religion und Kultus der Römer*. 2. Aufl. Handbuch der Altertumswissenschaft 5,4. München: Beck, 1912.
Zanker, Paul 1987. *Augustus und die Macht der Bilder*. München: Beck, 1987.
Zemanek, Heinz 1990. *Kalender und Chronologie: Bekanntes und Unbekanntes aus der Kalenderwissenschaft. Ein Essay*. 5., verb. Aufl. München: Oldenbourg, 1990.
Zerubavel, Eviatar 1977. «The French Republican Calendar: A Case Study in the Sociology of Time.» *American Sociological Review* 42 (1977), 868–877.
– 1981. *Hidden Rhythms: Schedules and Calendars in Social Life*. Chicago: University of Chicago Press, 1981.
– 1985. *The Seven Day Circle: The History and Meaning of the Week*. Chicago: University of Chicago Press, 1985.
Zöllner, Reinhard 2003. «Zeit und die Konstruktion der Moderne – im Japan des 19. Jahrhunderts.» *Historische Anthropologie* 11 (2003), 47–71.
– 2003 a. *Japanische Zeitrechnung: Ein Handbuch*. Erga 4. München: iudicium, 2003.

Bildnachweis

Vorsatz: Stadtbibliothek Braunschweig, Sig. Einblattdr. 10; *Abb. 2*: SMK Museum für Astronomie und Technikgeschichte, Kassel, Inv. Nr. MAZ 1981-10; *Abb. 4*: Museum Quintana, Künzing; *Abb. 5, 6, 8* (Gilles Mermet), *13, 16* (Erich Lessing): akg-images, Berlin; *Abb. 7*: Römisch-Germanisches Zentralmuseum, Inv. Nr. 0.41339; *Abb. 9, 10, 11, 12*: Biblioteca Apostolica Vaticana; *Abb. 14*: Bayerische Staatsbibliothek München (Sig. Nr. 651 aus Xy. 42), *Abb. 15*: Forschungsbibliothek Gotha, Theol 2° 367/4a; *Abb. 17*: Würzburger Rekonstruktion: Dombart 1923: 1583, Abb 1; *Abb. 18*: Niedersächsische Staats- und Universitätsbibliothek, Sig. 8 h subs 8255; *Abb. 19*: Staatliche Münzsammlung, München, Inv.-Nr. acc. 70552.

Register

zusammengestellt von Franziska Quednau

KL	Julius xxxi. di.			KL	Augustus xxxi.			KL	Septemb xx	
v	g	Octa iohis bapt	c	xiii	c	Ad vincula petri	u	ii	f	Egidii abbas
	A	Visitacio marie	s	ii	d	Stephani pape	x	x	g	Iusti epi
xiii	b	Pcessi + martini	t		e	Stephani invencio	y		A	Remacli epi
ii	c	Vdalrici epi	v	x	f	Tercullini mr	q	xviii	b	Marcelli
x	d	Sancte zoe	u	xviii	g	Oswaldi. Dnici	z		c	
	e	Octava aplor	x		A	Sixti. epi	q	vii	d	Zacharie pphe
xviii	f	willibaldi epi	y	vii	b	Affre. mr	a	xv	e	Regine virg
vii	g	kyliani mr	n		c	Cyriaci cum sociis	b		f	Nativitas ma
	A	Octa visitacionis	z	xv	d	Romani vig	c	iiii	g	Kunegundis vg
xv	b	Septe fratrum mr	&	iiii	e	laurencii mr	d	xii	A	Nicolai de tolle
	c	Procopii abb	a		f	Hylarii Tyburcii	e		b	Prothi et iacincti
iiii	d		b	xii	g	Helene	f	i	c	Syri et iuvencii
xii	e	Margarete	c		A	Ypoliti cum sociis	g		d	Maurelii
	f	Focc epi	d	i	b	Eusebii	h	ix	e	Exaltacio
i	g	Divisio ap	e	ix	c	Assumpcio	i	xvii	f	crucis
	A	Eustachii	f	xvii	d	marie	k	vi	g	Eufemie v
ix	b	Alexii confess	g		e	Octa laurencii	l		A	lamperti epi
xvii	c	Arnulfi epi	h	vi	f	Agapiti mr	m	xiiii	b	Ferreoli mr
vi	d	Arsenii abb	i	xiiii	g	Sebaldi conf	n		c	Eustachii epi
	e	Joseph iustus	k		A	Bernhardi abb	o	iii	d	Fauste vg
xiiii	f	Praxedis vg	l	iii	b	Privati epi	p	xi	e	Mathei ewan
iii	g	Marie magdal	m	xi	c	Octa assumpcio	q		f	Mauricii cum sociis
	A	Appollinaris mr	n		d	vigilia	r	xix	g	Tecle vg
xi	b	Cristine virginis	o	xix	e	Bartholomei	r	viii	A	Germani ab
	c	Jacobi apli. xpof	p		f	Lodwici regis	ſ		b	Lupi epi
xix	d	Anne matris marie	q	viii	g	Zepherini pape	s	xvi	c	Cypriani epi
viii	e	Innocencii pape	r		A	Ruffi mr	t		d	Cosme. damiani
	f	Pantaleonis mr	ſ	xvi	b	Augustini epi	v	v	e	Wenceslai
xvi	g	Martha virginis	s	v	c	Decollacio iohis	u	xiii	f	Michahel arch
	A	Abdon sennen	t		d	Felicis adaucti	x	ii	g	Iheronimi pbri
v	b	Germani epi	v	xiii	e	Paulini epi	y